应用型本科院校"十二五"规划教材/思想政治教育类

Teaching Guidance Book of Marxism Introduction to The Basic Principle

马克思主义基本原理概论
学习辅导用书
（第2版）

主　编　范　帆　隋向萍
副主编　杨　楠　王曼青　宋婷婷

哈尔滨工业大学出版社
HARBIN INSTITUTE OF TECHNOLOGY PRESS

内容简介

"马克思主义基本原理概论"是高校学生的一门公共基础必修课,对于启发学生自觉地运用马克思主义哲学的方法论,化知识为方法,引导学生更好地认识人类社会发展的基本规律和资本主义的本质,回应现实需要、把握时代脉搏、全身心地投入建设中国特色社会主义伟大事业,有着重要的理论和现实意义。本书是在新的时代背景下,为高校开设"马克思主义基本原理概论"课程而编写的,旨在帮助学生系统掌握马克思主义基本原理,形成马克思主义的世界观、人生观、价值观,坚定在党的领导下走中国特色社会主义道路的信念。

本书是为哈尔滨剑桥学院本、专科学生编写的辅导教材。

图书在版编目(CIP)数据

马克思主义基本原理概论学习辅导用书/范帆,隋向萍主编. —2版. —哈尔滨:哈尔滨工业大学出版社,2016.1
应用型本科院校"十二五"规划教材
ISBN 978-7-5603-5827-7

Ⅰ.①马… Ⅱ.①范… ②隋… Ⅲ.①马克思主义理论—高等学校—教学参考资料 Ⅳ.①A81

中国版本图书馆 CIP 数据核字(2016)第003886号

策划编辑 杜 燕
责任编辑 苗金英
出版发行 哈尔滨工业大学出版社
社　　址 哈尔滨市南岗区复华四道街10号 邮编150006
传　　真 0451-86414749
网　　址 http://hitpress.hit.edu.cn
印　　刷 哈尔滨工业大学印刷厂
开　　本 787mm×960mm 1/16 印张11.5 字数242千字
版　　次 2015年2月第1版 2016年1月第2版 2016年1月第1次印刷
书　　号 ISBN 978-7-5603-5827-7
定　　价 22.00元

(如因印装质量问题影响阅读,我社负责调换)

《应用型本科院校"十二五"规划教材》编委会

主　任　修朋月　竺培国

副主任　王玉文　吕其诚　线恒录　李敬来

委　员　（按姓氏笔画排序）

丁福庆　于长福　马志民　王庄严　王建华

王德章　刘金祺　刘宝华　刘通学　刘福荣

关晓冬　李云波　杨玉顺　吴知丰　张幸刚

陈江波　林　艳　林文华　周方圆　姜思政

庹　莉　韩毓洁　臧玉英

序

哈尔滨工业大学出版社策划的《应用型本科院校"十二五"规划教材》即将付梓,诚可贺也。

该系列教材卷帙浩繁,凡百余种,涉及众多学科门类,定位准确,内容新颖,体系完整,实用性强,突出实践能力培养。不仅便于教师教学和学生学习,而且满足就业市场对应用型人才的迫切需求。

应用型本科院校的人才培养目标是面对现代社会生产、建设、管理、服务等一线岗位,培养能直接从事实际工作、解决具体问题、维持工作有效运行的高等应用型人才。应用型本科与研究型本科和高职高专院校在人才培养上有着明显的区别,其培养的人才特征是:①就业导向与社会需求高度吻合;②扎实的理论基础和过硬的实践能力紧密结合;③具备良好的人文素质和科学技术素质;④富于面对职业应用的创新精神。因此,应用型本科院校只有着力培养"进入角色快、业务水平高、动手能力强、综合素质好"的人才,才能在激烈的就业市场竞争中站稳脚跟。

目前国内应用型本科院校所采用的教材往往只是对理论性较强的本科院校教材的简单删减,针对性、应用性不够突出,因材施教的目的难以达到。因此亟须既有一定的理论深度又注重实践能力培养的系列教材,以满足应用型本科院校教学目标、培养方向和办学特色的需要。

哈尔滨工业大学出版社出版的《应用型本科院校"十二五"规划教材》,在选题设计思路上认真贯彻教育部关于培养适应地方、区域经济和社会发展需要的"本科应用型高级专门人才"精神,根据黑龙江省委书记吉炳轩同志提出的关于加强应用型本科院校建设的意见,在应用型本科试点院校成功经验总结的基础上,特邀请黑龙江省9所知名的应用型本科院校的专家、学者联合编写。

本系列教材突出与办学定位、教学目标的一致性和适应性,既严格遵照学科体系的知识构成和教材编写的一般规律，又针对应用型本科人才培养目标及与之相适应的教学特点，精心设计写作体例，科学安排知识内容，围绕应用讲授理论，做到"基础知识够用、实践技能实用、专业理论管用"。同时注意适当融入新理论、新技术、新工艺、新成果，并且制作了与本书配套的PPT多媒体教学课件，形成立体化教材，供教师参考使用。

《应用型本科院校"十二五"规划教材》的编辑出版，是适应"科教兴国"战略对复合型、应用型人才的需求，是推动相对滞后的应用型本科院校教材建设的一种有益尝试，在应用型创新人才培养方面是一件具有开创意义的工作，为应用型人才的培养提供了及时、可靠、坚实的保证。

希望本系列教材在使用过程中，通过编者、作者和读者的共同努力，厚积薄发、推陈出新、细上加细、精益求精，不断丰富、不断完善、不断创新，力争成为同类教材中的精品。

第2版前言

"马克思主义基本原理概论"是当代大学生的必修公共课,对于启发学生自觉地运用马克思主义哲学的方法论、化知识为方法,引导学生更好地认识人类社会发展的基本规律和资本主义的本质、回应现实需要、把握时代脉搏、全身心地投入建设中国特色社会主义伟大事业,有着重要的理论和现实意义。实践在发展,马克思主义中国化也在不断地丰富和发展。本书是在新的时代背景下,为高校开设"马克思主义基本原理概论"课程而编写的,旨在帮助学生系统掌握马克思主义基本原理,形成马克思主义的世界观、人生观、价值观,坚定在党的领导下走中国特色社会主义道路的信念。

本书是学习《马克思主义基本原理概论》的配套用书,依照教材的逻辑体系,从适合学生学习的角度出发进行内容设计。本书每章的内容由5部分组成,包括"学习目标""学习要点""案例分析""课后习题"和"参考答案"。每一章的内容都集学、练、读为一体。本书可供学生在学习时作为理解课程内容的辅助教材,也可供相关课程教师在教学中参考。

参与本书编写的人员均是从事"马克思主义基本原理概论"课程教学多年的经验丰富的任课教师。全书编写分工如下:隋向萍编写绪论、第一章;范帆编写第二、六、七章;杨楠编写第三章;王曼青编写第四章;宋婷婷编写第五章。

本书在编写的过程中,参考和借鉴了国内相关的学术著作和考试辅导资料,在此向这些著作和考试辅导资料的作者表示感谢。由于编者水平有限,书中难免存在疏漏之处,敬请广大读者批评指正,以便修订时改进。

编 者
2015 年 12 月

目　录

绪论 ······ 1

第一章　世界的物质性及发展规律 ······ 20

第二章　认识的本质及发展规律 ······ 54

第三章　人类社会及其发展规律 ······ 72

第四章　资本主义的本质及规律 ······ 91

第五章　资本主义的发展及其趋势 ······ 113

第六章　社会主义的发展及其规律 ······ 137

第七章　共产主义崇高理想及其最终实现 ······ 159

参考文献 ······ 169

绪 论
Exordium

学习目标

使学生从总体上理解什么是马克思主义,把握马克思主义产生的客观时代条件和马克思、恩格斯个人的主观条件,马克思主义在当代的发展;把握马克思主义的科学理论体系、本质特征和理论精髓;弄清马克思主义是关于无产阶级和人类解放的科学,是认识世界和改造世界的思想武器;掌握并运用马克思主义的世界观和方法论,正确认识社会发展的客观规律,明确社会主义代替资本主义是世界历史发展的大趋势,逐步树立正确的世界观和人生价值观;坚持理论联系实际的学习方法。

学习要点

1. 什么是马克思主义(含义)

概括地说,马克思主义是由马克思、恩格斯创立的,为他们的后继者所发展的,以批判资本主义、建设社会主义和实现共产主义为目标的科学理论体系。

2. 什么是马克思主义基本原理(含义)

马克思主义基本原理是马克思主义理论体系的核心内容,是对马克思主义立场、观点和方法的集中概括。它体现马克思主义的根本性质和整体特征,体现马克思主义科学性和革命性的统一。

3. 马克思主义创立的条件(经济社会条件、阶级基础、理论来源)

(1)经济社会条件。

马克思、恩格斯生活的时代,资本主义生产方式在西欧已经有了相当的发展。资本主义生产方式一方面带来了社会化大生产的迅猛发展,另一方面又造成了深重的社会灾难:一方面,社会两级分化,工人极端困苦;另一方面,周期性经济危机频繁爆发。

(2)阶级基础。

无产阶级在反抗资产阶级剥削和压迫的斗争中,逐步走向自觉,觉醒了的无产阶级迫切需要总结和升华自身斗争经验,形成科学的革命理论,以指导自身的解放斗争。

(3)理论来源。

19世纪西欧三大先进思潮为马克思主义的创立提供了直接的理论来源。德国古典哲学、英国古典政治经济学、英法两国的空想社会主义,这三大思潮都是资本主义发展初期的先进思想家们求索时代课题的尝试,他们提出了许多具有启发性的思想,如德国古典哲学的辩证法思想(代表人物黑格尔)与唯物主义思想(代表人物费尔巴哈),英国古典政治经济学对资本主义生产关系的分析和关于劳动创造价值的思想,空想社会主义者们对资本主义社会的批判和对未来新社会的展望等。

4.马克思主义的鲜明特征

马克思主义是科学性和革命性的统一,具体表现在:

(1)辩证唯物主义与历史唯物主义是科学的世界观和方法论。

(2)马克思主义政党最鲜明的政治立场,就是致力于实现无产阶级和广大人民群众的根本利益。

(3)坚持一切从实际出发,理论联系实际,实事求是,在实践中检验真理和发展真理,是马克思主义最重要的理论品质。

(4)实现物质财富极大丰富、人民精神境界极大提高、每个人自由而全面发展的共产主义社会,是马克思主义最崇高的社会理想。

案例分析

【案例1】

马克思的生平

1818年5月5日,卡尔·马克思诞生于德国莱茵省特利尔城。父亲亨利希·马克思是一位有名望的律师,母亲罕丽达·普勒斯堡是一位贤惠勤劳的家庭主妇。马克思1835年9月以优异成绩毕业于特利尔中学,他在自己的中学毕业作文《青年在选择职业时的考虑》中,已表达出愿为人类谋幸福的崇高理想。1835年10月,马克思进入波恩大学攻读法学,一年后转入柏林大学法律系。在大学里,他除研究法学外,还研究了历史、哲学和艺术理论,尤其是黑格尔及其学生的哲学著作。1841年3月,马克思以《德谟克利特的自然哲学与伊壁鸠鲁的自然哲学的差别》学位论文,获哲学博士学位。

大学毕业后，马克思本想在大学任教，但因普鲁士政府加紧对进步知识分子的迫害不得不转向政治，开始从事反对封建专制和争取民主的斗争。1842年初，他在《评普鲁士的书报检查令》的政论文中，通过对书报检查制度的批判，揭露了普鲁士国家制度的反动本质。同年5月，他开始为自由主义反对派创办的《莱茵报》撰稿，10月担任该报的主编。在马克思的影响下，由于《莱茵报》越来越鲜明地具有革命民主主义的倾向，反动政府于1843年4月1日查封了《莱茵报》。同年5月，马克思与童年时代的女友燕妮·冯·威斯特华伦结婚。

1843年秋，马克思受卢格邀请到法国巴黎筹备出版他们共同主编的《德法年鉴》杂志。在巴黎期间，马克思在革命实践上积极参加工人运动，同法国工人运动的领袖和正义者同盟的领导成员建立了密切联系，结识了流亡在法国的各国革命家。在理论研究上，他钻研了英国古典经济学家亚当·斯密和大卫·李嘉图的政治经济学，以及圣西门、傅立叶、欧文等人的空想社会主义理论。1844年8月，恩格斯从英国返乡途经巴黎拜访马克思，两人合著了《论神圣家族》，从此开始了两位马克思主义创造者的伟大合作。

1845年1月，马克思被法国政府驱逐出境，2月到比利时的布鲁塞尔，当恩格斯3月到布鲁塞尔与马克思会面时，马克思已写作成"包含着新世界观的天才萌芽的第一个文件"(即《关于费尔巴哈的提纲》)，并同恩格斯合著了马克思主义的成熟著作《德意志意识形态》。1846年初，马克思和恩格斯创立了布鲁塞尔共产主义通讯委员会，在工人中传播科学社会主义理论。1847年初，马克思和恩格斯应邀参加了德国工人的秘密组织正义者同盟，在同年6月召开的第一次代表大会上，正义者同盟改名为共产主义者同盟，马克思担任了同盟布鲁塞尔区部和支部的领导人。1847年11月，马克思出席了共产主义者同盟第二次代表大会，并受大会委托，与恩格斯共同起草同盟的纲领，这就是1848年2月正式发表的、标志着马克思主义公开问世的《共产党宣言》。

1848年3月初，马克思被比利时当局驱逐出境，到了巴黎，他立即着手建立共产主义者同盟新的中央委员会，并当选为主席。4月初，马克思返回德国参加革命运动，革命失败后流亡到伦敦长期定居。在伦敦，马克思重建了共产主义者同盟的地方组织和中央委员会。在前期研究的基础上，马克思从1857年到1865年底完成了《资本论》的第一稿到第三稿的写作。1867年9月14日他发表了《资本论》第一卷(第二、第三卷是在他逝世后由恩格斯整理，分别于1885年和1894年出版)。1864年9月28日，国际工人协会(即第一国际)成立，马克思被选为国际的领导机构总委员会的成员，并担任德国通讯书记。他为国际起草了《成立宣言》《临时章程》和其他许多重要文件，为国际制定了斗争纲领、斗争策略和组织原则。在第一国际存在的整个时期，他始终是国际的精神领袖、灵魂人物。1883年3月14日，马克思这位"千年思想家"停止了思考，他的遗体被安葬在伦敦的海格特公墓(和他的夫人燕妮长眠在一起)，成为世代人们瞻仰的历史文化伟人。

【资料来源】
华东师范大学国家级精品课《马克思主义基本原理概论》案例

【相关知识】

马克思主义的产生;马克思主义是时代发展的产物。

【案例2】

远未成为历史的马克思

镜头一:马克思被西方媒体评为"千年风云人物"

《光明日报》1999年12月30日载:在千年交替之际,西方媒体最近纷纷推出自己评选的千年风云人物,马克思主义的创始人、无产阶级的伟大导师卡尔·马克思在多家西方媒体评选千年风云人物的活动中名列第一或第二。

在英国广播公司进行的一次网上民意测验中,卡尔·马克思被评为千年思想家,高居榜首,得票率分别高于名列第二、第三和第四的相对论的创立者爱因斯坦、万有引力的发现者牛顿和进化论的提出者达尔文。马克思(1818—1883)于1848年与恩格斯一道发表了科学共产主义的纲领性文件《共产党宣言》,并于1867年出版了他的不朽巨著《资本论》的第一卷。马克思关于无产阶级革命的伟大学说成了世界各国无产阶级运动的指南。《共产党宣言》迄今已用200多种语言出版,是全球公认的"传播最广的社会政治文献"。

在路透社评选千年风云人物的活动中,马克思仅以一分之差名列第二。路透社在报道评选结果时说:"马克思的《共产党宣言》和《资本论》对过去一个多世纪全球的政治和经济思想产生了深刻的影响。"在路透社邀请34名来自各国政界、商界、艺术界和学术界专家名人进行的这次千年人物评选中,名列第一的是爱因斯坦。

镜头二:马克思被德国民众评为"最伟大的德国人"

2003年9月,德国德意志电视二台进行了一项为期三个月名为"最伟大的德国人"的调查。前东德地区大都将选票投给了共产主义理论的奠基人卡尔·马克思,而人口占据多数的前西德地区则主要将选票投给了第二次世界大战后西德的第一位总理康拉德·阿登纳。11月28日公布的最终的投票结果是:西德战后第一位总理康拉德·阿登纳位居第一,1517年欧洲宗教改革运动发起者、德国基督教新教创始人马丁·路德位居第二,位居第三的是共产主义理论的奠基人、《共产党宣言》的作者卡尔·马克思。前三名的得票总数为:阿登纳57万,马丁·路德52万,马克思50万。

第二次世界大战结束后,德国饱经世界大战硝烟的洗礼,沦为战败国,百废待兴。阿登纳带领德国人民摆脱了纳粹的统治,走出了第二次世界大战的阴影,并创造了第二次世界大战后复苏的"经济奇迹"。因此,阿登纳在德国民众中享有崇高的声望。

在投票的人看来,追求自由、公平社会的卡尔·马克思是最应受到敬仰的,有朝一日,他将成为最伟大的德国人!马克思在东部的五个州获得了40%的投票,但在西部只获得了3%的投票,差距极大。

此次评选得到了德国民众的热烈响应，参加评选的人数达到330万，候选人也多达1 300位。德国民众先从这1 300位候选人中选出了100名最伟大的德国人，然后从中评选出了10名最伟大的德国人，除了前面提到的三位外，另外七位是被纳粹屠杀的反希特勒战士索菲·舍尔和汉斯·舍尔、著名音乐家巴赫、著名文学家歌德、发明西方印刷术的约翰斯纳·古腾堡、"铁血首相"俾斯麦、物理学家爱因斯坦。

镜头三：马克思被英国媒体评为"全球最伟大的哲学家"

2005年6月，英国广播公司（BBC）广播四频道《在我们这个时代》栏目就"谁是现今英国人心目中最伟大的哲学家？"展开调查。经过一个月的评选，7月14日公布的调查结果显示，著有《共产党宣言》和《资本论》的伟大共产党人先驱、共产主义理论奠基人和杰出代表卡尔·马克思最终以27.93%的得票率脱颖而出，被评为世界上最伟大的哲学家。而排在第二位的是苏格兰哲学家大卫·休谟，他的得票率为12.67%，以6.8%得票率位居第三位的则是伟大哲学家路德维希·维特根斯坦。柏拉图、康德、苏格拉底、亚里士多德等更是望尘莫及，黑格尔甚至没有进入前20名。

这次选举共有3.4万人投票，能够进入"十大"的全部都是西方哲学家。生于20世纪的"十大哲学家"，只有哲学家兼数理逻辑学家维特根斯坦，以及提出可否定原理的英国自然科学和社会科学的哲学家波普尔。数学家兼逻辑学家罗素，以及存在主义代表人物萨特在一个月前的初选中虽然能够进入"二十大"，但最终未能在"十大"排行榜中占有一个席位。

值得一提的是，在BBC评选"最伟大的哲学家"过程中，英国《经济学家》杂志曾经号召其读者把马克思从候选名单上拉下，希望读者选休谟。《经济学家》认为，马克思已经过时了，而资本主义是有效的，等等。但英国公众得出了自己的决断。很多人认为今天世界各处发生的一切并不能否定马克思，只能证实他写的内容。

马克思能在英国这样一个老牌资本主义国家这么受欢迎，让发起这个评选的栏目主持人梅尔文·布拉格都深感吃惊。他认为：马克思似乎对全世界的主要问题都给出了答案，他当选为最伟大哲学家有诸多因素，但是能够解释一切的理论是他夺冠的最重要原因。

【资料来源】

尚九玉."马克思主义哲学原理"课教学案例解析[M].北京：高等教育出版社，2004

【相关知识】

马克思主义是时代的产物。

【案例3】

从客观实际出发制定政策推动工作
——论坚持运用辩证唯物主义世界观方法论

思想是行动的先导，认识是前进的指南。"必须不断接受马克思主义哲学智慧的滋养，更加自觉地坚持和运用辩证唯物主义世界观和方法论",中央政治局2015年第一次集体学习中,习近平总书记对全党提出明确要求,强调辩证唯物主义是中国共产党人的世界观和方法论,是我们需要掌握好、运用好的思想武器。

作为从总体上把握世界的人类智慧,任何真正的哲学都是时代精神的精华。回顾中国近百年历程,正是马克思主义哲学的引领,以及其与中国实践的紧密结合,深刻影响和推动了中国社会的历史进程。今天,我们党要团结带领人民协调推进全面建成小康社会、全面深化改革、全面依法治国、全面从严治党,必须更加自觉地学习和运用马克思主义哲学方法,增强辩证思维、战略思维能力。

在实际工作中,坚持和运用辩证唯物主义世界观方法论,首要的一点,就是学习掌握世界统一于物质、物质决定意识的原理,这是马克思主义哲学的基石。遵循这一观点,我们就要坚持从客观实际出发制定政策、推动工作,把握好国情中"不变"和"变化"。

从"不变"的方面看,我国仍处于并将长期处于社会主义初级阶段,这是当代中国最大的客观实际。即便经济总量世界第二,人均下来也只是世界中游水平。从长期存在的发展不平衡,到相对落后的自主创新能力;从亟待破题的"三农"问题,到不断增加的环境资源压力,这些基本国情,都是我们认识当下、规划未来、制定政策、推进事业的客观基点。

从"变化"的方面看,发展的每个阶段都会呈现新特点、产生新问题。经过30多年改革开放,我们基本国情的内涵在变,面临的风险和困难也在变。如何升级中国制造成为中国创造,怎样推进腾笼换鸟取代傻大黑粗,如何驱散"十面霾伏"重塑美丽中国……新的矛盾不断出现,其中很多是我们没有遇到、没有处理过的。思想认识上的与时俱进,是解决好"发展起来以后的问题"的基本前提。

把握好"不变"的实际,不能拔苗助长、缘木求鱼。现实中,一些人经常冒出各种主观主义的东西,或是拍脑袋决策、拍胸脯表态,盲目铺摊子、上项目;或是提出一些不切实际的高指标,结果劳民伤财、得不偿失。脱离了基本国情,就会犯错误,甚至犯颠覆性错误。把握好"变化"的实际,不能守株待兔、刻舟求剑。中央提出要准确把握、主动适应经济发展新常态,就是适应国际国内环境变化、辩证分析我国经济发展阶段性特征做出的判断。把握住"不变"和"变化"两个方面,使主观世界更好地符合客观实际,这是我们必须牢牢记住的工作方法。

"人是要有一点精神的",辩证唯物主义并不否认意识对物质的反作用,而是认为这种反作用有时是十分巨大的。这就是为什么我们党始终把思想建设放在党的建设第一位,从强调"革命理想高于天",到将理想信念视为精神之钙,就是精神变物质、物质变精神的辩证法。坚持和运用辩证唯物主义世界观方法论,一方面强调一切从客观实际出发,在乱花迷眼中增强定力、在乱云飞渡中保持从容;一方面努力发挥主观能动性,毫不放松理想信念教育、思想道德建设、意识形态工作、核心价值观建设,我们就能够以理性务实的中国行动书写中国故事、用富有时代气息的中国精神凝聚中国力量。

绪　论

【资料来源】

新华网2015年1月27日，人民日报评论员文章

【相关知识】

马克思主义理论的时代意义。

【案例4】

什么是哲学？

观点1　亚里士多德的观点

古希腊哲学家亚里士多德认为，哲学是研究"有"的一门学问。他说："哲学并不是一门生产知识。……哲学也是一样，它是唯一的一门自由的学问，因为它只是为了它自己而存在。""我们必须说明，研究那些在数学上称为公理的真理，和研究实体，究竟是一门科学的工作，还是两门科学的工作。很明显，研究这两种东西是一门科学的工作。这就是哲学家的工作。""有一门学问，专门研究'有'本身，以及'有'凭本性具有的各种属性。这门学问与所谓特殊科学不同，因为那些科学没有一个是一般地讨论'有'本身""所以很明显，当一门科学把各种'有'的东西当作'有'来研究。既然无论在哪里，科学所研究的对象，都是那个最根本的、其他的东西所依靠并赖以得名的东西，那么，如果这是实体的话，哲学就必须掌握各种实体的各种本原和原因。"亚里士多德认为，哲学的研究范围包括实体及其属性、事物存在的根源、各门科学共同遵循的原理、范畴及其相互关系。

观点2　德国哲学家文德尔班的观点

19世纪末20世纪初德国哲学家威廉·文德尔班认为："所谓哲学，按照现在习惯的理解，是对宇宙观和人生观一般问题的科学论述。"文德尔班还认为，哲学绝不能脱离价值观念，因为它始终受价值观念的强烈影响，哲学问题就是价值问题。

观点3　英国哲学家罗素的哲学观

英国哲学家罗素说："哲学，就我对这个词的理解来说，乃是某种介乎神学与科学之间的东西。它和神学一样，包含着人类对于那些迄今仍为确切的知识所不能肯定的事物的思考；但是它又像科学一样是诉之于人类的理性而不是诉之于权威的，不管是传统的权威还是启示的权威。一切确切的知识——我是这样主张的——都属于科学；一切涉及超越知识之外的教条都属于神学。但是介乎神学与科学之间还有一片受到双方攻击的无人之域，这片无人之域就是哲学。思辨的心灵所最感兴趣的一切问题，几乎都是科学所不能回答的问题；而神学家们的信心百倍的答案，也已不再像它们在过去的世纪里那么令人信服了。世界是分为心和物吗？如果是这样，那么心是什么？物又是什么？心是从属于物的吗？还是它具有独立的能力？宇宙有没有任何的统一性或者目的呢？它是不是朝着某一个目标演进的呢？究竟有没有自然律呢？还是我们信仰自然律仅仅是出于我们爱好秩序的天性呢？人是不是天文学家所看到的那

种样子,是由不纯粹的碳和水化合成的一块微小的东西,无能地在一个渺小而又不重要的行星上爬行着呢?还是他是哈姆雷特所看到的那种样子呢?也许他同时是两者呢?有没有一种生活方式是高贵的,而另一种是卑贱的呢?还是一切生活的方式全属虚幻无谓呢?假如有一种生活方式是高贵的,它所包含的内容又是什么?我们又如何能够实现它呢?善,为了能够值得受人尊重,就必须是永恒的吗?或者说,哪怕宇宙是坚定不移地趋向于死亡,它也还是值得加以追求的吗?究竟有没有智慧这样一种东西,还是看来仿佛是智慧的东西,仅仅是极精练的愚蠢呢?对于这些问题,在实验室里是找不到答案的。各派神学都曾宣称能够做出极其确切的答案,但正是他们的这种确切性才使近代人满腹狐疑地去观察他们。对于这些问题的研究——如果不是对于它们的解答的话——就是哲学的业务了。"

观点4　现代西方哲学家维特根斯坦的哲学观

维特根斯坦(1889—1951)是著名现代西方哲学家,逻辑实证主义和语言分析哲学的重要代表人物。从基本思想出发,维特根斯坦提出了独特的哲学观。

维特根斯坦在其哲学活动的前半期提出了一个著名的观点:"全部哲学就是语言批判"。维特根斯坦认为,人在活动中必须使用语言,要使说话有意义,使人听得懂,必须具备几个条件:一是符合逻辑句法,不符合逻辑句法,就没有意义,人们就听不懂。二是必须表述经验范围以内的事情,即表述经验事实。维特根斯坦认为,传统的哲学问题,如经验之外是否有物质或精神存在,以及物质与意识的关系等问题,都是经验范围以外的"形而上学"问题,都是没有意义的"伪问题"。对于它们,人们听不懂,因而也没有真假可言。维特根斯坦还断言,唯心主义与唯物主义都是一些讨论"伪问题"的"形而上学",因而都是没有意义的"伪哲学"。他指出:"关于哲学的大多数命题和问题不是虚假的,而是无意义的。因此我们根本不能回答这类问题,我们只能确定它们的荒谬无稽,哲学家们的大多数问题是由于我们不理解我们语言的逻辑而来的。"所以,真正的哲学就是语言批判,就是对语言的使用进行分析和规范,以避免语言的妄用和无用。

维特根斯坦在其哲学活动的后半期转向日常语言分析观点,提出哲学就是治疗语言疾病。他认为,哲学的绝大多数错误产生于哲学家对语言的误解。过去的哲学家们不懂得语言是一种工具,必须在使用中才有意义,他们离开语言的日常使用,孤立、静止地去考察语言及其语词的意义,枉费心机地去寻找它们的对应物。其实,离开语言的使用,离开语词在使用中的用途去考察语言的意义,就像离开工具的使用及其使用中的用途去考察工具的意义一样,是不会有结果的。哲学中的许多问题,就是哲学家们离开语词的日常使用,而去考察它们的意义所产生的。

维特根斯坦认为,传统哲学是一种精神病症的语言。我们知道,精神病患者讲话总是语无伦次,没有意义,别人听不懂。形而上学也是这样一种病症性的语言,属于形而上学的语言人们也听不懂,没有意义。其原因在于,形而上学哲学家不按照日常语言的规则讲话,不在语言的具体用途中考察它们的意义而是违反规则,脱离用途,盲目地去寻找它们的绝对意义。什么是"物质",什么是"精神",什么是"时间",什么是"真理"等,在人们日常语言的使用中,它们的意义是清楚的,从来不会因此而引起争论,然而传统哲学家们总是离开日常语言的使用去寻找它们的绝对的对应物,于是就陷入了争论。例如,人们在日常语言中总是把经验中的事物称为"物"或"物质",并按一定的日常语言规则使用它,因而从不争论。人们常说"在这个皮包中有物",就是说要移动它必须费力,而哲学家们却偏偏离开它的具体使用,孤立、静止地去寻找它的绝对对应物,于是就导致了无谓的争论,产生了许多形而上学问题。总之,哲学的争论都是哲学家们离开语词的日常使用,去孤立地考察它们的绝对意义的结果。维特根斯坦指出,"当语言休息的时候,哲学问题就产生了";"哲学的混乱"总是发生于"语言像机器那样闲着的时候,而不是在它工作着的时候"。因此,维特根斯坦认为,传统哲学是语言疾病的产物,是语言使用不当的结果,真正的哲学的任务应该是"治疗"语言的精神病,为哲学家们澄清语言的混乱提示方向。

观点5 中国现代哲学史家冯友兰关于哲学的看法

著名中国现代哲学家、中国哲学史家冯友兰认为:"哲学、宗教都是多义项名词。对于不同的人,哲学、宗教可能有完全不同的含义。人们谈到哲学或宗教时,心中所想的与之相关的观念,可能大不相同。至于我,我所说的哲学,就是对于人生的有系统的反思的思想。每一个人,只要他没有死,他都在人生中。但是对于人生有反思的思想的人并不多,其反思的思想有系统的人就更少。哲学家必须进行哲学化;这就是说,他必须有对人生反思的思想,然后有系统地表达他的思想。"

【资料来源】

尚九玉."马克思主义哲学原理"课教学案例解析[M].北京:高等教育出版社,2004

【案例5】

哲学的学派

材料1 米利都学派

米利都学派是古希腊最早的哲学流派,也是古希腊最早的唯物主义哲学派别。米利都是古希腊殖民地小亚细亚的伊奥尼亚地区一个著名的城邦。米利都学派因产生于此而得名。泰勒士、阿那克西曼德和阿那克西米尼是米利都学派的主要代表人物。米利都学派的哲学家不满足于传统的神话创世说对于宇宙自然问题的解释,他们对自然现象进行了许多观察和研究,开始探讨宇宙的本原问题,即自然万物从什么东西来,最后又回到什么东西。他们认为形成世界万物的最基本的、最原始的东西是一种物质性的东西。米利都学派的创始人泰勒士认为,水是自然万物的本原,自然万物是由水造成的,最后又复归于水;大地是浮在水上的。据亚里士多德记载,泰勒士形成这种看法,可能是由于观察到万物都以湿的东西为养料,热本身就是从湿气里产生、靠湿气维持的,也可能是观察到万物的种子都有潮湿的本性,而水则是潮湿本性的来源。米利都学派的阿那克西曼德认为万物都来源于一种没有固定形状和性质的物质,他称之为"无限定"者。"无限定"者本身分出冷和热、湿和干两种对立物,形成旋涡运动,冷与湿的东西集中在中间成为地,热与干的东西分散在四周形成日月星辰等天体。米利都学派的阿那克西米尼认为万物的本原是一种充满整个宇宙的无限的"气"。气有稀散和凝聚两种对立的运动,气稀散而成火,它逐渐凝聚,依次变成云、水、土和石头。米利都学派的这些看法虽然是一种幼稚的猜测,具有直观和朴素的特征,但他们不是用超自然的力量,而是以自然本身来说明万物的形成,因而是一种原始的、自发的唯物主义。

材料2 原子论者德谟克利特的哲学

古希腊哲学家德谟克利特认为,原子与虚空是万物的本原,除了永恒的原子和虚空之外,世界万物没有其他的本原。原子是一种最小的、不可见的、不能再分的物质微粒。虚空是原子运动的场所,也是实在的存在。原子在虚空中急剧而零乱地做直线运动。由于原子的大小、形状、次序和位置不同,原子彼此的碰撞结合成世界万物。原子在虚空中彼此碰撞形成的旋涡运动是一切事物形成的原因,即必然性。自然界的一切作用都是必然性的体现,没有偶然性。德谟克利特认为,人的感觉和思想是事物不断流溢出来的原子形成的"影像"作用于人的感官和心灵而产生的。感性认识是认识的最初阶段,人的感官并不能感知一切事物,原子和虚空不能为感官所认识。理性认识更为精致,当感性认识在最微小的领域不能再看、再听、再嗅、再摸的时候,就需要理性认识来帮忙。所以,感性认识是"暧昧的认识",理性认识是"真理的认识"。德谟克利特认为,原子本身之间并没有什么性质的不同,人们感觉所感知的各种事物的颜色、味道等都是习惯,是人们主观的东西。德谟克利特的哲学思想是早期朴素唯物主义的代表。马克思和恩格斯称德谟克利特是"经验的自然科学家和希腊人中第一个百科全书式的学者"。他的原子论对于后来的原子科学发展有一定的启示作用。

材料3 柏拉图的哲学

柏拉图是古希腊著名的唯心主义哲学家,也是整个西方哲学史上最重要、影响最大的哲学家之一。柏拉图哲学思想的核心是他的理念论。所谓理念,希腊文的原意是"可见之物",即形象,后来引申为"灵魂"的可见形象,有了"本质"的含义。柏拉图认为,世界万物的本原是理念,理念是感觉世界的一切事物的根据和原型。与可感的事物相比,理念是多中之一,是绝对完满的,是永恒不变的。所有的理念构成一个理念世界。感觉世界的一切事物是对于理念的模仿或者分有。例如,美的理念是各种各样具体的美的事物的本原,各种各样的具体事物之所以是美的,就是因为它们模仿或者分有了美的理念,是美的理念的派生物。又如,世界上有各种各样的桌子,它们之所以成为桌子,就在于它们是桌子理念的模仿者。或者说,现实中的桌子都是对于桌子理念的模仿,没有桌子的理念,就不会有现实中的桌子。

理念是绝对的、普遍的东西,人不能从具体事物那里认识到理念。人要认识理念就要通过回忆。柏拉图认为,人的灵魂在出生之前居住在理念世界,因而认识所有的理念。但是人在出生时灵魂受到肉体的感染而遗忘了一切,所以人在可感世界的学习和研究就是一个回忆的过程。感觉虽然不能提供关于理念的知识,但它可以刺激灵魂,帮助灵魂回忆起生而具有的知识。

柏拉图的理念论哲学是一个庞大的客观唯心主义的哲学体系,它对以后的各种唯心主义,特别是客观唯心主义和宗教有很大的影响。

材料4 孔子的哲学

孔子是中国儒家哲学的创始人,他的思想核心是关于"仁"的学说。孔子认为,仁就是"爱人""泛爱众",实行仁的方法就是忠恕之道,即"己所不欲,勿施于人""己欲立而立人,己欲达而达人"。孔子的哲学思想基本集中在人类社会的政治和伦理关系方面,对于其他方面的问题则论述很少。不过,孔子也肯定天命的存在,但更多地把天命理解为蕴含在自然事物运行之中的某种东西,人应当顺应天命而积极努力,不应该消极服从天命安排,放弃自己的努力。

显然,孔子并没有提出一个完整、系统的哲学体系,但是在其根本主张中实际上蕴含了一种系统的世界观即哲学,这就是早期儒家哲学。孔子的哲学思想经过后人的继承和发挥逐步发展成为中国传统哲学的主流思想,对中国传统社会和中国传统文化的发展产生了巨大而深远的影响。

材料5 王阳明的哲学

中国明代哲学家王阳明是主观唯心主义哲学的集大成者。在继承南宋哲学家陆九渊心学思想和批判朱熹理学的基础上,王阳明提出了"心外无物,心外无理"的命题。他认为,身之主宰便是心,心之本体便是理,心外无理;心之所发便是意,意之所在便是物,心外无物。心是天地万物的主宰,没有心的"灵明",就没有天地万物。王阳明认为,人心的灵明就是良知,良知即是天理,所以不可在良知之外求天理。所以,良知是天地万物发育流行的根源,天地万物都是从良知中产生的,没有我的良知,就没有天地万物。王阳明的哲学强调和夸大了人的主观意识的能动性,混淆了主体与客体、意识与存在的界限,取消了两者的对立,进而颠倒了两者的关系,是典型的主观唯心主义。

材料6 黑格尔的哲学

黑格尔是19世纪德国古典哲学家、客观唯心主义者、辩证法大师,他认为自然的、历史的、精神的世界就是一个绝对精神不断运动、变化、转化和发展的过程。

材料7 尼采的哲学

现代西方哲学家尼采(1844—1900)是唯意志主义哲学的主要代表,他继承叔本华的唯意志主义思想,提出了著名的权力意志论。

尼采哲学思想的核心概念是权力意志。所谓权力意志,就是一种盲目的、非理性的、永动不息的生命或意志。具体说来,权力意志分为四个方面:追求食物的意志、追求财富的意志、追求工具的意志和追求奴仆的意志。尼采认为,世界的本质就是权力意志,世界万物的千变万化都是权力意志的创造和表现。原子在本质上是权力意志,原子辐射就是权力意志的表现。无机物的分解和化合也是权力意志的斗争。生物界的同化和异化是权力意志的表现,物种之间的弱肉强食、生存竞争是权力意志的表现,人类社会中的你争我夺、明争暗斗也是权力意志的表现。尼采指出,哪里有生命,哪里就有权力意志,即使在奴仆的意志中,也有想成为主人的意志。这个世界就是权力意志,此外没有其他的东西。

【资料来源】

尚九玉."马克思主义哲学原理"课教学案例解析[M].北京:高等教育出版社,2004

【相关知识】

这里列举了多种关于哲学的看法和多个哲学理论的案例。不同的观点代表了不同的哲学家对于哲学的本质的不同理解,或者不同时代的人们对于哲学的不同看法。关于哲学的定义,从来就是一个争论不休的难题,人们对于什么是哲学的不同理解总是与他们的哲学思想相一致的,反映了他们不同的生活条件、文化传统和时代特点。要正确理解一种哲学思想,必须首先理解他的哲学观。

在多个实际案例中,材料1和材料2是关于古代西方朴素唯物主义哲学思想的例子,材料3是古代西方客观唯心主义哲学思想的例子,材料4和材料5是中国古代唯心主义的哲学思想的例子,材料6是西方近代客观唯心主义哲学思想的例子,材料7是现代西方主观唯心主义哲学思想的例子。这些材料代表了中西哲学史上不同的哲学派别,表明了人类哲学思想的丰富多彩和复杂多变。同时也提醒我们,哲学是时代精神的精华,要随着时代的发展而发展;人类生活是丰富多彩的,哲学也应当反映丰富多彩的生活,不断根据生活实践的变化而发展。

课后习题

一、单项选择题

1. 马克思主义理论从狭义上说是(　　)。
   A. 无产阶级争取自身解放和整个人类解放的学说体系
   B. 关于无产阶级斗争的性质、目的和解放条件的学说
   C. 马克思和恩格斯创立的基本理论、基本观点和基本方法构成的科学体系
   D. 关于资本主义转化为社会主义以及社会主义和共产主义发展的普遍规律的学说

2. 马克思主义理论从广义上说(　　)。
   A. 不仅指马克思恩格斯创立的基本理论、基本观点和学说的体系,也包括继承者对它的发展
   B. 是无产阶级争取自身解放和整个人类解放的学说体系
   C. 是关于无产阶级斗争的性质、目的和解放条件的学说
   D. 是马克思和恩格斯创立的基本理论、基本观点和基本方法构成的科学体系

3. 作为中国共产党和社会主义事业指导思想的马克思主义(　　)。
   A. 不仅指马克思恩格斯创立的基本理论、基本观点和学说的体系,也包括继承者对它的发展
   B. 是无产阶级争取自身解放和整个人类解放的学说体系
   C. 是关于无产阶级斗争的性质、目的和解放条件的学说
   D. 是列宁创立的基本理论、基本观点和基本方法构成的科学体系

4. 人类进入21世纪,英国广播公司(BBS)在全球范围内进行"千年思想家"网评,名列榜首的是(　　)。
   A. 马克思　　　　B. 爱因斯坦　　　　C. 达尔文　　　　D. 牛顿

5. 在19世纪三大工人运动中,集中反映工人政治要求的是(　　)。
   A. 法国里昂工人起义　　　　　　B. 英国宪章运动
   C. 芝加哥工人起义　　　　　　　D. 德国西里西亚纺织工人起义

6. 马克思主义产生的经济根源是(　　)。
   A. 工业革命
   B. 资本主义经济危机
   C. 资本主义社会生产力和生产关系的矛盾运动
   D. 阶级斗争

7. 马克思主义产生的阶级基础和实践基础是(　　)。
   A. 资本主义的剥削和压迫
   B. 无产阶级作为一支独立的政治力量登上了历史舞台
   C. 工人罢工和起义
   D. 工人运动得到了"农民的合唱"

8. 提出价值规律是"一只看不见的手"的是(　　)。
   A. 马克思　　　　　　　　　　　B. 亚当·斯密
   C. 大卫·李嘉图　　　　　　　　D. 威廉·配第

9. 马克思、恩格斯进一步发展和完善了英国古典经济学理论的是(　　)。
   A. 辩证法　　　B. 历史观　　　C. 劳动价值论　　　D. 剩余价值论

10. 马克思把黑格尔的辩证法称为(　　)。
    A. 合理内核　　　B. 基本内核　　　C. 精髓　　　D. 核心

11. 被马克思、恩格斯称为"有史以来最伟大的讽刺家"的是(　　)。
    A. 费尔巴哈　　　B. 傅立叶　　　C. 欧文　　　D. 圣西门

12. 在第一次世界大战中成为东西方矛盾焦点和帝国主义政治体系最薄弱环节的国家是(　　)。
    A. 德国　　　　B. 奥地利　　　　C. 中国　　　　D. 俄国

13. "哲学把无产阶级当作自己的物质武器,同样,无产阶级把哲学当作自己的精神武器",这

个论断的含义是( )。

A. 马克思主义是无产阶级的世界观和方法论

B. 哲学的存在方式是物质

C. 无产阶级的存在方式是精神

D. 无产阶级掌握哲学就由自为阶级转变为自在阶级

14. 马克思主义生命力的根源在于( )。

A. 以实践为基础的科学性与革命性的统一   B. 与时俱进

C. 科学性与阶级性的统一   D. 科学性

15. 无产阶级的科学世界观和方法论是( )。

A. 辩证唯物主义   B. 历史唯物主义

C. 辩证唯物主义和历史唯物主义   D. 唯物主义

16. 马克思主义理论的本质属性是( )。

A. 科学性   B. 革命性   C. 实践性   D. 与时俱进

17. 马克思主义最重要的理论品质是( )。

A. 吐故纳新   B. 科学严谨   C. 博大精深   D. 与时俱进

18. 马克思主义最崇高的社会理想是( )。

A. 实现共产主义   B. 消灭阶级、消灭国家

C. 实现个人的绝对自由   D. 实现人权

19. 学习马克思主义基本原理的根本方法是( )。

A. 认真学习马克思主义的著作   B. 一切从实际出发

C. 理论联系实际   D. 实事求是

二、多项选择题

1. 马克思主义诞生于19世纪40年代,此时,资本主义的发展已经经历过( )。

A. 14世纪末至15世纪初,资本主义生产关系在西欧封建社会内部孕育

B. 18世纪60年代至19世纪30年代末,资本主义工业革命推动资本主义社会生产力发展

C. 多次经济危机,给资本主义世界造成极大破坏

D. 垄断资本主义

2. 作为一个完整的科学体系,马克思主义理论体系的三个主要组成部分是( )。

A. 马克思主义政治学   B. 马克思主义政治经济学

C. 科学社会主义   D. 马克思主义哲学

3. 作为马克思主义产生阶级基础的19世纪三大工人起义是( )。

A. 巴黎公社

B. 1831年和1834年法国里昂工人两次起义

C. 1838年在英国爆发的延续十余年的宪章运动

D. 1844年德国西里西亚纺织工人起义

4. 马克思主义产生的直接理论渊源是( )
   A. 德国古典哲学　　　　　　　　　　B. 英国古典政治经济学
   C. 英、法空想社会主义　　　　　　　D. 法国启蒙思想

5. 德国古典哲学的代表性人物是( )。
   A. 康德　　　　B. 黑格尔　　　　C. 费尔巴哈　　　　D. 笛卡尔

6. 资产阶级古典政治经济学的代表人物是( )。
   A. 亚当·斯密　　B. 大卫·李嘉图　　C. 马尔萨斯　　　　D. 西斯蒙

7. 空想社会主义最杰出的代表是( )。
   A. 昂利·圣西门　　　　　　　　　　B. 沙尔·傅立叶
   C. 罗伯特·欧文　　　　　　　　　　D. 托马斯·莫尔

8. 马克思、恩格斯最重要的理论贡献是( )。
   A. 辩证法　　　B. 劳动价值论　　　C. 唯物史观　　　　D. 剩余价值学说

9. 导致第一次世界大战爆发的原因有( )。
   A. 资本主义世界生产力生产关系矛盾的激化
   B. 争夺和瓜分世界殖民地的矛盾激化
   C. 资本主义各国之间政治经济发展不平衡
   D. 奥地利皇太子菲迪南大公在南斯拉夫遇刺身亡

10. 马克思主义科学性与革命性可以概括为( )。
    A. 辩证唯物主义和历史唯物主义是马克思主义最根本的世界观和方法论
    B. 致力于实现最广大人民的根本利益是马克思主义最鲜明的政治立场
    C. 一切从实际出发,理论联系实际,实事求是,在实践中检验真理和发展真理是马克思主义最重要的理论品质
    D. 实现共产主义是马克思主义最崇高的社会理想

11. 马克思主义的根本特性是( )。
    A. 阶级性　　　B. 实践性　　　C. 客观性　　　　D. 人民性

12. 马克思主义中国化的三大理论成果是( )。
    A. 李大钊的理论　　　　　　　　　　B. 毛泽东思想
    C. 邓小平理论　　　　　　　　　　　D. "三个代表"重要思想

13. "八荣八耻"的"八荣"是( )。
    A. 热爱祖国、服务人民　　　　　　　B. 崇尚科学、辛勤劳动
    C. 团结互助、诚实守信　　　　　　　D. 遵纪守法、艰苦奋斗

14. "八荣八耻"的"八耻"是（　　）。
    A. 危害祖国、背离人民
    B. 愚昧无知、好逸恶劳
    C. 损人利己、见利忘义
    D. 违法乱纪、骄奢淫逸
15. 学习马克思主义理论，必须要分清（　　）。
    A. 哪些是必须长期坚持的马克思主义基本原理
    B. 哪些是需要结合新的实际加以丰富发展的理论判断
    C. 哪些是必须破除的对马克思主义错误的、教条式的理解
    D. 哪些是必须澄清的附加在马克思主义名下的错误观点

三、辨析题

1. 有一种观点认为，阶级性与科学性是不相容的，凡是代表某个阶级利益和愿望的社会理论，就不可能是科学的。因为马克思主义具有阶级性，所以是不科学的。
2. 马克思主义是19世纪的产物，现在是21世纪了，时代变了，马克思主义已经"过时"了。
3. 指导中国社会主义建设的理论基础是马克思、恩格斯创立的马克思主义。

四、材料分析题

阅读材料，回答问题。

【材料1】 英国著名历史学家、英国学术院院士霍布斯鲍姆指出，给确定某一具体思想方式或观点是否能被看作马克思主义的标准为依据的，"是在19世纪末大致定型的马克思主义基本原理"。美国著名学者海尔布隆纳在标准问题上有着与霍布斯鲍姆相近的看法。他认为，马克思主义思想有一个可以得到"公认的共同点"，这个共同点来源于"同一套前提"，它是规定马克思主义思想的前提。"凡是包含有这类前提的分析，都可以正当地将其分类为'马克思主义的'分析，即使作者本人并不如此认定"。这"同一套前提"是：对待认识本身的辩证态度，唯物主义历史观，依据马克思的社会分析而得出的关于资本主义的总看法，以某种形式规定的对社会主义的信奉。

【材料2】 1934年，当德国共产党的理论家卡尔·科尔施还没有彻底脱离马克思主义的时候，他写了一篇题为《我为什么是马克思主义者》的文章。在这篇文章中，科尔施力图通过他对马克思主义的所谓的特殊看法来表明他是一个"真正的马克思主义者"。这些看法的要点是：马克思主义的全部原理，包括那些表面上具有普遍性的原理，都带有特殊性；马克思主义不是实证的，而是批判的；马克思主义的主题不是现在处于肯定状态的资本主义社会，而是显得日益分崩离析的腐朽的正在衰亡的资本主义社会；马克思主义的主要目的不是观赏现存的世界，而是对它进行积极的改造。

【材料3】 匈牙利思想家卢卡奇在《历史与阶级意识》一书中认为："我们姑且假定新的研究完全驳倒了马克思的每一个个别的论点。即使这点得到证明，每个严肃的'正统'马克思

主义者仍然可以毫无保留地接受这种新结论,放弃马克思的所有全部论点,而无须片刻放弃他的马克思主义正统。所以,正统马克思主义并不意味着无批判地接受马克思研究的结果。它不是对这个或那个论点的'信仰',也不是对某本'圣'书的注解。恰恰相反,马克思主义问题中的正统仅仅是指方法。"

结合上述材料,谈谈什么是马克思主义。

参考答案

一、单项选择题

1. C 2. A 3. A 4. A 5. B 6. C 7. B 8. B 9. C 10. A 11. B 12. D 13. A 14. A 15. C 16. A 17. D 18. A 19. C

二、多项选择题

1. ABC 2. BCD 3. BCD 4. ABC 5. BC 6. AB 7. ABC 8. CD 9. ABCD 10. ABCD 11. AB 12. BCD 13. ABCD 14. ABCD 15. ABCD

三、辨析题

1. 这种观点是错误的。马克思主义从产生到发展,表现出了强大的生命力,这种强大生命力的根源在于它的以实践为基础的科学性与革命性的统一。

首先,马克思主义的科学性主要体现在辩证唯物主义与历史唯物主义的科学性上。辩证唯物主义和历史唯物主义是马克思主义最根本的世界观和方法论,是无产阶级的科学世界观与方法论。它是完备深刻而无片面性的学说。

其次,辩证唯物主义与历史唯物主义也是马克思主义理论科学体系的哲学基础。彻底而完备的唯物主义哲学特别是历史唯物主义的建立,为马克思主义整个理论体系提供了根本的理论基础,马克思、恩格斯运用唯物史观的基本原理,着重剖析资本主义社会,揭示了资本主义经济发展的规律,形成了科学的剩余价值学说,揭露了资本主义剥削的秘密,论证了社会化大生产与资本主义私有制的矛盾,得出了资本主义必然灭亡、社会主义必然胜利的结论。在此基础上,马克思、恩格斯又运用辩证唯物主义与历史唯物主义的基本原理,总结各国工人运动的斗争经验,提出了无产阶级的历史使命和建立无产阶级自己的政党,夺取政权,实现无产阶级专政等这一历史使命的道路和方向,从而创建了科学社会主义理论。

马克思主义的革命性体现在其政治立场上。马克思主义政党的一切理论和奋斗目标都应致力于实现以劳动人民为主体的最广大人民的根本利益,这是马克思主义最鲜明的政治立场。

首先,这是由马克思主义理论的本性决定的。马克思主义是在无产阶级革命实践中产生、发展起来的,是无产阶级根本利益的科学表现。鲜明的阶级性和实践性是马克思主义的根本特性。马克思主义第一次阐明了现代无产阶级是推翻资本主义制度的"掘墓人"、建设社会主义的领导力量,是革命最彻底、最有前途的阶级。它使无产阶级真正地意识到自己的历史地位与作用,从而使无产阶级由自在的阶级发展为自为的阶级,自觉组织起来为本阶级和人类的解放而奋斗。从这样的意义上讲,马克思主义就是无产阶级立场的理论表现,是无产阶级解放条件的理论概括。

其次,这是由无产阶级的历史使命决定的。马克思对无产阶级的历史使命曾做了具体的阐述,指出无产阶级是一个被锁链彻底缚住的阶级,无产阶级没有任何私利可图,无产阶级革命和自身的解放同社会发展的规律、人类的彻底解放的必然趋势是完全一致的。无产阶级只有解放全人类,才能最后彻底解放自己。

最后,是否始终站在最广大人民的立场上,是唯物史观和唯心史观的分水岭,也是判断马克思主义政党的试金石。马克思主义第一次科学地阐明了人民群众在社会历史发展中的作用问题,认为人民群众是历史的创造者,人民群众的根本利益、意志、愿望体现了社会发展的要求和方向。而无产阶级的革命运动顺应了人民群众的基本愿望和要求,也就是顺应了历史发展的潮流。马克思主义政党的一切理论和奋斗,都应当致力于实现最广大人民的根本利益,这是马克思主义最鲜明的政治立场,也是马克思主义政党先进性的重要体现。

2. 这一观点是错误的。马克思主义是在实践中产生的,并在实践中不断丰富和发展。它虽然诞生于19世纪,但没有停留于19世纪;它虽然产生于欧洲,却跨越欧洲影响了全世界。马克思主义的不断发展,除了马克思、恩格斯根据实践的发展对自己创立的理论不断充实和完善外,其后首先是由列宁等马克思主义者在领导俄国革命中实现的。列宁以一个真正马克思主义者的态度,深刻分析了19世纪末20世纪初世界历史条件的变化,认为资本主义发达国家已经发展到帝国主义阶段,出现了马克思、恩格斯生前不曾有的新变化、新特点,经济政治发展的不平衡已成为资本主义发展的绝对规律。由此,他科学地剖析了帝国主义的经济基础、深刻矛盾和统治危机,提出了社会主义革命可能在一国或数国首先取得胜利的论断。列宁和布尔什维克党不失时机地领导俄国工人阶级和革命人民夺取了十月社会主义革命的胜利,使科学社会主义从理论开始变为现实,从而开创了世界历史的新纪元。

十月革命一声炮响,给中国送来了马克思列宁主义。诞生于半殖民地半封建社会的中国工人阶级的政党——中国共产党,从成立之日起就把马克思列宁主义确立为自己的指导思想,并在长期奋斗中坚持把马克思主义基本原理同中国具体实际相结合,发展了马克思主义,先后产生了毛泽东思想、邓小平理论、"三个代表"重要思想和科学发展观等重大理论成果。中国共产党在指导思想上的与时俱进,都是在党和人民事业发展的实践进程中实现的,也都是为党和人民事业发展的现实需要服务的。中国化的马克思主义,是指引全党全国人民为实现新世纪新阶段的发展目标和宏伟蓝图而奋斗的根本指针。

3. 这一说法不准确。作为中国共产党和社会主义事业指导思想的马克思主义,是从广义上理解的马克思主义。它既包括由马克思、恩格斯创立的马克思主义的基本理论、基本观点、基本方法,也包括经列宁对其继承和发展,推进到新的阶段,并由毛泽东、邓小平、江泽民等为主要代表的中国共产党人将其与中国具体实际相结合,进一步丰富和发展了的马克思主义,即中国化的马克思主义。因为只有用发展了的理论才能指导发展了的实践。

四、材料分析题

从不同的角度,我们可以对"什么是马克思主义"做出不同的回答。从它的创造者、继承者的认识成果讲,马克思主义是由马克思、恩格斯创立的,而由其后各个时代、各个民族的马克思主义者不断丰富和发展的观点和学说的体系。从它的阶级属性讲,马克思主义是无产阶级争取自身解放和整个人类解放的科学理论,是关于无产阶级斗争的性质、目的和解放条件的学说。从它的研究对象和主要内容讲,马克思主义是无产阶级的科学世界观和方法论,是关于自然、社会和思维发展的普遍规律的学说,是关于资本主义发展和转变为社会主义以及社会主义和共产主义发展的普遍规律的学说。马克思主义是由一系列的基本理论、基本观点和基本方法构成的科学体系,它是一个完整的整体。其中,马克思主义哲学、马克思主义政治经济学和科学社会主义,是马克思主义理论体系不可分割的三个主要组成部分。

马克思主义这一概念早在马克思在世的时候就已经使用。从狭义上说,马克思主义即马克思恩格斯创立的基本理论、基本观点和学说的体系。从广义上说,马克思主义不仅指马克思恩格斯创立的基本理论、基本观点和学说的体系,也包括继承者对它的发展,即在实践中不断发展着的马克思主义。

材料1和材料2的观点是正确的。材料1对于马克思主义的理解是从研究对象和主要内容的角度,明确地强调了马克思主义理论体系中的核心内容。材料2中科尔施的理解则着重强调了马克思主义的批判性,从政治立场着眼规定马克思主义。材料3是卢卡奇的马克思主义观,这是一种方法至上的马克思主义观。所谓方法至上,就是把理论方法和结论对立起来,片面强调方法而轻视结论。卢卡奇最初是在回答什么是马克思主义中的正统性问题时提出这一马克思主义观的。卢卡奇的方法至上的马克思主义观的错误之一,是他把方法仅仅理解为辩证法,而否认世界观的方法意义,实际上是否认唯物主义的方法意义;错误之二,是离开论点、结论谈方法,把方法看作是可以离开论点、结论的独立自在的东西。其最终结果将是对马克思主义本身的否定。

第一章
Chapter 1

世界的物质性及发展规律

学习目标

通过讲解,使学生学习和把握马克思主义唯物论与辩证法的基本原理,着重了解世界的物质统一性和实践的基本观点,掌握唯物辩证法的基本原理和根本方法,为学生树立科学的世界观打下理论基础。

学习要点

1. 哲学基本问题

哲学基本问题是人们在认识世界和改造世界的活动中经常遇到的问题。哲学基本问题包括两方面内容:

其一,意识和物质、精神和自然界,究竟谁是世界的本原,即物质和精神何者是第一性、何者是第二性的问题。根据对上述基本问题第一方面的不同回答,哲学可划分为两个对立的基本派别:唯物主义和唯心主义。唯物主义把世界的本原归结为物质,主张物质第一性,意识第二性,意识是物质的产物;唯心主义把世界的本原归结为精神,主张意识第一性,物质第二性,物质是意识的产物。

其二,思维能否认识或正确认识存在的问题。根据对上述基本问题第二方面的不同回答,哲学可划分为可知论和不可知论。可知论认为世界是可以被认识的;不可知论认为世界是不能被人所认识或不能被完全认识的。

2. 物质的定义、特点、存在方式，意识的起源、本质

（1）物质的定义。

物质是标志客观实在的哲学范畴，这种客观实在是人通过感觉感知的，它不依赖于我们的感觉而存在，为我们的感觉所复写、摄影和反映。

（2）物质的特点。

物质的唯一特性是客观实在性，它存在于人的意识之外，可以为人的意识所反映。

（3）物质的存在形式。

物质的根本属性是运动。物质和运动是不可分的，运动是物质的运动，物质是运动着的物质；相对静止是物质运动在一定条件下的稳定状态，包括空间的相对位置和事物的根本性质暂时未变这两种运动的特殊状态。

时间和空间是物质运动的存在形式。时间是物质运动的持续性、顺序性，特点是一维性；空间是物质运动的广延性，特点是三维性。

（4）意识的起源。

意识是物质世界长期发展的产物，是人脑的机能和属性，是物质世界的主观映象。意识从其起源来看是自然界长期发展的产物。意识作为一种反映形式，它的形成经历了三个发展阶段，即由一切物质所具有的反应特性到低等生物的刺激感应性，再到高等动物的感觉和心理，最终发展为人类的意识。意识不仅是自然界长期发展的产物，而且是社会历史的产物。社会实践特别是劳动在意识的产生和发展中起到决定性的作用。劳动为意识的产生和发展提供了客观需要和可能，在人们的劳动和交往中形成的语言促进了意识的发展。

（5）意识的本质。

意识从其本质来看是物质世界的主观映象，是客观内容和主观形式的统一。

作用：意识是能动的，具有目的性和计划性；意识获得具有创造性；意识具有指导改造客观世界的作用。

（6）物质与意识的辩证关系。

①物质决定意识。物质对意识的决定作用表现在意识的起源、本质和作用上。

②意识对物质具有反作用。意识的能动作用，是人特有的积极认识世界和改造世界的能力和活动。

3. 世界统一于物质

马克思主义认为，多样化的世界是有统一的本原的，这就是物质，不仅自然界是物质的，人类社会也具有物质性，世界的真正统一性在于它的物质性。

4. 唯物辩证法的总特征（普遍联系原理）

普遍联系和永恒发展是唯物辩证法的总特征。联系是指事情内部各要素之间和事物之间

相互影响、相互制约和相互作用的关系。联系具有一系列的特点:客观性、普遍性和多样性。发展是前进的上升的运动,发展的实质是新事物的产生和旧事物的灭亡。原因与结果、现象与本质、内容与形式、必然性与偶然性、现实性与可能性等构成了联系与发展的基本环节。

5. 对立统一规律:同一性、斗争性关系及其应用、共性个性

①矛盾的同一性是指矛盾双方相互依存、相互贯通的性质和趋势。

②矛盾的斗争性是矛盾着的对立面之间相互排斥、相互分离的性质和趋势。

③关系:矛盾的同一性和矛盾的斗争性是相互联结、相辅相成的,没有斗争性就没有同一性,没有同一性也就没有斗争性。在事物的矛盾中,矛盾的斗争性具有绝对性,矛盾的同一性具有相对性。矛盾斗争性的绝对性体现了物质运动的绝对性,矛盾同一性的相对性体现了物质静止的相对性。无条件的绝对的斗争性与有条件的相对的同一性相结合,构成事物的矛盾运动,推动事物的发展。

④应用:矛盾的同一性在事物发展中的作用表现在:第一,同一性是事物存在和发展的前提,在矛盾双方中一方的发展以另一方的发展为条件。发展是在矛盾统一体中的发展。第二,同一性是矛盾双方相互吸取有利于自身的因素,在相互作用中各自得到发展。第三,同一性规定着事物转化的可能和发展的趋势。事物之所以能够转化,是由于事物内部矛盾双方具有相互贯通的关系。事物的发展方向、趋势不是随意的,而是有规律地向自己的对立面转化。

矛盾的斗争性在事物发展中的作用表现在:第一,矛盾双方的斗争促进矛盾双方力量的变化,竞长争高,此消彼长,造成双方力量发展的不平衡,为对立面的转化、事物的质变创造条件。第二,矛盾双方的斗争,是一种矛盾统一体向另一种矛盾统一体过渡的决定力量。矛盾的相互排斥、否定促成旧的矛盾统一体破裂和新的矛盾统一体产生,从而使旧事物发展为新事物。

矛盾的斗争性和矛盾的同一性在事物发展过程中是相互结合共同发生作用的。但在不同条件下,二者所处的地位会有所不同。在一定的条件下,矛盾的斗争性可能处于主要的方面,而在另外的条件下,矛盾的同一性又可能处于主要的方面。运用矛盾的同一性和矛盾的斗争性对事物发展作用的原理指导实践,要正确理解和处理矛盾与和谐的关系。矛盾与和谐,既有不同的含义,不能等同,又具有内在的一致性。和谐包含着矛盾双方互相联系、互相依存的思想,强调平衡、协调、合作,体现包容万物、兼收并蓄的博大精神。但和谐并不否认矛盾,也不意味着矛盾双方的绝对同一。和谐也是在不断解决矛盾中实现的。和谐的本质就在于协调多种因素的差异,化解矛盾,为事物的发展创造条件。

⑤共性与个性:矛盾普遍性与矛盾特殊性是辩证统一的关系。矛盾的普遍性即矛盾的共性,矛盾的特殊性即矛盾的个性。矛盾的共性是无条件的、绝对的,矛盾的个性是有条件的、相对的。任何现实存在的事物都是共性和个性的有机统一,共性寓于个性之中,没有离开个性的共性,也没有离开共性的个性。矛盾的共性和个性、绝对和相对的道理,是关于事物矛盾问题的精髓,是正确理解矛盾学说的关键,不懂得它,就不能真正掌握唯物辩证法。矛盾的共性和

个性相统一的关系,既是客观事物固有的辩证法,也是科学的认识方法,人的认识的一般规律就是由认识个别上升到认识一般,再由一般到个别的辩证发展过程。矛盾普遍性和特殊性辩证关系的原理是马克思主义的普遍真理同实践相结合的哲学基础,也是建设中国特色社会主义的哲学基础。

6. 质量互变规律:度的理解

度是保持事物质的稳定性的数量界限,即事物的限度、幅度和范围,度的两端叫关节点和临界点,超出度的范围,一事物就转化为他物。"度"这一哲学范畴启示我们,在认识和处理问题时要掌握适度的原则。

量变和质变的辩证关系是:

第一,量变是质变的必要准备。

第二,质变是量变的必然结果。

第三,量变和质变是相互渗透的。量变和质变是相互依存、相互贯通的,量变引起质变,在新质的基础上,事物又开始新的量变,如此交替循环,形成事物质量互变的规律性。质量互变规律体现了事物发展的渐进性和飞跃性的统一。

7. 否定之否定规律:辩证否定观、否定之否定的特征

(1)辩证否定观的基本内容。

第一,否定是事物的自我否定,是事物内部矛盾运动的结果。

第二,否定是事物发展的环节。

第三,否定是新旧事物联系的环节,新事物孕育产生于旧事物,新旧事物是通过否定环节联系起来的。

第四,辩证否定的实质是"扬弃",即新事物对旧事物既批判又继承,既克服其消极因素又保留其积极因素。

(2)否定之否定的特征。

否定之否定阶段仿佛是向原来出发点的"回复",但这是在更高阶段的"回复",是"扬弃"的结果,事物的发展呈现出周期性,上一个周期和下一个周期的无限交替,使事物的发展呈现出波浪式前进或螺旋式上升的总趋势。

否定之否定规律揭示了事物发展的前进性与曲折性的统一。

8. 客观规律性与主观能动性的关系

首先,必须尊重客观规律。发挥人的主观能动性必须以承认规律的客观性为前提。认识和改造自然界,要尊重自然界的规律;认识和改造社会,要尊重社会规律。

其次,在尊重客观规律的基础上,要充分发挥主观能动性。尊重事物发展的规律与发挥人的主观能动性是辩证统一的。

案例分析

第一节　世界的物质性

【案例1】

牛顿与神学

牛顿是古典力学的奠基人。他在自发的唯物论指导下，创立了万有引力的理论，对自然科学特别是对力学和数学的发展做出了杰出的贡献。但是他在哲学上是个盲人。他厌恶理论思维，曾自我警告："物理学，当心形而上学呵！"（当时的形而上学指哲学思维）这是他为了排斥理论思维发出的警告。事实上他自己也不可能摆脱哲学的影响和支配。为了解决太阳系最初是怎样开始运动以及行星又是如何绕太阳运转这类问题时，他认为除了万有引力的作用外，还必须有一个"切线力"。这个力从何而来呢？他陷入了困境。于是，他提出了"上帝是第一推动力"来作为太阳及行星运动的起因，从而，从自发的唯物论坠入唯心论的泥坑。晚年，他埋头注释《约翰启示录》，写了130万字的神学著作，妄图用科学的发现来证明上帝的存在。这就完全做了宗教神学的俘虏，阻碍了他在科学上做出新的贡献。

这件事说明，即使是著名的科学家，如果忽视正确的哲学思想指导，就会偏离科学的道路。企图离开哲学的指导是办不到的。

【资料来源】

百度文库:《哲学家的故事》

【相关知识】

世界观的重要性。

【案例2】

"心"与"气"

(1) [宋]陆九渊："四方上下曰宇,往古来今曰宙。宇宙便是吾心,吾心即是宇宙。千万世之前,有圣人出焉,同此心同此理也。千万世之后,有圣人出焉,同此心同此理也。东南西北海有圣人出焉,同此心同此理也。"(《象山先生全集·杂说》)

译文:上下四方叫作"宇",古往今来叫作"宙"。宇宙就是我的心,我的心就是宇宙。千万世以前,有圣人出现,此心相同,此理相同;千万世以后,有圣人出现,此心也相同,此理也相同;东西南北四方有圣人出现,此心都相同,此理都相同。

(2)[宋]张载:"太虚无形,气之本体;其聚其散,变化之客形尔;至静无感,性之渊源;有识有知,物交之客感尔。客感客形与无感无形,惟尽性者一之。"(《正蒙·太和篇》)

译文:太虚没有固定的形体,它就是气的本来状态。气凝结聚合为有形的万物,分化解散为无形的太虚,它的聚散变化不定的形态是暂时的。太虚极静而没有外感,它是人之性的根源。人与外物相接触,才产生了知识。客感客形与无感无形(虽然不同,但归根到底都是一气之变化),只有穷尽事物本性的人,才能把它们统一起来。

【资料来源】

百度文库

【相关知识】

世界的本原;主观唯心主义;古代朴素唯物主义物质观。

【案例3】

对世界本原的不同理解

观点1　德谟克利特的"原子"

古希腊哲学家、原子论者德谟克利特认为,世界万物包括人的灵魂在内,都是由原子这种不可分割的物质粒子组成的。原子是永恒的,由原子所组成的整个自然界、整个世界也是永恒的。原子本身不变化,但能运动。原子的数量是无限多的,但它们之间没有性质的不同,仅有大小、形状、次序和位置的区别。世界万物由于构成它们的原子在大小、形状、次序和位置上的不同,而形成千差万别的性质。虚空是原子运动的地方,是"非存在"。原子在虚空中互相碰撞,形成旋涡运动,从而互相结合形成万物。原子分离,事物就灭亡。

观点2　霍布斯的"物体"

托马斯·霍布斯(Thomas Hobbes,1588—1679)是17世纪英国著名哲学家、机械唯物主义的重要代表人物,其主要著作有《论物体》《论人》《论公民》《论社会》和《利维坦》等。霍布斯运用机械力学的观点和几何学的方法构建了一个包括论物体、论人、论国家与论社会在内的哲学体系。

"物体"是霍布斯哲学体系的基本范畴。霍布斯认为,世界上真实存在着的只有物质所构成的物体。他说:"哲学的对象,或者哲学所处理的材料,乃是每一个这样的物体:这种物体我们可以设想它有产生,并且可以通过对它的思考,指导它同别的物体加以比较,或者是,这种物体是可以加以组合与分解的,也就是说,它的产生或特性我们是可以认识的。"霍布斯给物体下了一个明确的定义。他说:"物体是不依赖于我们思想的东西,与空间的某个部分相合或具有同样的广延。"显然,霍布斯所说的物体具有如下特征:它不依赖于我们思想而客观存在;占有一定的空间;能为人们所认识。霍布斯所说的物体概念基本上接近马克思主义哲学的物质概念。

观点3 "存在就是被感知"

18世纪英国经验主义哲学家、西方近代主观唯心主义哲学的主要代表人物乔治·贝克莱(George Berkeley,1685—1763)在其《人类知识原理》一书中,提出了"存在就是被感知"的著名论断。

贝克莱认为,知识起源于感觉,知识的对象就是观念。我们所能知道的只是观念,而不是观念之外的事物。观念不是对客观事物的反映,相反,外在事物是"一些观念的集合",离开了感觉或经验的"纯客观存在"是不可理喻的。他还认为,物体的广延、形状、运动完全是相对的,是随着感觉器官的结构或位置的变化而相应变化的,因此,它们完全依赖于人心,而不是存在于人心之外的任何地方。

"存在就是被感知"是一个站在常识和经验论的立场上难以驳倒的命题。据说,有一天,贝克莱和友人约翰生散步,不小心碰上了一块石头。约翰生便问:"在碰到这块石头产生痛觉以前,它是否存在?"贝克莱回答说:"即使此前我没有感知它的存在,还有别的人感知它的存在。即使人人都没有感知它的存在,也还有一个全知、全能、全善的无限精神即上帝在感知它的存在。"

"存在就是被感知"是哲学史上最典型的主观唯心主义命题。不过,尽管"存在就是被感知"这一命题十分荒谬,但贝克莱在西方近代哲学中第一次突出强调了人类认识的主观性和相对性问题。著名科学家、相对论的创立者爱因斯坦曾经说过:"假如贝克莱生活在今天,相对论很可能会被他所发现。"

观点4 莱布尼茨的"单子论"

德国哲学家、唯理论的代表人物莱布尼茨(1646—1716)在世界本原问题上提出了著名的单子论。莱布尼茨认为,构成万物最后单元的实体不应具有广延或量的规定性,而应具有各自不同的质,并应具有"力"作为推动自身变化发展的内在原则。这样的实体是与灵魂类似的某种东西,莱布尼茨起初称之为"实体的形式"或"实体的原子"等等,最后称之为"单子"。

莱布尼茨认为,单子因为没有广延,也没有"部分",所以真正不可分,是真正"单纯"的实体。单子没有部分,因而就不能由各部分的组合或分离而自然地产生或消灭,其产生或消灭只能出于上帝奇迹式的"创造"和"毁灭"。同时,也没有事物能够进出单子内部,因此每一单子都"没有可供事物出入的窗户",是各自彻底独立的。因为与灵魂相类似,所以单子也具有"知觉"与"欲望"。每个单子凭借其知觉"反映"全宇宙,如同镜子映照事物一样,在此意义下,每一个单子就是反映万物的一个不同"观点"。同一个宇宙,由于所处的"观点"不同,就反映出不同的面貌,形成每一单子独特的质。世界上没有两个单子在质上完全相同,也就没有完全相同的两个事物。由于其知觉的清楚程度不同,单子有高低等级之分。从构成无机物的、具有模糊的"微知觉"的单子,到动物的具有感觉的"灵魂",再到具有清楚的自我意识或理性的"心灵",以至比人的心灵更高的"天使"之类,最后达到全知、全能、全善,创造了其他一切单子的最高的单子,即上帝。每两个相邻等级的单子之间有无数中介的单子,从而构成一个连续的系列,其间没有间隙或"飞跃"。莱布尼茨明确肯定:"自然从来不飞跃。"尽管单子与单子之间是彼此独立的,但由单子所构成的事物却又是彼此互相作用、互相影响的,从而构成一个和谐的整体。

观点5 无限小的粒子世界

从古至今的哲学家和科学家,都希望能够找出物质甚至宇宙的基本组成。古希腊时,自然哲学家们如留基伯和德谟克里特就提出了原子论,认为世界万物是由原子和虚空构成的。但人类真正理解宇宙万物的基本构成是从自然科学的出现开始的。

在自然科学的探索中,人们发现了分子,把分子当作最基本的物质。应当说,科学家发现分子是一个重要的进步。随后,科学家发现分子其实还不是物质的最基本结构,因为分子还可能会发生变化,所以一定比分子更基本的结构重新组合,才会导致分子发生变化。这样,人类又发现了原子的存在,并由门捷列夫整理出"周期表"这个规律性。然而,在当时物质的基本元素有将近100种,所以原子也不是最基本的东西。另外,当时对于电磁学的研究早已经发现原子并不是真正的不带电,而是处于正负电相等的平衡状态。这样,科学家就希望把原子分解得更彻底。

这个研究过程经历了几个阶段。首先,科学家发现原子中有带正电也有带负电的结构,带负电的部分质量很小,而且是单独一个一个地出现,这就是"电子"。而带正电的部分,占了原子的绝大部分质量,而且所有正电荷都集中在一处,即"原子核"。于是,原子就被分成了带正电的"原子核"和带负电的"电子"两个部分。

接着,科学家发现,虽然电子的质量跟电荷成一定比例,几个负电荷就是几倍质量,但带正电的原子核就不是这样。原子核的电荷加倍的时候,它的质量通常不只增加一倍。人们认为原子核一定还混杂了一些不带电的东西才会变得这么重,于是就提出了不带电的"中子"和带正电的"质子"的概念。一直到20世纪30年代初期,物理学家才找到了中子。这个发现直接推动了原子弹的研发。

第二次世界大战结束之后,美苏积极发展核武器,双方都投入大量的人力、财力进行基础物理研究,特别是基本粒子的研究。于是,新的粒子也不断被发现。由于当时发现的"基本粒子"实在太多,有人就联想到这些"基本粒子"可能像当初的"基本元素"一样,其实是由更基本的粒子组合而成的。于是,20世纪60年代科学家们就提出了"夸克模型"和"部分子模型",用以解释质子、中子、其他粒子及更小结构的问题。由于这些粒子的确在质量以及电荷等性质上有明显的规律性,因此夸克模型以及部分子模型的观念对这些粒子的特性预测得很成功,提出这些模型的科学家和宣称发现了夸克的实验室获得了诺贝尔奖。夸克模型主宰了近30年来粒子物理发展主流。

早期研究中子、质子结构时所提出的夸克模型只提出两种夸克,但很快实验物理学家就发现有些粒子无法用这两个夸克的组合来解释。因为有些新粒子的性质跟质子、中子很像,是一个质量大了非常多倍的未知夸克。所以,他们就推测这是一个新夸克,这个夸克就被命名为"奇夸克"(s)。之后,科学家们又发现了魅夸克(c)、底夸克(b)和顶夸克(t)。著名华裔科学家丁肇中博士就是因为证实了魅夸克的存在而获得诺贝尔奖的。

除了夸克以外,还有一类被称为"轻子"的粒子,这一类粒子以很早就已经被发现的电子为代表。后来,陆续又发现了比电子重大约207倍的"渺子"和3 484倍的"淘子"。

一般说来,所有的粒子都可以分为传递各种作用力的"规范子"(gaugeboson)和构成物质的"粒子",粒子这一类里面又分为"轻子"和"夸克"两类,而轻子和夸克又可以根据带电荷数各分成两类。像轻子就可以分成中性的"微中子型轻子"和带 -1 个基本电荷的"电子型轻子"。每一个家族中又有三个成员,称为有三"代"。如电子型轻子依质量大小顺序就有"电子""渺子"和"陶子"三代,而微中子型轻子也有对应的"电子型微中子""渺子型微中子"和"淘子型微中子"三代,微中子的质量到目前还是一个未解之谜。1998年5月,日本神冈山实验室曾宣称找到了微中子有质量的间接证据,不过确实情况如何还有待其他实验室的重复实验才能确定。

夸克则分成上型夸克和下型夸克两类。上型夸克依照质量大小有"上""魅"和"顶"三代夸克,它们都带 +1/3 基本电荷,其中的顶夸克质量远超过其他粒子,一直到1994年才被实验室找到。下型夸克则有"下""奇"和"底"三代夸克,它们都带有 -1/3 基本电荷。

目前粒子物理所能探索的最小结构只到夸克和轻子。但是,根据以往数千年来的经验,很多人都不同意这些就是宇宙最终的基本结构,所以探索宇宙最终结构的努力一直没有停止过。

【资料来源】

尚九玉."马克思主义哲学原理"课教学案例解析[M].北京:高等教育出版社,2004

【相关知识】

唯物主义哲学从来都是把物质性的东西当作世界本原的,但不同的哲学家对于物质性世界本原的理解和具体规定并不相同。本专题列举了哲学史上不同的哲学家对于世界本原的理解。观点1"德谟克利特的'原子'"中,古希腊原子论哲学家德谟克利特把原子当作世界本原,对后世的哲学和科学产生了深远的影响。观点2介绍了机械唯物主义哲学家霍布斯的"物体观"。霍布斯把存在于具体时空之中的物体当作世界本原,表明了唯物主义哲学在世界本原问题上的发展。观点3中,贝克莱则把世界本原理解为我们所感知的东西,在注意到人的认识的主体性的同时,却否定了世界的客观性。观点4中,莱布尼茨把世界本原理解为"单子",既具有原子论的色彩,也具有柏拉图理念论的色彩。通过了解这些观点,我们可以更好地把握马克思主义哲学的物质概念。

所提供的"无限小的粒子世界"案例,介绍了自然科学对于基本粒子的探索过程,说明基本粒子不是人类想象的产物,而是世界客观存在的东西,马克思主义哲学的物质概念是符合物质世界的本来状况的。

【案例4】

孪生兄弟与相对论

有孪生二兄弟,当他们长到二十岁的时候,各人选择了自己的职业。哥哥立志于天体研究,并且当上了宇宙航行员。哥哥要出发了,弟弟去送行,临别前,他俩相互对了对手表。

哥哥以接近光速的速度在宇宙飞行了四年半。当他就要返航时,他给弟弟发了一份电报,弟弟欣然去迎接他的哥哥,当他们重新见面时,哥哥以为是父亲来了,原来站在他面前的已是一位两鬓斑白的老人了。弟弟告诉哥哥说:"你一去有三十二年,我的孩子已经有二十四五岁了。"

爱因斯坦的狭义相对论证明,空间、时间是随物质运动速度变化而变化的,当物体以接近光速的速度运动时,物体沿前进方向的空间会缩短,内部过程会变慢。根据计算,当飞船速度达到每秒299 900千米时,飞船上的1米,便只相当于地球上的0.02米;飞船上的1秒,则相当于地面上的50秒。可能有人会问:这种"米尺缩短,时钟变慢,哥哥空中正年少,弟弟地上已暮年"的现象,为什么我们在日常生活中觉察不到呢?这是因为,相对论效应只有在速度很高以至接近光速时才很显著。我们日常生活中见到的最大速度,只不过每小时1 000千米的量级。在这种速度下,上述现象是无法从直观上看出来的。

【资料来源】

百度文库:哲学案例

【相关知识】

物质的存在方式;时间与空间的相对性。

【案例5】

运动和静止

观点1 阿基里斯追不上乌龟

2 000多年前,古希腊哲学家巴门尼德认为,世界的本原是"存在","存在"只能从一种存在变为另一种存在,存在不会变为不存在,因而"存在"是不变的。巴门尼德的学生、古希腊哲学家芝诺则进一步提出:运动变化是不可能的。为了论证他的观点,芝诺提出了四个悖论,其中最为著名的是"阿基里斯追不上乌龟"。

阿基里斯是古希腊神话中的英雄，海洋女神忒提斯的儿子，他健步如飞，能日行千里。然而芝诺却断言：阿基里斯永远追不上跑得很慢的乌龟。芝诺说：如果乌龟在前，阿基里斯在后，同时起跑，阿基里斯要追上乌龟，必须首先到达乌龟的起点处，但当他到达乌龟起点处时，乌龟却已向前跑到另一地点，而当阿基里斯到达这一地点时，乌龟又到达另一新地点。如此类推下去，以至无穷。所以，阿基里斯永远追不上乌龟。此外，芝诺还提出了"飞矢不动"的论断。芝诺认为，既然任何事物在刹那间都只能占有和自身相等的空间，那么，飞矢也是如此。飞矢在飞行的过程中，这一刹那间在这一点，那一刹那间在另一点。这样，飞矢实际上经过的只不过是无数个静止的点。把无数静止的点加起来，仍然是静止，而不会形成运动。所以，飞矢实际上是不动的。根据上述两个命题，芝诺得出结论说：运动变化是不可能的，甚至连位置移动都是不可能的。

观点2　机械论者的观点

17世纪英国哲学家、机械唯物主义的重要代表霍布斯认为，运动是一切事物的最一般的原因，一切变化都在于运动。运动就是物体"不断地放弃一个位置，又取得另一个位置"。霍布斯认为运动和静止都是绝对的，动者恒动，静者恒静。他说："任何一件静止的东西，若不是在它以外有别的物体以运动力图进入它的位置使它不再处于静止，即将永远静止。""同样情形，任何一件运动的东西，除非在它以外有别的物体使它静止，即将永远运动。"他还指出，运动是与时间和空间相关的，时间是运动中先后的影像，空间则是心外之物的影像。"设想某件东西可以离开时间而运动，就等于设想没有运动的运动，这是不可能的。"

观点3　"热寂"说

"热寂"说是19世纪中期英国物理学家开尔文和德国物理学家克劳修斯根据热力学第二定律所做的宇宙学推论，在当时轰动一时。

1850年2月，克劳修斯在提交给柏林科学院的论文中，第一次提出了热力学第二定律的标准说法："热不能自动地从较冷的物体传到较热的物体。"1851年3月，开尔文勋爵提出热力学第二定律的另一说法："热不能自动地完全变为有用功。"这两种说法在本质上是相同的，即在自然界里凡是与热现象有关的过程都是不可逆的。克劳修斯指出热传导是不可逆的，而开尔文则指出功变热是不可逆的。一杯放在书桌上的开水可以把热量自动地传给周围的空气，最后使杯中水的温度与周围空气一样，但水周围的空气不会把热量自动地传给水，使杯中的水沸腾起来。自然界这种不可逆的过程是无穷无尽的，而且可以证明所有这些不可逆过程相互之间是有联系的，是可以相互导出的。既然这无穷尽的不可逆过程都是有联系的，那么就应该可以找到一个共同的标准以判定不可逆过程允许的方向和允许的限度。克劳修斯于1865年提出了"熵"的概念。什么是熵呢？克劳修斯曾做过通俗的解释，他写道："熵在希腊文里表示'变化'。我专门挑选了'熵'这个词，为了使它与'能量'一词在发音上有相同之处。因为按照它们的物理含义这两个量很相似，我认为，使它们的名称在发音上也相似是有益的。"

第一章 世界的物质性及发展规律

从微观上看,熵表示系统实现一定状态的或然率大小的量度;从宏观上看,熵显示一孤立系统中热能转化为其他形式能量的能力的衰减程度。用熵来描述热力学第二定律,那就是说任何自然过程总是从或然率小的状态向着或然率大的状态变化,直到或然率最大的状态为止;也可以说在孤立系统中,系统总是向逐步丧失转化能力的方向发展。总而言之,在一定条件下(孤立系统中),一切变化都是向熵增加的方向进行。这就是克劳修斯的"熵增加原理",它是热力学第二定律最普遍的描述。从分子运动论的观点来看,由于热量是分子无规则运动的表现,所以熵实际上就是热运动"混乱程度"的量度。例如,汽车关了油门后,由于摩擦最后汽车会自动停止运动。摩擦会产生热,所以这个过程是有规则运动变成了无规则运动,其混乱程度增大,即熵增大,故可自动发生;但相反的过程,分子无规则的运动能变成有规则运动,将汽车推动,则不可能自动发生,因为它违反了熵增加原理。

克劳修斯建立的热力学的第二定律,有着极其深刻的物理意义,它指出了自然的过程是有方向的(尽管不可能的方向并不违背热力学第一定律),这无疑是物理学的一个巨大进步。

克劳修斯等人把热力学第二定律应用到宇宙问题,提出了在19世纪70年代前后轰动一时的"热寂"说。"热寂"说认为,整个宇宙是朝着单一的方向变化的,宇宙中一切机械的、物理的、化学的、电磁的、生命的等各种能量,最终将全部转化为热能。而热又总是自发地从高温部分流向低温部分,直至到达温度处处相等的热平衡状态为止。1867年,克劳修斯在德国自然科学家和医生的集会上,发表了题为《论热之唯动说的第二原理》的演说。他在演说中指出:"宇宙的熵趋向于极大。宇宙越是接近于这个熵是极大的极限状态,进一步变化的能力就越小;如果最后完全达到了这个状态,那就任何进一步的变化都不会发生了。这时宇宙就会进入一个死寂的永恒状态。"

"热寂"说后来被大爆炸宇宙论推翻。科学家们根据已获得一系列实验证据的大爆炸宇宙模型指出,科学所展现的宇宙图景是同"热寂"说完全相反的。"热寂"说的根本错误在于忽视了引力场在宇宙演化中的作用。由于存在万有引力,宇宙根本没有平衡态,宇宙只能处于动态的演化过程之中,而不是静态的。比利时科学家普利高津提出的耗散结构理论否定了"热寂"说。这个理论说明,宇宙不是克劳修斯所设想的孤立系统,不会越来越趋向于单一、无序、完全平衡和绝对静止。物理世界是一个非稳定和有涨落的世界,整个宇宙及其所包含的各种物质形态都是开放的动态系统。宇宙的运动不可能是一个方向,而是有不同的方向,同时它总是无序和有序的统一。因此,宇宙永远处在运动、演化过程中,它的历史不可能有终结。

【资料来源】

尚九玉."马克思主义哲学原理"课教学案例解析[M].北京:高等教育出版社,2004

【相关知识】

在所提供的观点中,观点1是承认静止、否认运动的例子。观点2则把运动仅仅理解为空间位置的变化,并且否认运动与静止之间存在转化关系。观点3把运动理解为有终点的,不承认运动的永恒性,结果最终被科学研究所推翻。

【案例6】

"狼孩"的故事

1920年,在印度的一个名叫米德纳波尔的小城,人们经常见到一种"神秘的生物"出没于附近的森林,一到晚上,就有两个用四肢走动的"像人的怪物"尾随在三只大狼后面。后来人们打死了大狼,在狼窝里终于发现这两个"怪物"原来是两个裸体的女孩。大的七八岁,小的约两岁。这两个小女孩被送到米德纳波尔的孤儿院去抚养,人们还给她们取了名字,大的叫卡玛拉,小的叫阿玛拉,到了第二年阿玛拉死了,而卡玛拉一直活到1929年。这就是曾经轰动一时的"狼孩"的故事。

据记载,"狼孩"刚被发现时用四肢行走,慢走时膝盖和手着地,快跑时则手掌、脚掌同时着地。她们总是喜欢单个人活动,白天躲藏起来,夜间潜走。怕火和光,也怕水,不让人们替她们洗澡。不吃素食而要吃肉,吃时不用手拿,而是放在地上用牙齿撕开吃。每天午夜到早上三点钟,她们像狼似的引颈长嗥。她们没有感情,只知道饥时觅食,饱则休息,很长时期内对别人不主动发生兴趣。不过她们很快学会了向主人要食物和水,如同家犬一样。只是在一年以后,当阿玛拉死的时候,人们看到卡玛拉流了眼泪——两眼各流出一滴泪。

据研究,七八岁的卡玛拉刚被发现时,她只懂得一般六个月大婴儿所懂得的事,花了很大气力都不能使她很快地适应人类的生活方式。她两年后才会直立,六年后才艰难地学会独立行走,但快跑时还得四肢并用。到死也未能真正学会讲话:四年内只学会6个词,听懂几句简单的话,七年后才学会45个词并勉强地学会了几句话。在最后的三年中,卡玛拉终于学会在晚上睡觉,也不怕黑暗了。很不幸,就在她开始朝人的方向前进时,死去了。据"狼孩"的喂养者估计,卡玛拉死时已16岁左右。但她的智力只及三四岁的孩子。

【资料来源】

百度文库:哲学案例

【相关知识】

意识的社会性;意识内容的客观性。

【案例7】

胸有成竹

宋朝有个画家叫文与可,善于画竹。他画的竹子栩栩如生,受到大家的赞扬。他的朋友晁补之,写了一首诗称赞他,其中有两句说:"与可画竹时,胸中有成竹"。"胸有成竹"从此作为脍炙人口的成语,流传至今。文与可胸中的"成竹"从何而来呢?是天生的吗?不是。是冥思苦想、主观自生的吗？也不是。它是客观存在的竹子在文与可头脑中的反映。原来，文与可住处的周围，种了许多竹子，他一年四季观察竹子的变化，对竹枝竹叶在各个不同时期的形状、姿态，都有透彻的了解，因而当他画竹时，能够做到"下笔如有神"，快速地画出各种各样生动逼真的竹子。如果文与可不与竹子打交道，那么不论他如何构思，也不会做到"胸有成竹"，更不会成为画竹的高手。

【资料来源】

百度文库:哲学案例

【相关知识】

意识的本质;物质第一性,意识第二性。

【案例8】

杯弓蛇影

乐广曾经有一个很亲密的朋友,分别很久了没有再来,乐广不知什么原因,就前去探望这位朋友,并问他为什么不来走一走。那位朋友说："前次在您的坐席上,您让我喝酒,我端起酒杯刚想喝,就看见酒杯中有一条小蛇,心里非常讨厌,喝完那杯酒,就病了。"乐广觉得这不太可能,忽然想起来上次喝酒时,墙上挂着一张角弓,弓上用漆画着一条蛇,乐广猜想酒杯中的蛇就是角弓的影子。于是,乐广便邀那位朋友又一同到前次喝酒的地方喝酒,仍然让那位朋友坐那天坐的坐席。端起酒杯,乐广对那位朋友说："你在酒杯中又看见了蛇没有?"那位朋友回答说："所见和前次一样。"乐广便把事实真相告诉了那位朋友,那位朋友豁然开朗,解开了心中的疑虑,病马上就好了。

【资料来源】

百度文库:哲学案例

【相关知识】

意识相对独立性和能动性。

第二节 事物的普遍联系与永恒发展

【案例9】

六度分离

"六度分离"是社会学家在研究社交网络(social networks)时提出的一个概念。该问题源于社会学家、哈佛大学的心理学教授 Stanley Milgram(1934—1984)在 1967 年做的实验"追踪美国社交网络中的最短路径"。他要求每个参与者设法寄信给一个住在波士顿附近的"目标人物",规定每个参与者只能转发给一个他们认识的人。Milgram 发现完整的链平均长度为 6 个人。

比如我们可以设想寄一封信给"莱温斯基",够远吧?我设想的路径是:

首先,我寄信给我的同学,他的父亲是外交官,由他寄信给他的父亲,外交官自然认识我国的外交部长,我国的外交部长一定认识克林顿,最后由克林顿寄信给莱温斯基即可。正好是 6 个人。按照这个概念,生活在这个世界上的每个人只需要很少的中间人(平均 6 个)就可以和全世界的任何一个人建立起联系。

我们可以把每个人看作是一个节点(node),认识的人之间可以画上一条边(side),最后会形成一个网络(net)。每个节点可以有多少条边?或者每个人可以有多少个朋友?如果我们做这个调查的话,可能很困难,每个人对朋友的定义不一样,你认为是朋友,但我认为不是,这样获得的数据是有疑问的,有很多说不清楚的地方。不过,现在有互联网,就好办多了,只要加在 QQ 好友栏的就算好友,假使我们真的做这样一个统计的话,我估计这个数字可能会比 6 大,可能是 8、9 等等。毕竟有不少人 QQ 上只有几个名字,而现实生活中,我们认识的人肯定比"几个"要多得多。

现在,有不少人琢磨利用"六度分离"做交友网站。另外,P2P 软件的下载也利用了"六度分离",全世界的电脑连成了一个网络,网络上任意两台电脑,通过一个包含 6 台电脑的路径就可互相下载对方的资源了。

【资料来源】

百度百科:六度分离理论

【相关知识】

联系的普遍性。

【案例 10】

鱼的进化史

鱼的起源很早,在世界上还没有人类的时候,鱼类就生活在海洋里了。虽然在数亿年的演化过程中有一些古老的种类已经灭绝,但另有其他新兴的种类继之产生。鱼是怎么来的呢?

据文献记载,鱼最初发现于距今四亿年的奥陶纪地层,但所得到的那时鱼类的化石是不完整的。直到志留纪的晚期,人类才完整地获取了关于化石及早期脊椎动物关系的概念。到泥盆纪时,各种古今鱼均已出现。泥盆纪时代可谓既是鱼的初生年代,也是鱼的极盛时代。由于这个时期其他的脊椎动物还不多,所以有人把泥盆纪称为"鱼的时代"。到了新生代,各种鱼类十分繁多，成为脊椎动物中最大的类群，所以新生代是鱼类的发展史中的全盛时代。

根据对从泥盆纪所取得的化石的分析，古代鱼类可分为四大类：无颌类、盾皮类、软骨鱼类和硬骨鱼类。无颌类动物在志留纪以及泥盆纪中最多，被公认为最早的脊椎动物。化石的无颌类的身体几乎有厚硬骨板及硬的东西包被，故称为甲胄鱼类。盾皮鱼类是最早的有颌类，它们在泥盆纪盛极一时，但到了这个时期的末期就大部分灭绝了。一些研究者认为软骨鱼类和硬骨鱼类是由盾皮类沿两个方向演变而来，但至今仍无证据证实。软骨鱼类被认为是最"原始"的鱼类，但人们一般认为软骨鱼类与硬骨鱼类是两支平行发展的分支。最早的硬骨鱼类是古鳕类，再由此演变出现存的绝大多数的硬骨鱼类。硬骨鱼类中的内鼻孔鱼类的典型原始类型代表是双鳍鱼与和骨鳞鱼，后者是最早的泥盆纪的总鳍鱼类。而总鳍鱼类又被认为是最早的两栖类的直接祖先。

1938年12月22日，有人在非洲东南沿岸捕到一条大鱼，其身长1.5米，重58千克，后经科学家们研究与确认，认为这条鱼应属总鳍目的一个新的科。至此，人们终于找到了原本以为已经绝迹的鱼。后来，这种鱼被命名为拉蒂迈鱼(即矛尾鱼)。

矛尾鱼这种活化石的发现给了人类很大的启示。进化论的研究表明，人类是经过漫长的历程进化而来的。鱼类逐渐爬上陆地，进化为两栖类，然后又完全脱离水域进化为陆地上爬行类和哺乳类，最后才进化为人类。具体来说，总鳍鱼类分为两支，其中一支(骨鳞鱼类)脱离了水域，经过漫长的时期和复杂的环节，逐步进化为人；另一支比较保守(空棘鱼类)，始终没有离开水。现在的矛尾鱼类就是后者的后代。

【资料来源】

百度百科：鱼类祖先

【相关知识】

世界的永恒发展。

【案例11】

工业4.0时代来了，素质教育还在"吹拉弹唱"？

之所以如此发问，来源于德国科隆的一个女孩临睡前发出的微博，她说："我快18岁了，对税法、房租和保险都一无所知，但是可以用四种语言分析一首诗。"微博发出后，短短时间内，被不断转发，并被点赞上万次，一下子成为德国网络上下火热的舆论话题。

大家之所以关注这条貌似简单、其实内涵丰富的微博，无不是因为这个小女孩无意中代表成千上万的德国人说出了一个困惑：德国的教育是否已经和现实生活脱节？在学校所学的知识都是没用的了？

为什么这个科隆女孩的微博会引起如此的广泛关注和深入讨论呢？德国如此，中国也不例外，在中国难道不也有同样的情况吗？笔者认为，可以从以下方面加以解读。

第一,学校教育的社会实践与真实的生活还是有一定脱节的。当下教育,教育者重视受教育者的实践环节教育,已经成为不争的事实,但是,实践教育和真实生活仍然存在差距。实践教育是对生活真实的提炼和加工,这样自然不可避免地会疏漏和遗忘一些生活细节和凡人小事,但有时候,这些细节和环节却十分关键和重要,一旦疏漏,就可能导致学生的知识断节,不能为学生解决问题连接生活困惑和知识储备之间的关联。比如,金融专业的学生一定会走访证券公司、了解证券的上市、发行和买卖,对"开仓、建仓、持仓、平仓"等概念滚瓜烂熟,但面对"哪一只股票好""什么时间买入、什么时间卖出",未必会有真实的经验和十足的把握。实践教学不能替代生活,就像学校永远不能给出你生活所有的答案一样。

第二,在许多人的观念中,素质教育就是非课堂教育,把素质教育和课堂教育完全对立。这种观念是不正确的。似乎课堂上教什么,素质教育就要避开什么。比如,学校教育主要完成数理化等学科的专业学习,那么,素质教育就来查漏补缺,把课堂学不到的再补一下。有的家长甚至直接认为"素质教育就是吹拉弹唱、跳舞摄像",确实是一个很大的误区。其实,素质教育立意于提高人的素质,人的素质是多种多样的,是综合性、复合型的,不能简单地把素质教育与文化艺术活动画等号,说会弹一首曲子、会唱一首歌、会跳一段舞、会说几句外语、会吟诵几句古诗,这个人就是高素质的人。中国传媒大学播音主持学院的王明军教授认为,"最大的素质教育就是语文和数学方面的教育",没有语文和数学方面的素质,其他素质无从谈起。我们对素质教育理解的误区就是太偏好文化艺术方面,而忘却了风花雪月之外,还有更重要的素质。

第三,我们的教育太偏好于人文情怀、精神提升、素质拓展等"高大上"的方面,太偏好于心灵鸡汤的炮制和推销,而对生活世界的技能训练关注不够。笔者作为一个人文社科方面的学者,绝不反对在人文情怀、精神、素质、心灵、灵魂等方面的教化和引领,而且十分倡导和身体力行,笔者想要强调的是在关注精神世界的同时,更要关注我们所处的多变的社会和丰富的生活世界。随着科技的发达和社会分工的细化,社会处于一种复杂状态,稍不留神,我们就发现我们不能掌控自己的生活。即便有好些人还是专业出身,但也未见得能够完全操控自己所处的复杂世界和复杂生活。比如,学经济的不一定会报税,学信息技术的不一定会玩APP,学传媒的不一定会沟通,学体育的不一定会养生等等。生活世界太丰富,社会领域太碎片化,专业学习或素质拓展已经完全不能满足跟上世界变化的步伐和节奏的要求,因此,学习学习再学习,在学习中生活,在生活中学习。

……

那么,面对这样的冲击和挑战,我们的学校教育该如何应对?科隆女孩的微博也许刺激到人们忧虑和困惑的神经,才导致如此大的反响和反应。柏林益智中华文化校长崔健雄女士在跟帖时引用了古罗马哲人塞内加(Seneca)的一句名言:"我们所学的东西都是为了学校,而不是为了生活。"也许一语中的!我想,"在生活中学习,在学习中生活"也许就是最好的应对策略。

【资料来源】

摘编自新华网 2015 年 1 月 24 日,郑承军(北京语言大学当代中国研究所所长)《工业 4.0 时代来了,素质教育还在"吹拉弹唱"?》

【相关知识】

一切从实际出发;矛盾的普遍性与特殊性。

【案例 12】

量子力学的产生

"光是什么?" 17 世纪末,牛顿提出了光的"微粒说",认为光是由微粒状的物质组成的。不久,惠更斯又提出了光的"波动说",认为光是一种波。由于当时牛顿在科学界享有极高的威信,"微粒说"占了上风。19 世纪初,"波动说"又重新提出,并用实验有力地否定了牛顿的"微粒说"。当时,人们确信光是波,除了波,别的什么都不是。19 世纪末,光电效应等一系列的实验向"波动说"提出了新的挑战。但由于光波说已牢固地束缚了人们的思想,致使许多学者在新的实验面前踌躇不前。而爱因斯坦却以一个"叛逆者"的姿态,尊重实验事实,敢于冲破禁区,创立了光的量子学说。这个学说一发表,立即在科学界引起了巨大的反响,人们议论纷纷。有一天,爱因斯坦的朋友别索问他:"光究竟是什么呢?是波还是微粒?要知道,两者不能并存!不是这个,就是那个。"爱因斯坦听完朋友的话,激动地说:"不是这个,就是那个?为什么不可以既是这个,又是那个呢?光既是波,又是微粒,是连续的,又是不连续的。自然界喜欢矛盾……"

事实证明爱因斯坦的话是正确的。正由于爱因斯坦提出了光量子论以及理论物理学方面的其他理论,他于 1922 年获得了诺贝尔奖。

【资料来源】

百度文库:哲学案例

【相关知识】

矛盾的同一性与斗争性;否定之否定规律。

【案例 13】

资本主义制度的确立

历史上每一个新社会制度的诞生到最终确立,都要经历一个曲折的发展过程,资本主义的产生也是如此。翻开资本主义发展的历史可以看到,资本主义代替封建主义,其间经历了数百年。14、15世纪,在地中海沿岸就稀疏地出现了新的生产关系的萌芽,16、17世纪西欧诸国普遍地发展起了工场手工业。资产阶级提出变革旧的生产关系的革命要求,最早是通过尼德兰革命(1566—1609年)表现出来的。而英国革命(1640—1688年)则标志着资本主义对封建主义第一次重大政治胜利,宣告资产阶级社会秩序诞生。此后的法国革命(1789—1794年),则在世界范围内产生了广泛影响,开创了资本主义更为普遍的发展时期。然而,资本主义制度在欧洲最终确立下来,并不是一帆风顺的。仅以英法两国为例,便可见一斑。英国革命发生以后,其国内发生了数次封建残余的武装叛乱,先后折腾了130多年。法国也发生过三次大的复辟斗争,法兰西共和国与法兰西帝国颠来倒去,折腾了80多年。但是,这些挫折和反复,并没有改变资本主义代替封建主义的趋势。到19世纪中叶,资本主义作为一种社会制度终于在欧洲普遍确立下来。

【资料来源】

百度文库:哲学案例

【相关知识】

事物发展的前进性与曲折性。

【案例14】

计算机是如何发明的

人类在各项活动中都离不开数,人类进行数的记载和计算比使用文字还早,我们的祖先曾创造出各式各样的计算工具来从事数据处理工作。原始社会人们运用石子、绳结计数;周朝使用算筹;公元前6世纪战国时期发明了珠盘;到了公元7世纪唐朝初期开始了现代式样的算盘。随着生产水平的逐步发展,人类又制造出许多较先进的计算工具,如计算机、计算尺等。到了20世纪40年代,生产和科学技术迅猛发展,特别是第二次世界大战军事上的需要使电子元器件、脉冲及自动控制技术的发展而导致了电子计算机的出现。电子计算机一经问世就立即显示出它是一个强有力的工具,第一台计算机于1946年正式使用,它是美国宾夕法尼亚大学研制的。它用了18 000个电子管,1 500多个继电器,耗电150千瓦,占地达170平方米,重30吨,运算速度每秒钟5 000次。

40多年来,电子计算机已经历了四个阶段,称为"四代"。

第一代:(1946—1958年)以电子管为主要元件,使用机器语言,存储虽小,运算速度每秒几千次到几万次,主要用于科学计算。

第二代:(1958—1964年)以晶体管为主要元件,使用高级程序设计语言,运算速度每秒几万次到几十万次,除用于科学计算外,还扩大到数据处理和工业控制方面。

第三代:(1964—1970年)以中、小规模集成电路为主要元件,机种多样化、系列化、外部设备不断增加,尤其是终端设备和远程通信设备迅速发展;软件功能进一步完善,运算速度每秒几十万次到几百万次,已广泛运用于各个领域。

第四代:(1970年开始)采用大规模集成电路和半导体存储器。体积更小,出现了由多台计算机组成的综合信息网络,深入到社会生活的各个方面。此时运算速度每秒几千万次,最高达每秒几亿次。

近年来,正在研制第五代电子计算机,采用超大规模集成电路及其他新的物理器件为主要元件,能处理声音、文字、图像和其他非数值数据,并有推理、联想和学习、智能会话和使用智能库等人工智能方面的功能。

电子计算机发展日新月异,有关资料分析,每5～8年电子计算机运算速度提高10倍,体积缩小10倍,成本降低10倍。今后发展正向巨型、微型、网络和智能模拟方面发展。

【资料来源】

世界大学城网站(http://www.worlduc.com)

【相关知识】

否定之否定规律。

【案例15】

尾巴的功能

电影《决裂》中有个讲"马尾巴的功能"的情节。一个老教授诚心向学生讲"马尾巴的功能",却遭到了"莫须有"的批判。其实,老教授认真讲述,这是自有道理的。因为尾巴虽小,是马的次要部分,功能却不小:灭蝇驱蚊、清洁自身要甩它,奔跑平衡协调也少不了它。走进大千的动物世界,样式繁多的尾巴,都是必不可少的。有做武器进攻或自卫用的尾巴,有飞行用的尾巴,还有游泳用的,捕食用的,支撑身体用的,尾巴的妙用和功能可多可大呐!比如,猴子能用尾巴调节体温。猴子尾巴里除了小血管以外,还有一根独特的直通动脉的血管。天热小血管就散热,天冷动脉血管就直接接通这根静脉,再流回猴子的身体里保温。如果把猴子的尾巴砍断,就会危及猴子的生命。可见,在一定条件下,次要的东西,会极大地影响主要的东西。"猴尾巴的功能"难道不值得研究吗?

【资料来源】

世界大学城网站(http://www.worlduc.com)

【相关知识】

主要矛盾与次要矛盾。

【案例 16】

马特莱法则

国际上有一个公认的企业法则,即马特莱法则,又称"80∶20 法则"。其主要内容为:一是管理法则,即企业要把精力放在 20% 的业务骨干的管理上,抓企业发展的骨干力量,再以 20% 的少数去带动 80% 的多数,以提高工作效率;二是营销法则,即抓住企业存在的普遍问题中最关键的问题进行决策,以达到纲举目张的效用;三是信息法则,即企业应对 20% 左右的信息进行重点整理分析,并依此作为决策依据;四是融资法则,即企业要将有限的资金投入到生产经营的重点项目上,以此不断优化资金投向,提高资金使用效率。

【资料来源】

世界大学城网站(http://www.worlduc.com)

【相关知识】

主要矛盾与次要矛盾。

【案例 17】

猴子种葡萄

猴子很聪明,而且善于模仿人类的动作。猴子想学种葡萄,便走到葡萄园里。它见园丁正在给葡萄苗浇水,就说:"原来种葡萄需要水,这还不容易!我要给葡萄苗浇更多的水,让它结更多的葡萄!"于是,他把一棵葡萄秧子插进河里,葡萄秧很快被淹死了。

猴子又来到葡萄园里,它看见园丁在给葡萄秧施肥料,就说:"哦,原来葡萄需要肥料。我要给葡萄施更多的肥料,就能结更多的葡萄!"于是,它把葡萄秧栽在粪堆上,葡萄秧被烧死了。

猴子再次来到葡萄园里,这时已到了冬天,猴子看见园丁用稻草把葡萄秧包起来埋在地下,就说:"哦:原来我的葡萄秧栽不活,是因为葡萄秧苗害怕寒冷。这次我一定要注意保护,使它免受风霜!"次年春天,猴子种上一株葡萄秧,而且学着园丁对葡萄秧越冬的管理技术,用稻草把葡萄秧包得结结实实地埋在地下,不几天葡萄秧就闷死了。

【资料来源】

百度文库:哲学案例

【相关知识】

质;量;度。

第三节 唯物辩证法是认识世界和改造世界的根本方法

【案例18】

"跑步进入共产主义"

1958年5月中国共产党八大二次会议通过了"鼓足干劲,力争上游,多快好省地建设社会主义"的社会主义建设总路线。为贯彻这条路线,中央和毛泽东没有经过认真的调查研究和试点,就在总路线提出后轻率地发动了'大跃进'运动和农村人民公社化运动,出现了以高指标、瞎指挥、浮夸风和'共产风'为主要标志的所谓"跑步进入共产主义"的严重"左"倾错误。

急于求成的大跃进运动。

农业方面,毛泽东在《工作方法六十条》中,把农业纲要四十条中规定15年达到的粮食亩产400斤、500斤、800斤的指标,提前到5~8年达到。同时又提出:"十年决定三年,争取三年内大部分地区的面貌基本改变……口号是苦战三年。"于是许多省区县又提出三年、两年达标。河南省甚至提出在1958年当年就达标。浮夸风越演越烈,1958年6月8日,河南省遂平县首先放出亩产小麦2 105斤的"卫星";江西省贵溪县又放出水稻亩产2 340斤的"卫星"。开了这两个恶劣的先例,随后就"卫星"越放越大。

工业方面,脱离实际,急于赶超英美,从1958年5月到6月,仅一个月,1958年的钢产指标就由800万吨上升到1 070万吨(内部下达的实际指标是1 100万吨,后来为了提高保险系数,又增加到1 150万吨),而1959年更是猛升增加到3 000万吨;赶超英美的时间更是神奇地分别由15年缩到2年,25年缩到4年。于是在中国大地上,出现了空前绝后的6亿人民"大炼钢铁"的群众运动,据后来统计:1958年,全国共建手工操作(即"土法"生产)的小型工业企业121.5万个,共有工人(大部是农民)2 489万人;主要作业由机器操作(即"洋法"生产)的小型企业7.5万个,职工840万人。至于各工厂、商店、学校、机关、农村业余"小土炉"就不计其数了。仅农村投入"小土炉"生产的劳动力,最多时就达6 000万人以上。

农村人民公社化运动。

大跃进中出现的高指标和浮夸风,又推动着在生产关系方面急于向更高级的形式过渡,毛泽东认为:农业合作社的规模越大,公有化程度越高,就越能促进生产,只要人为地改变所有制,就可以提前进入共产主义。毛泽东对集体所有制向全民所有制的过渡时间的估计,认为快的三四年,慢的五六年或者更长一些时间就可完成。毛泽东认为中国进入共产主义时代,最迟到第四个五年计划完成,即1972年就可以了。所以,共产主义在我国的实现,已经不是什么遥远的事情了,我们应该积极地运用人民公社的形式,摸索出一条过渡到共产主义的具体途径。认为乡社合一,将来就是共产主义的雏形,毛泽东提出让农民过共产主义生活的设想:让农民一天干半天活,另外半天搞文化,学科学,搞文化娱乐,办大学、中学,搞全民武装,搞大地园林化,等等。全国农村掀起人民公社化热潮,有些公社迈出了向共产主义过渡的实际步伐。河北省徐水县几天之内,全县248个农业生产合作社宣布转变为人民公社。1958年8月22日,徐水县制定了《关于加速社会主义建设向共产主义迈进的规则(草案)》,规定1959年基本完成社会主义建设并开始向共产主义过渡,1963年进入共产主义社会。8月23日,《人民日报》发表长篇报道,宣称:"徐水的人民公社将会在不远的时期,把社员们带向人类历史上最高的仙境,这就是'各尽所能,按需分配'的时光。"

【资料来源】

　　百度文库:哲学案例

【相关知识】

　　发挥主观能动性和尊重客观规律性的关系。

【案例19】

"揠苗助长"与"耘苗助长"

　　《我善养吾浩然之气》里,孟子在回答"何谓浩然之气"时,讲了一个故事:宋国有一个人,他担心自己田里的禾苗长不快,就一棵一棵地把它们拔高了一些,累得筋疲力尽地走回家,告诉家里的人说:"今天累坏了,我帮助田里的禾苗长高了!"他的儿子赶紧跑到田里去一看,禾苗全部干枯了。讲完这个故事孟子接着说:天下哪有不助苗生长的呢,有人认为助苗生长无益,就不去耕耘,有人要助苗生长就去"揠苗",这都是有害无益的。就是说,苗是需要助长的,只是要"耘苗"而不是"揠苗"。

【资料来源】

　　百度文库:哲学案例

【相关知识】

　　尊重客观规律性与发挥主观能动性;正确发挥主观能动性。

【案例20】

吹落黄花满地金

　　宋朝,有一个大文学家苏东坡,是翰林院的学士,人们都称他"苏学士"。

　　有一天,他去拜访王安石,王安石没有在家。他见王安石的书桌上有一首咏菊的诗,这首诗没有写完,只写了两句:"西风昨夜过园林,吹落黄花满地金。"

　　苏东坡看了,心里想道:这不是胡言乱语吗?"西风"明明是秋风,"黄花"就是菊花,而菊花敢与秋霜鏖战,是能耐寒的。说西风"吹落黄花满地金",岂不大错特错?于是他诗兴大发,不能自持,便提笔做墨,续诗两句:"秋花不比春花落,说与诗人仔细吟。"

王安石回来以后,看了这两句诗,对于苏东坡这种自以为是的作风,很不满意。他为了让事实教训一下苏东坡,便把他贬为黄州团练副使。苏东坡在黄州住了将近一年,到了重九天气,连日大风。一天,风息后,苏东坡邀请了他的好友陈季常到后园赏菊。只见菊花纷纷落叶,满地铺金。这时他想起给王安石续诗的事来,不禁目瞪口呆,半晌无语,恍然悔悟到自己错了。

这个有趣的故事向我们提出了一个有教育意义的问题:办任何事情都要根据具体情况进行具体分析,千万不能搞经验主义。苏东坡不懂得这个道理,所以犯了错误。

【资料来源】

世界大学城网站(http://www.worlduc.com)

【相关知识】

对具体情况进行具体分析。

课后习题

一、单项选择题

1. 恩格斯认为,全部哲学,特别是近代哲学的重大的基本问题是(   )。
   A. 哲学与人类生存活动之间的内在联系问题
   B. 人与周围世界的基本联系问题
   C. 思维和存在的关系问题
   D. 关于人的本质问题

2. 划分唯物史观与唯心史观的根据是(   )。
   A. 是否承认社会历史的规律性
   B. 是否承认阶级斗争
   C. 是否承认社会存在决定社会意识
   D. 是否承认社会意识的能动作用

3. 列宁对辩证唯物主义物质范畴的定义是通过(   )界定的。
   A. 物质和意识的关系
   B. 哲学与具体科学的关系
   C. 主体和客体的关系
   D. 一般和个别的关系

4. 马克思主义认为,世界的真正统一性在于它的( )。
   A. 实践性　　　　B. 运动性　　　　C. 物质性　　　　D. 客观性

5. "坐地日行八万里,巡天遥看一千河",这一著名诗句包含的哲理是( )。
   A. 物质运动的客观性和时空的主观性的统一
   B. 物质运动无限性和有限性的统一
   C. 时空的无限性和有限性的统一
   D. 运动的绝对性和静止的相对性的统一

6. "旧唯物主义是半截子的唯物主义",这是指( )。
   A. 旧唯物主义是形而上学的唯物主义
   B. 旧唯物主义在社会历史观上是唯心主义
   C. 旧唯物主义是机械唯物主义
   D. 旧唯物主义是割裂了运动与静止的辩证法

7. ( )既是自然界与人类社会分化统一的历史前提,又是自然界与人类社会统一起来的现实基础。
   A. 运动　　　　B. 实践　　　　C. 精神生产　　　　D. 物质生产

8. 辩证唯物主义认为事物发展的规律是( )。
   A. 思维对事物本质的概括和反映
   B. 用来整理感性材料的思维形式
   C. 事物内在的本质和稳定的联系
   D. 事物联系和发展的基本环节

9. 有一首描述在战争中缺了钉子的马掌会导致国家灭亡的童谣:"钉子缺,蹄铁卸,战马撅;战马撅,骑士绝;骑士绝,战事折;战事折,国家灭。"这首童谣包含的哲学原理是( )。
   A. 事物是普遍联系的　　　　B. 事物是变化的
   C. 事物的现象是本质的表现　　　　D. 事物的量变引起质变

10. "沉舟侧畔千帆过,病树前头万木春。""芳林新叶催陈叶,流水前波让后波。"这两句诗包含的哲学道理是( )。
    A. 矛盾是事物发展的动力
    B. 事物是本质和现象的统一
    C. 事物的发展是量变和质变的统一
    D. 新事物代替旧事物是事物发展的总趋势

11. 中国古代哲学家公孙龙"白马非马"之说的错误在于割裂了( )。
    A. 内因和外因的关系
    B. 矛盾统一性和斗争性的关系

C. 矛盾主要方面和次要方面的关系

D. 矛盾的普遍性和特殊性的关系

12. 辩证法的否定即"扬弃",它的含义是指( )。

　　A. 抛弃　　　　　　　　　　B. 事物中好的方面和坏的方面的组合

　　C. 纯粹的否定　　　　　　　D. 既克服又保留

13. 唯物辩证法的否定之否定规律揭示了事物发展的( )。

　　A. 方向和道路　　B. 形式和状态　　C. 结构和功能　　D. 源泉和动力

14. 主观辩证法与客观辩证法的关系是( )。

　　A. 反映与被反映的关系　　　　B. 唯心主义与唯物主义的关系

　　C. 抽象与具体的关系　　　　　D. 唯心辩证法与唯物辩证法的关系

15. 对于同一事物,不同的人有不同的反映,这说明( )。

　　A. 意识是主体的自由创造　　　B. 意识不受客体影响

　　C. 意识受主体状况的影响　　　D. 意识的内容是主观的

16. 人工智能的出现对马克思主义哲学意识论的意义是( )。

　　A. 否定了物质对意识的决定作用

　　B. 改变了人类意识活动的规律性

　　C. 肯定了人工智能可以代替意识的能动活动

　　D. 丰富了物质和意识相互关系的内容

17. "历史是逻辑的基础,逻辑是历史的修正",这一观点是( )。

　　A. 主观唯心主义的观点　　　　B. 历史与逻辑相统一的观点

　　C. 片面强调逻辑重要性的观点　D. 割裂历史与逻辑统一的观点

18. "从个别到一般,从一般到个别"的思维方法是( )。

　　A. 归纳与演绎　　B. 分析与综合　　C. 抽象到具体　　D. 实践到认识

19. 辩证思维方法从抽象上升到具体的过程是( )。

　　A. 从实践到认识的过程

　　B. 从认识到实践的过程

　　C. 思维生成现实具体的过程

　　D. 在思维中形成"多种规定的统一"的过程

二、多项选择题

1. "巧妇难为无米之炊"的哲学意义是( )。

　　A. 意识是第一性的,物质是第二性的

　　B. 物质是第一性的,意识是第二性的

C. 主观能动性的发挥,必须尊重客观规律

D. 画饼不能充饥

2. "物质的两种存在形式离开了物质,当然都是无,都是只在我们头脑中存在的观念抽象。"这段话说明( )。

   A. 时间和空间是客观的

   B. 时间和空间是物质的存在形式

   C. 时间和空间是绝对的,又是相对的

   D. 时间和空间离开物质只是形式

3. 我国古代哲学家王夫之认为:"动静者,乃阴阳之动静也。""皆本物之固然。""静者静动,非不动也。""静即含动,动不含静。""动、静,皆动也。"这在哲学上表达了( )。

   A. 运动和静止都是物质的固有属性

   B. 静止是运动的特殊状态,是缓慢不显著的运动

   C. 静止是相对的,运动是绝对的

   D. 运动是静止的总和

4. 马克思说:"社会生活在本质上是实践的。"这一命题的主要含义是( )。

   A. 实践是社会历史的客体　　　　　B. 实践是社会历史的主体

   C. 实践构成了社会生活的现实基础　　D. 实践是社会生活的本质内容

5. 实践是人的生存方式,是指( )。

   A. 实践是人类生存和发展的基础

   B. 在实践中形成人的本质和一切社会关系

   C. 实践是人类特有的活动

   D. 实践是一切生命的存在形式

6. 恩格斯说:"当我们深思熟虑地考察自然界或人类历史或我们自己的精神活动的时候,首先呈现在我们眼前的,是一幅由种种联系和相互作用无穷无尽地交织起来的画面。"这段话所包含的辩证法观点有( )。

   A. 联系是客观世界的本性

   B. 一切事物都处于相互联系之中

   C. 世界是一个相互联系的统一整体

   D. 联系既是普遍的又是复杂多样的

7. 下列选项中,体现发展的实质的有( )。

   A. 因祸得福,祸福相依

   B. 无产阶级专政代替资产阶级专政

   C. 培育出新优质品种

D. 原始社会的公有制经过私有制到社会主义的公有制

8. 某小镇自20世纪70年代发现矾矿以来,办了三个矾矿厂。由于没有严格的环境保护措施,每天排除大量矿烟,致使村民中大多数人患有呼吸道疾病和皮肤病。这一做法从哲学上看违背了( )。
   A. 事物普遍联系的原理
   B. 事物联系复杂多样性的原理
   C. 事物运动发展的原理
   D. 事物的普遍性和特殊性关系的原理

9. 矛盾同一性在事物发展中的作用表现为( )。
   A. 矛盾双方在相互依存中得到发展
   B. 矛盾双方相互吸取有利于自身发展的因素
   C. 调和矛盾双方的对立
   D. 规定事物发展的基本趋势

10. 下列说法是对矛盾特殊性原理的具体运用的有( )。
    A. 对症下药,量体裁衣
    B. 因实制宜,因地制宜
    C. 物极必反,相反相成
    D. 欲擒故纵,声东击西

11. 下列工作方法体现了矛盾的普遍性和特殊性的辩证关系原理的是( )。
    A. 抓典型
    B. 一般号召和个别指导相结合
    C. 一切经过实验
    D. 欲擒故纵

12. 下列思想体现了中国传统哲学矛盾观的是( )。
    A. 一分为二
    B. 和二为一
    C. 万物莫不有对
    D. 君子和而不同,小人同而不和

13. 下列命题中属于揭示事物本质的有( )。
    A. 水往低处流
    B. 日出于东落于西
    C. 人的本质是社会关系的总和
    D. 意识是人脑对客观世界的反映

14. 下列格言或成语中,体现质量互变规律的有( )。
    A. 九层之台,起于垒土
    B. 有无相生,前后相随
    C. 月晕而风,础润而雨
    D. 千里之堤,溃于蚁穴

15. 古语说:"奢靡之始,危亡之渐。"这句话是说,奢靡逐步发展会导致危亡。其中包含的哲学道理有( )。
    A. 现象是本质的外部表现
    B. 特殊性中包含着普遍性
    C. 量变是质变的必要准备
    D. 质变是量变的必然结果

16. 下列现象属于量变引起质变的有( )。
    A. 生产力的增长引起生产关系的变革
    B. 物体由于量的不同而区分不同的体积
    C. 在一定温度下鸡蛋孵出小鸡
    D. 由遗传和变异的矛盾引起旧物种到新物种的变化
17. "是就是,否就否,除此之外,都是鬼话。"这一观点的错误在于( )。
    A. 它对否定的理解是孤立的、片面的
    B. 它对肯定的理解是孤立的、片面的
    C. 它否定了肯定与否定的对立统一关系
    D. 它否认了事物发展的曲折性
18. 辩证的否定是( )。
    A. 事物的自我否定   B. 事物发展的环节
    C. 事物联系的环节   D. 扬弃
19. 下列命题蕴涵着中国传统哲学中否定之否定规律的思想是( )。
    A. 不平不陂,无往不复
    B. 将欲弱之,必固强之;将欲废之,必固兴之
    C. 荣枯代谢而弥见其新
    D. 和实生物
20. 割裂事物发展过程中的前进性和曲折性会导致( )。
    A. 激变论   B. 直线论   C. 庸俗进化论   D. 循环论
21. "脱离了整体的手是名义上的手"说明了( )。
    A. 整体依赖于部分
    B. 部分依赖于整体
    C. 整体是部分之和
    D. 脱离了整体的部分就丧失了原有的性质和功能
22. "如果偶然性不起任何作用的话,那么世界历史就会带有非常神秘的性质。"这一观点( )。
    A. 夸大了偶然性的作用,是唯心主义非决定论
    B. 把偶然性和必然性的作用相混同,是相对主义的观点
    C. 既承认偶然性的作用,又承认必然性的作用,是辩证决定论的观点
    D. 说明事物发展必然性和偶然性综合作用的结果
23. 社会规律是人们自己的"社会行动的规律",这是因为( )。
    A. 人是社会历史的主体

B. 人们自己创造自己的历史

C. 历史发展方向是由人的思想和行动决定的

D. 社会规律存在和实现于实践活动之中

三、辨析题

1. 唯心主义否认思维和存在的同一性。
2. 世界统一于存在。
3. 脱离物质的运动和脱离运动的物质都是不可想象的,因此,运动就是物质,物质就等同于运动。
4. 唯物主义都承认社会存在决定社会意识。
5. 全部社会生活在本质上是实践的。
6. 运动和发展是唯物辩证法的总特征。
7. 矛盾规律是唯物辩证法的实质和核心。
8. 同一性和斗争性是矛盾的两种基本属性,它们都是无条件存在的,绝对的。
9. 掌握适度原则就是任何时候都不要超过事物的度。
10. 否定就是新旧事物之间"一刀两断"。

四、材料分析题

阅读材料,回答问题。

1. 对世界的本质问题存在着不同的哲学观点,现将有关材料摘录如下,并回答有关问题。

【材料1】 泰勒斯认为万物由水产生,又复归于水;万物有生有灭,而水则是永恒的。赫拉克利特认为这个世界,对于一切存在物都是一样的,它不是任何神所创造的,也不是任何人所创造的;它过去、现在、未来永远是一团永恒的活火,在一定的分寸上燃烧,在一定的分寸上熄灭。

【材料2】 毕达哥拉斯认为:从数目产生出点,从点产生出线,从线产生出平面;从平面产生出立体;从立体产生出感觉所及的一切物体,产生出四种元素:水、火、土和空气。这四种元素以各种不同的方式互相转化,于是创造出有生命的、精神的、球形的世界。

【材料3】 东汉哲学家王充认为:天履于上,地偎于下,下气蒸上,上气降下,万物自生其中间。天地合气,万物自生。

【材料4】恩格斯指出:世界的真正的统一性是在于它的物质性。

请回答:

(1)材料1、材料2和材料3的观点相同吗?并加以评述。

(2)材料4说明了什么原理,坚持这一原理有何意义?

2. 阅读下列关于运动和发展不同观点的材料,并回答有关问题。

【材料1】 韩非提出:"世异则事异,事异则备变。""法与时转则治,治与世宜则有功。"

【材料2】 《坛经》中记载:"时有风吹蟠动,一僧曰风动,一僧曰蟠动,议论不已。慧能进曰:'不是风动,不是蟠动,仁者心动。'"

【材料3】 列宁指出把主要的注意力正是放在认识"自己"运动的源泉上;只有对立统一的观点,才提供理解一切现存事物的"自己运动"的钥匙,才提供理解"飞跃""渐进过程的中断",向对立面的转化,旧东西的消灭和新东西的产生的钥匙。

请回答:

(1)材料1和材料2的观点有何异同?

(2)材料2和材料3的主要分歧是什么?并加以评述。

3. 阅读下列材料,用唯物辩证法理论回答有关问题。

面对激烈的市场竞争,某鞋厂实行了一些新的生产和营销策略,积极适应由卖方市场向买方市场的转变,取得了明显的效果。其材料如下:

【材料1】 在有效供给上做文章:他们认为,现在的市场不能仅仅用"供大于求"四个字来概括,不适应市场需求的无效供给过多,而适销对路的有效供给不足,才是对当前市场供给状况的准确把握。在供过于求的大市场里也有供不应求的产品,明智的企业家就在于创造出这种产品。于是他们着手在有效供给上做文章,实行产品分流策略,一是男女鞋分流,二是风格分流,三是档次分流,四是市场零售与团体消费分流,五是国内市场与国际市场分流。五大分流,大大提高了该厂产品的市场应变能力,常年保持淡季不淡、旺季更旺。

【材料2】 在市场开拓上下功夫:他们认为,生产出好产品是开拓市场的基础,没有好产品就没有好市场,但是光有好产品,还不一定有好市场,有了好产品以后,还要加强企业产品的市场建设。他们从柜台形象的树立、户外广告的设置和强化服务功能等三个方面大力进行市场建设,使生产(产品)与销售(市场)比翼齐飞,鹏程万里。

【材料3】 实行一区一策:他们认为,统一的大市场也有区域的差异,市场的共同规律是以各地区不同的特点表现出来的。他们把销售总公司分为南方总公司和北方总公司,同时把分公司化小,由原来的5家分公司裂变为28家分公司,一个公司只管一个省份的销售,每个公司都提出了自己的销售策略。这种小公司大市场和一区一策战略大大增强了产品的市场渗透力。

请回答:

(1)在上述三个材料中,某鞋厂分别处理的主要矛盾关系是什么?

(2)用矛盾同一性原理分析材料1中所讲到的无效供给和有效供给的关系。

(3)通过材料3,说明该企业是如何运用辩证法分析、解决矛盾,来增强产品的市场渗透力的。

第一章 世界的物质性及发展规律

参考答案

一、单项选择题

1. C 2. C 3. A 4. C 5. D 6. B 7. B 8. C 9. A 10. D 11. D 12. D 13. A 14. A 15. C 16. D 17. B 18. A 19. D

二、多项选择题

1. BC 2. AB 3. BC 4. CD 5. ABC 6. ABCD 7. BCD 8. AB 9. ABD 10. AB 11. ABC 12. ABCD 13. CD 14. AD 15. CD 16. ACD 17. ABC 18. ABCD 19. ABC 20. BD 21. BD 22. CD 23. ABD

三、辨析题

1. 是错误的观点。思维和存在的同一性问题作为哲学基本问题的第二方面是划分可知论和不可知论的标准,不是划分唯物论和唯心论的标准。

坚持思维和存在的同一性,即坚持世界的可知性,是唯物主义和某些唯心主义者都承认的观点。

2. 观点是不对的。世界的统一性问题,讲的是世界上的万事万物有没有统一性,即有没有共同的本质或本原。马克思主义哲学认为,世界的本原是物质,不仅自然界是物质的人类社会也具有物质性,世界的真正统一性在于它的物质性。

"世界统一于存在"是一个错误的折中主义的命题,之所以是错误的,是因为"存在"是什么,在这里,是不明确的;如果存在是精神,世界统一于存在是统一于精神,这是唯心主义的命题;反过来,如果存在是物质,世界统一于存在就是统一于物质,这是唯物主义的命题。

3. 这一观点是不对的。脱离物质的运动和脱离运动的物质都是不可想象的,这个论断表明运动是物质的根本属性,物质是运动的承担者,反映了物质和运动的联系。但把物质和运动等同起来则是不正确的。

物质和运动是有区别的。物质是标明客观实在的哲学范畴,而运动则是表明这种客观实在的存在方式的范畴。物质是运动的承担者,而运动是物质的根本属性。二者是有区别的。

4. 马克思主义以前的旧唯物主义则是"半截子"唯物主义;它们在自然观上是唯物主义,一到社会历史领域,就陷入了唯心主义,认为是社会意识决定社会存在。

只有辩证唯物主义和历史唯物主义揭示了人类实践的客观实在性,认为物质资料生产方式是人类社会存在和发展的基础,正确指出了社会存在与社会意识的关系,即社会存在决定社会意识。

5. 观点是正确的。从实践出发去理解社会生活的本质,是马克思主义世界观的重要组成部分。

在马克思主义看来,全部社会生活在本质上是实践的:首先,构成社会的人是从事实践活动的人,推动社会运动的力量是千百万人的社会实践活动;其次,社会生活的全部内容就是不断进行的社会实践;再次,实践既是人的自觉能动性的表现,也是人的自觉能动性的根源,是人的生命表现和本质特性。因此,"全部社会生活在本质上是实践的"。

6. 这一观点不准确。联系和发展是唯物辩证法的总特征。

事物之间的联系既是客观的,又是普遍的。事物的相互联系包含事物的相互作用,而相互作用必然导致事物的运动、变化和发展。

运动只是事物发展的一种表现形式,并不是所有的运动都是发展,发展的实质是新事物的产生和旧事物的灭亡。

7. 这一观点是正确的。矛盾规律也即对立统一规律,之所以说矛盾规律是唯物辩证法体系的实质和核心,这是因为:矛盾规律揭示了事物普遍联系的根本内容和永恒发展的内在动力,从根本上回答了事物为什么会发展的问题;矛盾规律是贯穿质量互变规律、否定之否定规律以及唯物辩证法基本范畴的中心线索,也是理解这些规律和范畴的"钥匙";矛盾规律提供了人们认识世界和改造世界的根本方法——矛盾分析法。

8. 这一观点是不对的。矛盾是反映事物内部和事物之间对立统一关系的哲学范畴。对立和统一分别体现了矛盾的两种基本属性,矛盾的对立属性又称斗争性,矛盾的统一属性又称同一性。

在事物的矛盾中,矛盾的斗争性是无条件的、绝对的,矛盾的同一性是有条件的、相对的。矛盾斗争性的绝对性体现了物质运动的绝对性,矛盾同一性的相对性体现了物质静止的相对性。无条件的绝对的斗争性与有条件的相对的同一性相结合,构成事物的矛盾运动,推动事物的发展。

9. 这一观点是不对的。度是保持事物质的稳定性的数量界限,即事物的限度、幅度和范围,度这一哲学范畴启示我们,在认识和处理问题时要掌握适度的原则。为了维持事物正常发展,必须保持事物原有的度,为了促进事物发展,又必须超出事物原有的度,要适时抓住时机,促进事物的质变。

10. 这种观点是不正确的。马克思主义的辩证否定观认为:否定是事物的自我否定,是事物内部矛盾运动的结果;否定是事物发展的环节,它是旧事物向新事物的转变,是从旧质到新质的飞跃,只有经过否定,旧事物才能向新事物转变;否定是新旧事物联系的环节,新事物孕育产生于旧事物,新旧事物是通过否定环节联系起来的;辩证否定的实质就是"扬弃",即新事物对旧事物既批判又继承,既克服其消极因素又保留其积极因素。

四、材料分析题

1.(1)材料1、材料2和材料3的观点有相同之处,也有不同之点。相同之处在于他们都坚持世界是统一的。不同之点则在于:材料1、3都表现为朴素的唯物主义观点,把世界统一为具体的物质形态,泰勒斯归结为火,王充归结为气,但都是用物质的东西作为世界的本原。材料2表现的是一种客观唯心主义的观点,他们把世界归结为数,归结为某种客观的精神、理性因素。

(2)材料4说明的是世界的物质统一性原理。马克思主义认为世界统一于物质,世界本质上是物质的。坚持这一原理的意义在于:

第一,这一原理是整个马克思主义哲学的基石。它是整个马克思主义哲学的科学理论体系的起点,是马克思主义哲学一切原理的根本立脚点和出发点。它表明,马克思主义哲学是彻底的科学的唯物主义一元论。

第二,这一原理是反对二元论、宗教神学、唯心主义的锐利武器。它证明了:否认世界统一性的二元论不能成立,宗教神学所谓"上帝创造世界"的虚幻和荒谬,唯心主义一元论关于世界统一于精神的根本错误,并给予其根本性的摧毁和打击。

第三,这一原理具有极为重要的实践意义。它是一切从实际出发、实事求是的思想路线的根本理论基础;是坚持一切从实际出发、实事求是彻底的唯物主义一元论的根本要求。

2.(1)材料1和材料2都承认事物是运动变化发展的。但是材料1认为运动变化是客观事物自身具有的,世界发生变化,事物就要变化,事物变了,各种规律、办法、功能也就会发生变化。材料2中慧能的观点则不是从事物自身来谈变化,而是认为人的心理、思想、意志是变化发展的源泉和动力。这是一种唯心主义的运动观,割裂了物质与运动的关系。

(2)材料2和材料3的主要分歧在于是否认为事物因内在的矛盾,引起运动变化。材料3强调事物内在的矛盾性,事物内在的对立统一构成事物的运动变化。而材料2否认事物自身存在运动变化的源泉,而把运动变化看作是由精神因素,特别是由人的主观因素作用的结果,这样就否认了事物运动变化的客观性,因而不能正确地把握运动,不能科学地说明运动变化。

3.(1)上述3个材料中,分别处理了供大于求与供不应求的矛盾(或无效供给与有效供给的矛盾)、生产与销售的矛盾、统一大市场与区域差异的矛盾。

(2)矛盾同一性是指矛盾着的对立面之间的相互依存、相互包含和相互转化的关系。在当前我国的商品市场中,同时存在着不适应市场需求的无效供给过多和适销对路的有效供给不足两个方面,在无效供给过多中包含着有效供给不足,人们通过创造一定的条件,可以促使无效供给向有效供给转化。

(3)辩证法认为矛盾的普遍性和矛盾的特殊性是相互联结的,矛盾的普遍性存在于矛盾的特殊性之中,并通过矛盾的特殊性表现出来,它要求在承认矛盾的普遍性的前提下着重研究矛盾的特殊性。该企业具体地分析了统一大市场中的区域差异,用不同的方法解决不同的矛盾,实行一区一策,从而大大增强了产品的市场渗透力。

第二章
Chapter 2

认识的本质及发展规律

学习目标

学习和把握马克思主义认识论的基本观点，提高在实践中运用马克思主义的认识规律，科学认识世界和改造世界的自觉性和能力。

哲学是关于世界观的理论体系，而认识论历来都是哲学的一个重要组成部分。认识论是关于认识的哲学理论，它研究认识的性质、前提和基础，认识的过程及其一般规律，认识的真理性和价值性及其检验和评价标准、思维的方式方法等，也就是研究人类的认识是否可能、如何可能以及为何可能等问题。对于这些问题的不同回答，形成了哲学史上形形色色的认识论学说。马克思主义哲学在总结和吸收人类哲学认识论发展的积极成果的基础上，对有关认识的一系列重大理论问题做出了正确的回答，创立了真正科学的认识论理论，从而为人类正确地认识世界和改造世界提供了强大的思想武器。

学习要点

1. 科学的实践观

马克思主义哲学吸取了哲学史上关于实践概念的合理因素，正确阐明了实践的本质及其在认识世界和改造世界中的作用，创立了科学的实践观。

人们的实践活动，是以改造客观世界为目的、主体与客体之间通过一定的中介发生相互作用的客观过程。实践的主体、客体和中介是实践活动的三项基本要素，三者的有机统一构成实践的基本结构。

实践具有直接现实性、自觉能动性和社会历史性等基本特征。

从内容上看,实践可分为三种基本类型,即物质生产实践、社会政治实践和科学文化实践。

2. 实践在认识中的决定作用

实践是认识的基础,它对认识的决定作用主要表现在以下四个方面:

第一,实践产生了认识的需要。

第二,实践为认识提供了可能。

第三,实践使认识得以产生和发展。

第四,实践是检验认识的真理性的唯一标准。

3. 认识本质问题上辩证唯物主义的观点与立场

认识是主体在实践基础上对客体的能动反映,这是辩证唯物主义认识论对认识本质的科学回答。在认识的本质问题上,唯物主义坚持从物到感觉和思想的唯物主义路线。唯物主义哲学坚持反映论的立场,认为物质第一性,意识第二性,认识是主体对客体的反映。

4. 感性认识与理性认识关系及应用

①感性认识是人们在实践的基础上,由感觉器官直接感受到的关于事物的现象、事物的外部联系、事物的各个方面的认识,包括感觉、知觉和表象三种形式。

②理性认识:是指人们借助抽象思维,在概括整理大量感性材料的基础上,达到关于事物的本质、全体、内部联系和事物自身规律性的认识。理性认识包括概念、判断、推理三种形式。

③关系:感性认识和理性认识有着密不可分的辩证联系。首先,理性认识依赖于感性认识,理性认识必须以感性认识为基础。其次,感性认识有待于发展和深化为理性认识。最后,感性认识和理性认识相互渗透,相互包含,二者的区分是相对的,人们不应当也不可能把它们截然分开。

如果割裂二者的辩证统一关系,就会走向唯理论和经验论。在实际工作中就会犯教条主义和经验主义错误。

5. 真理的客观性、绝对性与相对性关系及应用

①真理具有客观性,凡真理都是客观真理:首先,真理的内容是客观的;其次,检验真理的标准也是客观的。真理的客观性原理,是唯物主义认识论即反映论的一般原理在真理问题上的贯彻。在认识真理思想内容客观性的同时,我们还必须正确认识真理形式的主观性。真理的客观性决定了真理的一元性。

②真理的绝对性即具有绝对性的真理,是指真理的无条件性、无限性。

③真理的相对性即具有相对性的真理,是指真理的有条件性、有限性。

④关系:真理是具体的,是发展的,真理的绝对性和相对性是辩证统一的:具有绝对性的真理和具有相对性的真理是相互渗透和相互包含的;具有相对性的真理和具有绝对性的真理又

是辩证转化的。真理永远处在由相对向绝对的转化和发展中,这是真理发展的规律。

应用:绝对性真理和相对性真理不是两个真理,而是同一个真理的两种不同属性。在这个问题上,我们必须反对割裂二者辩证关系的绝对主义和相对主义。我们实际工作中的教条主义、思想僵化,把马克思主义当成一种现成的公式,到处生搬硬套,是绝对主义的表现;否定马克思主义的基本原则,散布马克思主义"过时论",是相对主义的表现。二者都是错误的。

6. **真理与谬误**

真理和谬误的根本区别就在于主观是否与客观相符合、相一致。相符合、相一致就是真理,谬误就是对客观事物及其规律的错误认识。

真理与谬误既对立又统一。首先,真理与谬误是对立的。其次,真理与谬误又是相互联系的。再次,真理的发展也是通过与谬误的斗争来实现的。最后,真理和谬误在一定条件下相互转化。

真理和谬误的辩证关系原理告诉我们,想要做一个彻底的唯物主义者,就必须勇于坚持真理、修正错误,树立终生为真理而奋斗的理想信念,准备随时为真理而献身。

7. **真理和价值的辩证统一**

(1)哲学上的"价值"是揭示客观世界满足人类生存发展程度的关系范畴,是指具体历史过程中客体对于主体需要的意义。当客体能够满足主体需要时,客体对于主体就有价值,满足主体需要的程度越高,价值就越大。价值的特性主要有:客观性、主体性、社会历史性和多维性。

(2)真理与价值是紧密联系、不可分割的,真理因其不以人的主观意志为转移的客观普遍性而具有根本性和优先性,价值及其评价标准必须以对事物的真理性认识为前提,二者辩证统一于人民群众的社会实践。

案例分析

第一节 认识与实践

【案例1】

莫泊桑挨踢

法国著名作家莫泊桑,要在他写的一部小说里,细腻地描写一个人被脚踢过之后的感觉。但他一辈子还没挨过拳打脚踢,没有这种体验,在写作时必然遇到困难。一天,他下了一个决心:找人踢自己一顿。他信步来到一条大街上,对一个乞丐说:"先生,请你踢我几脚好吗?"那个乞丐起初不敢相信自己的耳朵,后来确实明白了莫泊桑的用意后,以为他是个神经病,理都没理,就走开了。莫泊桑一见当时街上没有别的人,正是找感觉的好机会,急忙从口袋里掏出钱,追上去给他,说道:"老兄,用力踢吧。"

老乞丐抓起钱来以后,会心地笑了笑,照莫泊桑的屁股就是一脚。莫泊桑疼得不得了,忍着痛揉着屁股就往回跑,挨踢的滋味了然于心,他马上抚笔临纸,继续写作。

【资料来源】

世界大学城网站(http://www.worlduc.com)

【相关知识】

实践是认识的基础;直接经验和间接经验。

【案例2】

等待上帝的召见

酸甜可口、营养丰富的西红柿,人们都喜欢吃,然而当初人们却不敢吃它。原来西红柿生长在南美洲茂密的森林里,尽管它很讨人喜爱,但当地人认为它有剧毒,不用说吃,就连碰也不敢碰它,并给它起了吓人的名字叫"狼桃"。

到了16世纪,英国的公爵俄罗达拉格里,在旅行时发现了它,就带回了8株,送给他的情人伊丽莎白女王,将它栽种在皇家花园里,作为观赏植物和爱情的象征,以至后来被广泛传种,但谁也不敢吃它一口。直到18世纪,法国有一位画家抱着献身的精神,决心要尝试一下。在吃之前,画家作好牺牲的装备,吃完之后,就躺在床上等待"上帝的召见"。可是过了很久,他不但没有死,而且没有任何不舒服的感觉。

【资料来源】

世界大学城网站(http://www.worlduc.com)

【相关知识】

实践的特性和作用。

【案例3】

草船借箭

三国时期,诸葛亮在周瑜面前立下了军令状,要在三日之内造十万枝箭。他不用箭竹、翎毛、胶漆等物,只预备下二十只轻快船,每只船的两边都放上草束。等到第三日拂晓,他和鲁肃一起趁着漫天大雾,领着船队向北岸曹操的水寨进发。五更时分,船近曹营,诸葛亮下令把船只头西尾东,一字摆开,擂鼓呐喊。曹操听到报告,传令说:"重雾迷江,彼军忽至,必有埋伏。切不可轻动。"拨了弓弩手一万余人,向着江中放箭。诸葛亮见船右边的草束上已插满了箭枝,便命令士兵把船掉过头来,头东尾西,继续受箭。等到日高雾散,诸葛亮传令收船急回。到江南一点数,每船都有五六千枝箭,二十只船,足足十万有余,顺利完成了任务。鲁肃问诸葛亮,何以知道今日有此大雾。诸葛亮说:为将者如果不通天文,不识地利,不知兵势,那就是个庸才。诸葛亮事先算定的不只是这一天有大雾,而且算定曹操在雾中不敢冒险出战,必然会调弓箭来射。二十只船每船能收到多少枝箭,事先也要经过仔细计算。这样,才能有完成任务的把握。

【资料来源】

百度文库:哲学案例

【相关知识】

科学预见;实践是认识的前提。

【案例4】

张飞审瓜

一个少妇抱着小孩回娘家,路过瓜田,遇上一个恶少。恶少见她貌美,便行调戏。少妇不从,被诬偷瓜。双方争执,告到县衙。恶少暗中用钱收买为他看瓜的地保,嘱他摘三个大瓜到县衙作证。张飞升堂审讯,问恶少,恶少说少妇偷他的瓜,有人证物证;问少妇,少妇说恶少调戏她。张飞"想了一想",佯断少妇偷瓜,命少妇跟随恶少回家,又命恶少把三个大瓜抱回去。恶少左抱右抱,抱了这个滚了那个,怎么也抱不起来。张飞虎眉一竖,拍案而起,痛斥恶少:"你堂堂男子汉,三个瓜都抱不动,她是弱女子,又抱小孩,怎能偷你三个大瓜?分明是你调戏。"经过审问,果然不错。于是,张飞严惩恶少40大板,并捆绑起来,游街示众;处罚地保交出贿赂钱给少妇,并为少妇打伞开道,送她回娘家。

【资料来源】

世界大学城网站(http://www.worlduc.com)

【相关知识】

认识运动的基本规律。

【案例5】

血的教训

自古以来,人类都懂得血是神圣的东西,它与人的生命和健康有着至关重要的密切关系。但是几千年来,人们对它都怀有神秘和恐怖的感觉,尤其是对人输血,经历了漫长的探索,真可谓血的教训。

15世纪初,罗马教皇英诺圣特病危,群医束手无策。当时,意大利米兰有个叫卡鲁达斯的医生说，直接向教皇输入人血，可以救治。但必须是童男的热血，才是最神圣洁净的。他残忍地割开3个十二三岁男孩的动脉血管，让鲜红的血液流入铜质的器皿。3个孩子抽搐着一一死去，惨不忍睹。然而，卡鲁达斯在血液中加入名贵的药草，用手工制造的粗大注射针头，将血液输入教皇的血管中。教皇立即感到胸闷窒息，慢慢死去。4条人命，就此断送在庸医的手中，从现代的观点来看，这样的输血无异于谋杀。

不过，这毕竟是人对人输血的开端。从历史上看，仍有重要意义。17世纪，医生们真正开始对人输血。当时人们对羊有一种特殊的感情，认为羊血最为圣洁干净。于是，外科医生用羊血输入人的血管来治病，居然有人活下来了，它治愈了一些严重贫血患者，但不少病人却死去了，成功率不到10%。

从一些17世纪保存下来的油画上，可以看到用羊血对人输血的情景：一头健壮的公羊被缚在凳子上，颈部的毛被剃光，割破的颈动脉内插有一根管子，羊血不断流出来。管子的另一头是较细的针孔，刺在病人腕部的血管中，将羊放在高处，病人躺在低处，羊血就向病人的血管流去。但是，许多病人往往猛烈窒息，血液也往往凝集，不得流通。羊和人一起死去。这种可怕的情景，可以从古画中看得出来。由于输血如此危险，故当时病人都要立下自愿书，一旦死去，和医生无关。

病人死得越来越多了，虽然都是些绝症患者，但也引起社会的震惊，以致巴黎的宗教法庭不得不出来干预，发布命令，禁止输血。于是，仍旧回到喝血的老路上去，喝的大都是羊血，均无显著疗效。

直到100年后，人们才初步弄清楚羊血杀人的秘密。1875年，朗特亚医生终于在显微镜下弄明白，以往人们忽略了血液的其他特性。朗特亚写了一本书《血液移输》，书中一针见血地说："羊的血清，具有破坏并使异体动物红血球凝结的性质。"书中进一步说明了血液的主要成分是血浆、血细胞和血小板，而血细胞又有红细胞和白细胞之分，因此，不同动物的血液混在一起，可促使红细胞的凝结。羊血杀人，就是这个道理。

直到1900年，生理学家肖特克和朗特斯脱才发现人的血型，由于红细胞所含"抗原"（又称"凝集原"）的不同，可以分成三类，即A型、B型和O型。红细胞只有A抗原的，就是A型血；只有B抗原的叫B型血；AB抗原都没有的即O型血。人对人输血，血型一定要相应，否则，红细胞就会凝集，严重时致人死命。这一发现恢复了人对人的输血，挽救了不知多少人的生命。

1910年，科学家强斯基和莫斯又发现了AB型血型。凡是AB型血型的人，可以接受任何血型的输血。后来，陆续又发现MN、P、RH等血型，总共已有10多种血型。从此，输血就更安全可靠了。经过2 000多年的探索，牺牲了无数人的生命，人类终于弄清了血液这种神秘的东西，进入了输血的自由王国。

【资料来源】

世界大学城网站(http://www.worlduc.com)

【相关知识】

认识运动的基本规律。

第二节 真理与价值

【案例6】

"猿案"的审判

1859年,达尔文的科学巨著《物种起源》问世了。从此,进化论推翻了"神创论",完成了人类正确认识自然界的一次飞跃。

可是,在《物种起源》出版66年、达尔文逝世43年之后的1925年,在号称最发达的资本主义国家美国,居然发生了轰动一时、令人啼笑皆非的"猿案"大审判。一位普通的高中物理教员约翰·斯考柏斯,因在课堂上讲解了达尔文的进化论而被推上法庭受审,最后,竟被判罚款100美金。

事情的经过是:1925年7月10日,在美国一个只有居民1 500人的小镇戴屯,开庭审判斯考柏斯,旁听者达到2 000人,法庭容纳不下,只好改在露天审判。当时戴屯学校分两个教派:原教旨主义派坚持《旧约全书》的传统观点,即"神创论";现代主义派则赞成达尔文的进化论,即一切生灵都是由共同的原生物演变而来的,猿和人也不例外。原教旨主义派在田纳西州颇有势力,他们制定了一项法律:"《圣经》中上帝创造万物的叙述是千真万确的。除此,其他任何异教邪说,一概严禁传授。"显然,这是针对达尔文的进化论的。斯考柏斯在课堂上讲猿变人,触犯了这一法律。法庭开庭那天,支持斯考柏斯的达洛大声说道:"跟真理是无法决斗的,真理战无不胜……真理不需要什么布莱恩知名人士,真理是持久的、永恒的,它不需要任何人的支持。"审判过程中,起诉人借助《圣经》向进化论进攻。这时,达洛向布莱恩指问:"布莱恩先生是研究《圣经》的专家,《创世纪》中说,上帝在第一天创造了早晨和夜晚,太阳是在第四天创造出来的。你是否相信呢?"布莱恩回答:"相信。"达洛又追问:"那么,第一天没有太阳,怎么会有早晨和夜晚的呢?"布莱恩当然回答不出来。达洛步步紧逼,又问布莱恩:"上帝为了惩罚蛇,让蛇用腹部爬行,你相信吗?"布莱恩回答:"相信。""那么,你知道在这以前蛇是怎样行走的吗?"法庭理屈词穷,恼怒地进行了宣判:罚斯考柏斯100美金。但布莱恩这个"胜者",却痛苦不堪,心力交瘁,宣判后的次日便一命呜呼。

【资料来源】

世界大学城网站(http://www.worlduc.com)

【相关知识】

真理的客观性。

【案例7】

三角形内角和等于多少度

三角形内角和等于多少度？古希腊欧几里得几何学认为，三角形三个内角和等于180度。19世纪30年代，俄国的罗巴切夫斯基几何学认为，三角形三个内角和小于180度。19世纪50年代，德国的黎曼几何学认为，三角形三个内角和大于180度。欧氏、罗氏、黎氏三种几何学各自认为三角形内角和等于、小于和大于180度的说法，都是正确的，它们体现了任何真理都是绝对性和相对性的统一的哲学道理。

辩证唯物主义认识论认为，任何真理都具有两重属性。一方面，真理都具有绝对性。因为任何真理都包含着不依赖于人的客观内容，都是对客观事物及其规律的正确反映，都不能被推翻，这是无条件的。承认可知论和真理的客观性，就必然承认真理的绝对性。另一方面，真理都具有相对性。这是因为，某一时代的人们的认识，不但受到历史条件的限制，而且受到像生命、阶级地位、生活阅历、知识水平、思想方法等主观条件的限制。所以他们所达到的真理，都不可能是最后的、不变的真理，而只能是对一定阶段的事物的近似的、不完全的、相对的正确反映。从广度看，任何一个真理都只能是对无限宇宙的一个部分、一个片断的正确反映，所以真理性的认识有待于扩展；从深度看，任何一个真理都是对客观事物的一定程度、一定层次的正确反映，所以有待于深化。总之，任何真理都是既有绝对性，又有相对性。

欧氏几何学所反映的是地面上狭小范围内的空间特征；罗氏几何学所反映的是宇宙空间的特征；黎氏几何学所反映的是非固体的物质形态的空间特性。它们对于各自所描写的领域来讲，都是人们对客观事物及其规律的正确反映，是符合客观实际的认识，所以，它们都是正确的。它们都包含着不依赖于人的客观内容，因而具有绝对性。但是，世界是无限的，又是发展的，而欧氏、罗氏、黎氏三种几何学对同一问题的不同回答，是建立在各自领域的基础上的，只能是对无限宇宙的一部分、一个片断的正确反映，离开了它们各自存在的基础、范围和条件，就会出现另外的情况，所以它们又具有相对性。由此可见，欧氏、罗氏、黎氏三种几何学对三角形内角和度数的不同回答，都具有真理性，是绝对性和相对性的统一。

三种几何学的出现，体现了人们对空间特征认识的深入和扩展。而所谓真理的一元性，是指在同一条件下人们对同一客观事物的真理性认识只有一个而不可能有多个。但是如果不在同一条件下，即便对同一客观事物的认识也可以不同，甚至有多个；或者随着认识对象和范围的扩大，认识的结论当然不同。所以，上述三种几何都正确，但并不违背一元真理论。

【资料来源】

山东大学马克思主义基本原理试题库材料

【相关知识】

真理的绝对性与相对性。

【案例8】

"大毒草"再发表

马寅初先生，早年留学美国，是我国第一位出国专门研究经济的学者。新中国成立后，历任全国"人大"常委、中央人民政府委员、中央财经委员会副主任、北京大学校长等职。

1957年2月，毛泽东同志在全国最高国务会议上把人口问题提了出来，引起了马老极大的关注，他在一届人大四次会议上发表了《新人口论》长篇书面发言，7月5日，人民日报全文刊载了《新人口论》。马寅初先生的《新人口论》认为，社会主义经济制度建立起来后，主要矛盾是要迅速改变我国落后的生产力。而要解决这一矛盾，必须从人口问题和科学研究两个方面做起。他以充分的论据证明新中国成立后我国人口增长太快，并提出这是社会主义制度优越性带来的，但与我国多子多孙、宗嗣继承的传统观念有关。社会主义建设要依靠人力资源，但人口增长过快，会带来严重后果。他提出解决这一矛盾唯一的、最有效的办法就是控制人口，实行计划生育。他主张晚婚，"希望青年们不要视结婚为完全私人的事"；主张子女"两个有奖，三个有税"。他还指出，人口不仅要有数量，还有一个质量问题，"要优质优生"。马寅初先生在文章中批评了马尔萨斯人口理论的错误，声明自己的人口理论"在立场上和马尔萨斯是不同的"，两者有本质的区别。然而，天有不测风云。1957年，我国政治生活中掀起了反右派高潮，说什么资产阶级右派利用人口问题向党发起了进攻，不久，就批判到了他的头上。1959年下半年开始，批判突然升级了，北京大学校园里，大字报铺天盖地，批判会连续不断。全国各大报刊，连篇累牍的署名文章，罗织罪名，给马寅初先生的《新人口论》扣上了"贩卖马尔萨斯人口论""否定社会主义优越性""对6亿人民缺乏感情"等大帽子。在这场"围剿"中，《新人口论》被视为反党、反社会主义的"大毒草"被压制下去了，但是20多年来，中国的人口完全像马寅初先生所预测的那样，高速增长。实践清楚地向世人昭示，"错批一个人，误增几亿人"。

1979年7月22日，中央统战部副部长李贵同志受党中央的委派，到年届97岁高龄的马老家中，郑重地宣告：中央决定为他彻底平反，恢复名誉。1979年8月5日，《光明日报》在原来的版面位置，重新发表了20多年前的一篇著名文章——《新人口论》，作者：马寅初。

【资料来源】

http://www.zuowen2.com/baike997

【相关知识】

实践是检验真理的唯一标准。

第三节　认识世界和改造世界

【案例9】

邹忌比美

战国时,齐国人邹忌,长得身材魁梧,容貌俊美。这天早上,他穿好衣服,戴上帽子,正在照镜子的时候,忽然想起人们都说城北的徐公长得漂亮。于是,他问妻子:"我和城北徐公比,谁长得好看?"妻子说:"你好看多了,徐公怎么能比得上你呢?"邹忌有点不相信,又问他的小妾:"我和城北徐公比,谁长得好看?"小妾说:"徐公怎么能比得上你呢?"白天,来了个客人。在谈话中,邹忌又问客人:"我和城北徐公比,谁长得好看?"客人说:"徐公不如你漂亮。"

第二天,徐公来拜访邹忌。邹忌仔细地看徐公的相貌,觉得自己不如徐公;再照镜子,更觉得比徐公差得远。他想:"我明明不如徐公美,为什么这些人都要说我美呢?妻子说我美,是因为她爱我,有偏见;小妾说我美,是因为她怕我,不敢说真话;客人说我美,是因为他有求于我,所以拣好听的说。"

【资料来源】

http://www.worlduc.com 案例分析

【相关知识】

认识的本质;实事求是;实践是检验真理的唯一标准。

【案例10】

农村致富典范——华西村

华西村位于江苏省江阴市华士镇,1996年被农业部评定为全国大型一档乡镇企业,全村共有380户,1 520人,面积0.96平方千米。2009年,华西村入选中国世界纪录协会中国第一村,华西村创造了中国世界纪录协会多项世界之最、中国之最。2010年夏,华西村花费9 000万元从美国购买直升机,发展空中旅游。2011年5月初,有消息称华西村将来的发展目标是筹建自己的航空公司。2011年10月11日,华西村被曝再现万里长城和天安门城楼,甚至包括美国的国会大厦。2011年10月15日晚,"天下第一村"华西村举办庆祝建村50周年大型文艺晚会。

华西村简介

华西村是全国农村走共同富裕道路的典型,2004年,华西村人均工资收入12.26万元。同年全国农民人均纯收入2 936元、城镇居民人均可支配收入9 422元。华西人的收入是全国农民的41.76倍、城镇居民的13.01倍。2009年,华西村入选中国世界纪录协会中国第一村,华西村创造了中国世界纪录协会多项世界之最、中国之最。

一分五统求发展

华西村从2001年起,吴仁宝和华西人创造性地提出了"一分五统"(一分,就是村与企业要分开,把新合并的16个村规划成12个村,合并后的原村委会还是由本村村民自治、选举。五统,一是经济由华西统一管理,二是劳动力在同一条件下统一安排,三是福利由华西统一发放,四是村庄由华西统一规划建设,五是华西村党委统一领导),和周边的16个村一起组成了大华西村,面积由原来的0.96平方千米扩大到30平方千米,人口由原来的2 000多人增加到5万多人。

共同致富意志坚

吴仁宝从20世纪60年代担任华西村的党支部书记,带领全村人走上了共同富裕的道路,2006年全村实现销售超300亿元,2010年超500亿元,每户村民的存款600万元至2 000万元。华西村党委走出了一条独特的经营管理之路。他们在处理积累与分配的问题上一直坚持这样一个原则:少分配、多积累,少拿现金、多入股,凡村办企业的工人,每人每月只领取30%的工资,其余的70%存在企业作为流动资金,到年底一次性兑现。奖金通常是工资的3倍,但并不发给职工,而作为股金投入企业,第二年开始按股分红。对承包企业的超利润部分实行"二八"分成,二成上交村里,八成归企业分配。留给企业的部分,10%奖给厂长,30%奖给管理人员,30%奖给职工,30%作为企业积累。承包者个人所得的奖金以入股形式留在企业,作为风险抵押金。

统一经营体制好

华西村原叫华西大队,在20世纪60年代就是我国农村的先进典型。20世纪60年代我国农村普遍实行"三级所有,队为基础"的核算方式(公社、大队、生产队三级所有,以生产队为基本核算单位),华西村实行大队统一核算。20世纪70年代末,我国农村推行"家庭联产承包责任制"的改革,华西村顶着很大的压力还是实行大队核算。在我国农村取消人民公社之后,华西大队改为华西村。

农村敢为城市先

经江阴市政府批准,华西村最近正式更名为"华西新市村"。2001年6月,华西村周边的3个行政村加盟华西村,合并成为华西一村。此后,华西村周边的20个经济薄弱村先后加入华西村大家庭。10年间,华西村发展迅速。据悉,华西新市村将在新10年里投资200亿元用于民生建设,争取早日建成"村庄里的都市"。

【资料来源】

摘自《中国华西村简介》(http://www.9000wy.com/xinwen/qiwen/14393.html)

【相关知识】

认识与实践相统一;实事求是。

课后习题

一、单项选择题

1. 以下论断属于唯心主义真理观的是(　　)。
   A. 有用就是真理　　　　　　　　B. 真理是有用的
   C. 真理是客观的　　　　　　　　D. 真理是绝对的和相对的
2. 两条根本对立的认识路线是(　　)。
   A. 可知论与不可知论的对立
   B. 唯物主义反映论与唯心主义先验论的对立
   C. 辩证唯物主义反映论与旧唯物主义反映论的对立
   D. 真理与谬误的对立
3. 认识的本质是(　　)。
   A. 主体对客体的自由选择　　　　B. 主体对客体的能动反映
   C. 主体创造客体　　　　　　　　D. 主体规定客体
4. 实践是检验真理的唯一标准,是因为它是(　　)。
   A. 人的自觉活动　　　　　　　　B. 多数人参与的活动
   C. 具有直接现实性的活动　　　　D. 社会性的活动
5. 把真理归结为多数人公认的观点是(　　)。
   A. 辩证的　　　　　　　　　　　B. 唯心主义的
   C. 唯物主义的　　　　　　　　　D. 多元论的
6. 马克思主义认识论的首要的基本的观点是(　　)。
   A. 客观实在性的观点　　　　　　B. 社会历史性的观点
   C. 机械的观点　　　　　　　　　D. 实践的观点
7. 认识的客体是(　　)。
   A. 人的实践和认识的对象　　　　B. 人的主观自由创造物
   C. 整个客观世界　　　　　　　　D. 现代科学知识尚未达到的领域
8. 实践高于理论,是因为实践具有(　　)。
   A. 客观物质性　　　　　　　　　B. 主观能动性
   C. 社会历史性　　　　　　　　　D. 直接现实性
9. 真理和谬误相互贯通的含义是(　　)。
   A. 真理中包含谬误　　　　　　　B. 二者在一定条件下相互转化
   C. 二者没有确定界线　　　　　　D. 二者有确定界线

10. 任何科学理论都不是终极真理，而是在实践中不断发展的。这说明（　　）。
　　A. 真理具有客观性　　　　　　　　B. 真理具有一元性
　　C. 真理具有绝对性　　　　　　　　D. 真理具有相对性
11. 绝对真理和相对真理的关系是（　　）。
　　A. 两种性质不同的真理　　　　　　B. 两种各自独立的真理
　　C. 真理的两个不同阶段　　　　　　D. 客观真理的两种不同属性
12. 认识的最终目的是（　　）。
　　A. 发现真理　　　　　　　　　　　B. 改造世界
　　C. 揭示客观规律　　　　　　　　　D. 创立科学理论
13. 下列说法正确的是（　　）。
　　A. 逻辑证明是检验真理的标准　　　B. 价值不具有主体性
　　C. 价值不具有客观性　　　　　　　D. 逻辑证明不是检验真理的标准
14. 承认理性认识依赖感性认识，这是（　　）。
　　A. 认识论中的唯物主义　　　　　　B. 认识论中的辩证法
　　C. 认识论中的经验论　　　　　　　D. 认识论中的唯理论
15. 感性认识的局限性在于它（　　）。
　　A. 只是对事物的外部联系的认识　　B. 是不可靠的
　　C. 没有客观依据　　　　　　　　　D. 是感官自生的
16. 人类认识发展的根本动力是（　　）。
　　A. 求知愿望　　　　　　　　　　　B. 社会实践
　　C. 科学兴趣　　　　　　　　　　　D. 好奇心理
17. 认识过程的第二次飞跃是（　　）。
　　A. 从感性认识到理性认识　　　　　B. 从个性认识到共性认识
　　C. 从理性认识到实践　　　　　　　D. 从否定阶段到否定之否定阶段
18. 主体和客体的关系中首要的基本关系是（　　）。
　　A. 实践关系　　　　　　　　　　　B. 认识关系
　　C. 价值关系　　　　　　　　　　　D. 审美关系
19. 主观和客观、认识和实践的统一应是（　　）。
　　A. 循环的　　　　　　　　　　　　B. 绝对的
　　C. 具体的　　　　　　　　　　　　D. 无条件的
20. 下列说法不正确的是（　　）。
　　A. 认识世界和改造世界的过程就是从必然走向自由的过程
　　B. 认识的反复性和无限性根源于主体和客体之间的矛盾
　　C. 对待马克思主义的科学态度是坚持和创新的统一

D. 认识不是主体对客体的摹写和创造的统一

二、多项选择题

1. 实践决定认识,表现在(　　)。
   A. 实践的需要决定认识的产生　　B. 实践推动认识向前发展
   C. 实践是检验认识的唯一标准　　D. 实践是认识的最终目的
2. 柏拉图认为,认识是人的灵魂对"理念"世界的"回忆"。这是(　　)。
   A. 唯物论　　　　　　　　　　　B. 唯心论
   C. 先验论　　　　　　　　　　　D. 反映论
3. 感性认识的形式是(　　)。
   A. 感觉　　　　　　　　　　　　B. 知觉
   C. 概念　　　　　　　　　　　　D. 判断
4. 理性认识的特点是(　　)。
   A. 直接性　　　　　　　　　　　B. 间接性
   C. 形象性　　　　　　　　　　　D. 抽象性
5. 认识的辩证运动表现为(　　)。
   A. 认识发展的阶段性　　　　　　B. 认识发展的反复性
   C. 认识发展的无限性　　　　　　D. 认识发展的循环性
6. 党的实事求是的思想路线的哲学基础是(　　)。
   A. 世界物质统一性原理　　　　　B. 实践是检验真理的唯一标准的原理
   C. 实践决定认识的原理　　　　　D. 真理的辩证性原理
7. 割裂感性认识和理性认识的辩证关系,会导致(　　)。
   A. 经验论　　　　　　　　　　　B. 唯理论
   C. 经验主义　　　　　　　　　　D. 教条主义
8. 人类成功的实践活动的两大基本原则是(　　)。
   A. 真理原则　　　　　　　　　　B. 价值原则
   C. 效率原则　　　　　　　　　　D. 公平原则
9. 下列属于我国社会主义核心价值体系的是(　　)。
   A. 马克思主义指导思想　　　　　B. 中国特色社会主义共同理想
   C. 爱国主义和改革创新精神　　　D. 社会主义荣辱观
10. 人类在客观世界面前所处的两种不同的社会活动状态是(　　)。
    A. 必然　　　　　　　　　　　　B. 必然王国
    C. 自由　　　　　　　　　　　　D. 自由王国
11. 认识是主体对客体能动的反映,是摹写与创造的统一,把二者割裂开来会导致(　　)。

A. 唯心主义认识论　　　　　　　　B. 直观被动的反映论
C. 经验论　　　　　　　　　　　　D. 唯理论
12. 在社会主义现代化建设中正确发挥意识的能动作用（　　）。
　　A. 必须通过实践　　　　　　　　B. 必须尊重客观规律
　　C. 必须具备一定的物质手段和物质条件　　D. 把革命热情和科学态度有机统一
13. 任何客观真理都具有（　　）。
　　A. 客观性　　　　　　　　　　　B. 相对性
　　C. 绝对性　　　　　　　　　　　D. 具体性
14. 实践的基本特点是（　　）。
　　A. 客观性　　　　　　　　　　　B. 革命性
　　C. 能动性　　　　　　　　　　　D. 社会历史性
15. 下列哪些活动属于最基本的实践活动（　　）。
　　A. 渔民捕鱼　　　　　　　　　　B. 运动员比赛
　　C. 工人炼钢　　　　　　　　　　D. 农作物新品种的研究
16. 认识的主体包括（　　）。
　　A. 自然界　　　　　　　　　　　B. 个人主体
　　C. 集团主体　　　　　　　　　　D. 类主体
17. 认识的客体的属性有（　　）。
　　A. 自然性　　　　　　　　　　　B. 客观性
　　C. 对象性　　　　　　　　　　　D. 社会历史性
18. 实践和认识的辩证关系是（　　）。
　　A. 实践是认识的基础　　　　　　B. 实践决定认识
　　C. 认识对实践有能动作用　　　　D. 认识对实践有指导作用

三、辨析题

1. 真理具有相对性就是真理中含有少量谬误。
2. 认识的客体是整个客观世界。
3. 马克思主义是真理，因而可以用它来作为判断认识对错的标准。

四、材料分析题

1.【材料】 蚂蚁具有和我们不同的眼睛，它们能看见我们看不见的光线。但是，在认识我们所看不见的这些光线方面，我们的成就比蚂蚁大得多。我们能够证明蚂蚁看得见我们所看不见的东西，而且这种证明只是以我们的眼睛所造成的知觉为基础，这就说明人的眼睛的特殊构造并不是人的认识的绝对界限。

结合以上材料说明实践对认识的决定作用。

2.【材料1】 孔子说:生而知之者,上也;学而知之者,次也;困而学之,又其次之;困而不学,民斯为下矣。

【材料2】 孟子说:人之所不学而能者,其良能也;所不虑而知者,其良知也。

【材料3】 荀子说:凡性者,天之就也,不可学,不可事。礼仪者,圣人之所生也,人之所学而能,所事而成者也。不可学,不可事,而在人者,谓之性;可学而能,可事而成之在人者,谓之伪("人为"之意),是性伪之分也。

【材料4】 孙中山先生指出:世界人类之进化,当分三时期:第一由愚昧进文明,为不知而行的时期;第二由文明再进文明,为行而后知时期;第三自科学发明而后,为知而后行之时期。以行而求知,因知而进行。

请回答:
(1)简要评析上述材料给出观点。
(2)材料4揭示的知行关系是什么?

参考答案

一、单项选择题

1. A 2. B 3. B 4. C 5. B 6. D 7. A 8. D 9. B 10. D 11. D 12. B 13. D 14. A 15. A 16. B 17. C 18. A 19. C 20. D

二、多项选择题

1. ABCD 2. BC 3. AB 4. BD 5. ABC 6. ABCD 7. ABCD 8. AB 9. ABCD 10. BD 11. AB 12. ABCD 13. ABCD 14. ACD 15. AC 16. BCD 17. BCD 18. ABCD

三、辨析题

1. 这一观点是错误的。

这一观点混淆了真理和谬误的界限。真理的相对性是指:第一,从认识的广度上看,任何真理只能是对无限发展的客观世界的某些部分、某些方面的正确反映,认识有待于扩展。第二,从认识的深度上看,任何真理都是对世界的某些方面一定程度、一定层次的正确反映,认识有待于深化。真理的相对性反映了真理的局限性。

2. 这一观点是错误的。

认识的客体是进入人的实践活动领域并与主体相联系的客观存在,即人的实践和认识的对象。认识客体具有对象性,只有那些成为主体实践和认识对象的客观存在才是认识的客体。

外部世界的哪些部分成为认识的客体,是同一定社会历史条件相联系的。

3.这一观点是错误的。

马克思主义是真理但不能以它作为对错的标准。判断认识的真理性,必须把主观认识和客观对象联系起来加以对照比较。马克思主义虽然是真理,但它只是主观的东西,故不能作为判断认识对错的标准。

四、材料分析题

1.实践与认识的辩证关系作为马克思辩证唯物主义认识论的主要原理,揭示了人的活动的存在和发展方式。认识的本质是实践基础上主体对客体的能动反映。而人的实践是以自觉目的性为特征的改造客观世界的活动,它要求人形成关于对象的本质和规律的知识,并以此为基础确定实践改造对象的目标和方案。认识在根本上依赖于实践,但在认识活动的方式和发展过程等方面又有相对独立性,遵循其特有的逻辑。认识是主体以观念的形式把握客体的活动,它可以与实践完全同步运行,也可以不完全地同步进行。例如,总结经验教训、回顾历史、追溯已经消失的现象等,是在直接的实践之后认识客体和实践;而预测、假说、规划等自然是超前于现实的客体和直接的实践。知识和理论体系具有自身的矛盾运动及其规律性。认识的成果一旦成为逻辑的体系,就产生了自身的矛盾、问题和自我发展的独特规律。实践是认识的基础,它对认识的决定作用主要表现在以下四个方面:第一,实践产生了认识的需要。人们要改造世界就必须首先认识世界,人类的认识活动总是为各个时代社会实践的特定需要服务的,科学研究的任务也总是围绕这社会实践的需要这个中心来确定的。第二,实践为认识提供了可能。人类实践活动提出的问题归根结底只能依靠和通过实践来解决。实践创造出必要的物质条件和手段,使人的认识能够不断发展。第三,实践使认识得以产生和发展。人们只有通过实践实际地改造和变革对象,才能使对象的真实状态、属性、关系、本质和规律得到充分的暴露;也只有通过实践使自己的感觉器官直接地同对象相接触,才能使对象的各种现象反映到头脑中来,形成一定的直接经验,并进而上升到理性认识。第四,实践是检验认识的真理性的唯一标准。总之,人的认识是从实践产生,为实践服务,随实践发展,并受实践检验的。认识依赖于实践,离开实践的认识是根本不可能的。肯定实践是认识的基础,决不意味着认识无足轻重。实践和认识总是相互作用的,认识特别是反映客观事物本质和规律性的理性认识,对实践有着巨大的指导作用。理论是认识的高级形式,随着实践的发展和水平的提高,理论的指导作用愈益明显,它往往走在实践的前面,指导着实践活动的过程。在社会历史运动中,科学理论对实践的指导作用更为显著。我们能够认识到蚂蚁能够看到我们所看不见的光线,这是我们的一种认识,我们也能够证明蚂蚁看得见我们所看不见的东西是对我们认识的一种实践,从而说明人的眼睛的特殊构造并不是人的认识的绝对界限,表明了实践是认识的基础,对认识具有决定作用。

2.(1)孔子的"生而知之"和孟子的"良知、良能"是说知识是天生的或不学而知,是唯心主义先验论;孔子的"学而知之"和"困而学之"以及荀子的观点,承认人的认识是后天学习所得,是朴素唯物主义思想。

(2)孙中山借人类文明说明知识的来源和认识的发展,指出这是一个由低级到高级的不断发展的过程,人的认识不是先天就有,也不可能一次完成。孙中山的知行学说包含了在实践中需要理论的指导(以行求知)和在理论指导下的行动(知先行后)这样的实践—认识—再实践的意义,具有朴素的唯物主义和辩证法思想。

第三章
Chapter 3

人类社会及其发展规律

学习目标

学习和把握历史唯物主义的基本原理,着重了解社会存在和社会意识的辩证关系、社会基本矛盾运动规律、社会发展的动力和人民群众是历史的创造者等观点,提高运用历史唯物主义正确认识历史和现实、正确认识社会发展规律的自觉性和能力。

学习要点

1. 社会存在、社会意识及其构成、关系及应用

社会存在也称社会物质生活条件,是社会生活的物质方面,主要是指物质资料的生产及生产方式,也包括地理环境和人口因素。

社会意识是社会生活的精神方面,是社会存在的反映。社会意识具有复杂的结构,从不同角度可以划分为个人意识和群体意识(根据主体不同)、社会心理和社会意识形式(根据高低层次不同)以及作为上层建筑的意识形式和非上层建筑的意识形式(根据是否属于上层建筑意识形态的不同)。属于上层建筑的社会意识形式称为社会意识形态,它主要包括政治、法律、思想、道德、艺术、宗教、哲学等。

关系:社会存在和社会意识是辩证统一的。社会存在决定社会意识,社会意识是社会存在的反映,并反作用于社会存在。

应用:社会意识的能动作用是通过指导人们的实践活动实现的。正确而充分地发挥社会意识的能动作用,有赖于社会文化建设特别是先进文化的建设。社会存在与社会意识辩证关系的原理具有重要意义。它在人类思想史上第一次正确解决了社会历史观的基本问题,是社会历史观革命性变革的基础。

2. 社会基本矛盾是社会发展的根本动力

社会基本矛盾作为社会发展的根本动力,它在社会发展中的作用主要表现在:

首先,生产力是社会基本矛盾运动中最基本的动力因素,是人类社会发展和进步的最终决定力量。生产力是社会进步的根本内容,是衡量社会进步的根本尺度。

其次,社会基本矛盾特别是生产力和生产关系的矛盾,是"一切历史冲突的根源",决定着社会中其他矛盾的存在和发展。经济基础和上层建筑的矛盾也影响和制约着生产力和生产关系的矛盾。

最后,社会基本矛盾具有不同的表现形式和解决方式,并从根本上影响和促进社会形态的变化和发展。

3. 科学技术的社会作用、对科学技术作用的正确理解

(1)科学技术革命是推动经济和社会发展的强大杠杆。

首先,对生产方式产生了深刻影响:①改变了社会生产力的构成要素;②改变了人们的劳动形式;③改变了社会经济结构。

其次,对生活方式产生了巨大的影响。

最后,促进了思维方式的变革。

总之,科学技术是社会发展的重要动力。

(2)科学技术的社会作用具有两重性。

科学技术像一把双刃剑,既能通过促进经济和社会发展以造福于人类,同时也可能在一定条件下对人类的生存和发展带来消极后果。科学技术作用的实现要受一定的客观条件,诸如社会制度、利益关系等因素的影响,也要受到一定的主观条件如人们的观念和认识水平的影响。

科学技术的发展标志着人类征服自然能力的增强,意味着能够更多地创造出人们所需的物质财富,对社会发展的积极作用是主要的、基本的方面。但是由于对科学技术应用不当等原因,也会产生一定的消极后果。

4. 人民群众的作用及受制条件、个人的作用及评价

人民群众的作用:在社会历史发展过程中,人民群众起到了决定性的作用。人民群众是历史的创造者。人民群众是社会物质财富的创造者。人民群众是社会精神财富的创造者。人民群众是社会变革的决定力量。

受制条件:经济条件对于人民群众的创造活动有着首要的、决定性的影响。政治条件对人民群众的创造活动也具有直接的影响。在不同的政治制度下,人民群众的政治地位和享受到的政治权利不同,他们在政治以及其他领域中的创造作用的发挥也不相同。精神文化条件也是制约人民群众创造活动的重要因素。

个人的作用:①普通个人与历史人物:每个人尽管在历史上发挥作用的性质和程度各有不同,但都会在历史上留下自己的印记。离开了个人的作用也就不可能有群众的作用。②历史人物在历史的发展过程中起着特殊的作用;③从必然与偶然的辩证统一中理解个人的历史作用;④评价历史人物必须坚持科学方法。

评价:根据历史人物所具有的历史特征和阶级特点,唯物史观主张评价历史人物时,应该坚持历史分析方法和阶级分析方法。历史分析方法要求从特定的历史背景出发,根据当时的历史条件,对历史人物的是非功过进行具体的、全面的考察。阶级分析方法要求把历史人物置于一定的阶级关系中,同他所属的阶级联系起来加以考察和评价。

案例分析

第一节 社会基本矛盾及其运动规律

【案例1】

"地理环境决定论"

孟德斯鸠是18世纪法国启蒙运动的代表人物。他认为,地理环境对于一个民族的性格、风俗、道德和精神面貌及其法律性质和政治制度具有决定性的作用。孟德斯鸠特别强调气候的影响作用。他认为,居住在寒带地区的北方人体格健壮魁伟,但不大活泼,较为迟笨,对快乐的感受性很低;居住在热带地区的南方人体格纤细脆弱,但对快乐的感受性较为敏感。北方人精力充沛,自信心强,像青年人一样勇敢,吃苦耐劳,热爱自由;而南方人则心神萎靡,缺乏自信心,像老年人一样懦弱,懒惰,不动脑筋,可以忍受奴役。"不同的气候需要产生了不同的生活方式,不同的生活方式产生了不同种类的法律"。土壤同居民的性格之间,尤其是同民族的政治制度之间也有非常密切的关系。"土地贫瘠,使人勤奋、俭朴、耐劳、勇敢和适宜于战争……土地膏腴使人因生活宽豁而柔弱、怠惰、贪生怕死"。土地肥沃的国家常常是单人统治的政体,而土地不太肥沃的国家则常常是数人统治的政体。同时,民族居住的地域大小也同国家的政治制度有关。小国宜于共和政体,大小适中的国家宜于由君主治理,而大帝国则宜于由专制君主统治。

【资料来源】

http://www.stuln.com/lilunketang

【相关知识】

地理环境在社会发展中的作用。

【案例2】

日本:《蟹工船》再造轰动

无论从哪个角度考虑,《蟹工船》在2008年引起的轰动都算得上日本社会的大事件,特别是在席卷全球的国际金融危机愈演愈烈的情况下,《蟹工船》笔下人物的悲惨遭遇引起了就业有困难的人群和低收入阶层的广泛共鸣。有关人士指出,只要贫富差距和经济状况没有根本性改善,《蟹工船》的热潮仍将持续。

《蟹工船》,全称为《蟹工船·党生活者》,发表于纽约股市遭遇"黑色星期四"的1929年,当时世界性的经济恐慌四处弥漫。小说以在鄂霍次克海捕捉螃蟹并加工罐头的渔船为舞台,描写了劳工们在残酷环境下的苦难生活和斗争经历。

长期以来,《蟹工船》一直被视为马克思主义小说,是马克思主义文学学者的最爱之一。该书作者小林多喜二被誉为日本无产阶级文学的代表人物。1903年,他出生于日本秋田县,1930年加入日本共产党,30岁时被捕,遭日本警察严刑拷打而去世。日本战败后,小林多喜二作为反军国主义作家得到了日本社会和世界各国的普遍认同。

据有关方面统计,进入2008年以来,《蟹工船》的销量突然暴增,一举跃入各大书店的畅销书榜,令出版界震惊。发行商新潮社介绍,今年4月份《蟹工船》曾再版7 000册,仍供不应求,之后又增印了5万册,为历年所罕见。截至目前,该书的累计销量已突破110万册,而在2008年该书就售出了约50万册。日本主流媒体纷纷进行了社会层面的剖析,日本共产党也因此获益匪浅,入党人数不断增加。《每日新闻》在关于《蟹工船》的社论中指出,在21世纪的今天,"贫困"这个词开始频繁出现在人们的眼前,"不稳定的劳资关系,备受屈辱的待遇,即使工作也难以养家糊口的年轻人,对昭和初期发表的无产阶级文学作品感同身受"。有关专家指出,只要贫富差距不解决,雇佣关系不缓和,《蟹工船》现象还会继续加剧和发展。

评论家桑原聪在谈及《蟹工船》走红的原因时说,尽管小说所描写的时代背景与当今日本有很大不同,但书中人物的悲惨境遇却让人产生同病相怜的感觉。日本媒体指出,由于经济低迷和雇佣关系恶化,大学毕业生开始进入"就职冰河期"。很多年轻人抱怨,虽然拼命工作,但生活仍然难以为继,80年前的社会贫困现象在当今日本重现,使人们对生活感到担心,而这些被称作"新贫人口"群体正是对《蟹工船》最为关注的人群。

【资料来源】

参考消息,2008-12-18

【相关知识】

社会存在与社会意识的辩证关系原理是马克思主义对社会生活的物质方面和精神方面根

本关系的科学概括。社会存在指社会生活的物质方面,即不依人们的意识为转移的社会物质生活条件,主要是指物质资料的生产及生产方式,也包括地理环境和人口因素。社会意识指社会的精神生活方面,是对社会存在的反映,包括人们的政治法律思想、道德、艺术、宗教、科学和哲学等意识形式及感情、风俗、习惯等社会心理。马克思主义认为,社会存在和社会意识是辩证统一的。社会存在决定社会意识,社会意识是社会存在的反映,并反作用于社会存在。文学是语言艺术,广义的艺术概念包括文学在内。作为观念形态的文学作品,是一定的社会生活在人类头脑中反映的产物。《蟹工船》的再度畅销与日本现今的社会经济状况有着密切的关联。日本经济持续低迷,贫困人口激增,大学生就业困难,雇佣关系紧张,贫富悬殊加剧,特别是在席卷全球的国际金融危机愈演愈烈的情况下,《蟹工船》笔下人物的悲惨遭遇极易引起就业有困难的人群和低收入阶层的广泛共鸣。

《蟹工船》主要反映日本天皇统治下的资本主义社会现实,揭露日本帝国主义侵略野心,控诉资本主义生产方式对劳动人民的残酷剥削和压迫,同时反映日本工人阶级的觉醒和斗争,并歌颂他们斗争的胜利。可见,《蟹工船》是无产阶级文学的代表作,具有鲜明的阶级性。

【案例3】
我国农村经济体制发展历程

我国社会主义改造基本完成以后,农村经济体制经历了一个曲折的发展过程。

我们曾于1958年不到一年的时间内,在全国普遍实行了人民公社化。全国74万个农业合作社合并为2.6万个人民公社,全国农户的99%以上参加了公社。人民公社的特点叫"一大二公",实际上就是搞"一平二调"。所谓"大",就是将原来一二百户的合作社合并成四五千户以至一两万户的人民公社,一般是一乡一社。所谓"公",就是将几十上百个经济条件、贫富水平不同的合作社合并后,一切财产上交公社,多者不退,少者不补,在全社范围内统一核算,统一分配,实行部分的供给制(包括大办公共食堂、吃饭不要钱,叫共产主义因素),造成原来的各个合作社(合并后叫大队或小队)之间、社员与社员之间严重的平均主义。同时,社员的自留地、家畜、果树等,也都被收归社有。在各种"大办"中,政府和公社还经常无偿地调用生产队的土地、物资和劳动力,甚至调用社员的房屋、家具。这些实际上都是对农民的剥夺,使农民惊恐和不满,纷纷杀猪宰羊,砍树伐木,造成生产力的很大破坏,给农业生产带来灾难性的后果。

自1979年以后,在以邓小平为核心的党中央的正确领导下,我国逐步推行了农村家庭联产承包责任制。到1983年初,全国农村实行包产到户、包干到户的生产队达93%,其中绝大多数实行的是包干到户。农村家庭联产承包责任制实行以后,把集体所有的土地长期包给各家农户使用,农业生产基本上变为分户经营、自负盈亏,农民生产的东西,"保证国家的,留足集体的,剩下都是自己的"。这种责任制使农民获得生产和分配的自主权,把农民的责、权、利紧密结合起来,不仅克服了以往分配中的平均主义、"吃大锅饭"等弊病,而且纠正了管理过分集中、经营方式过分单一等缺点。这种责任制是建立在土地公有制基础上的,集体和农户保持着发包和承包关系。集体统一管理、使用大型农机具和水利设施,有一定的公共提留,统一安排烈军属、五保户、困难户的生活,有的还统一规划农田基本建设。所以,这种家庭联产承包制,不同于农业合作化以前的小私有经济,它没有否定合作化以来集体经济的优越性,而是做到有统有分,统分结合,既发挥集体经济的优越性,又发挥农民家庭经营的积极性。这种制度受到农民的普遍欢迎,它提高了农民的劳动热情,促进了农业生产的发展,见效之快,是人们没有预想到的。许多地方一年就见效,农民收入大幅度增长,甚至翻了一番或两番。

【资料来源】

http://www.worlduc.com

【相关知识】

生产力与生产关系的辩证关系;社会改革是推动社会发展的重要力量和途径。

第二节 社会历史发展的动力

【案例4】

爱因斯坦给人类的忠告

镜头一:人机大战

1997年,世界国际象棋冠军卡斯帕罗夫同深蓝计算机对弈,经过六局激战,卡斯帕罗夫认输。卡斯帕罗夫每秒钟可以思考三步棋,深蓝计算机每秒钟可以思考两亿步棋。这场比赛的影响远远超过了比赛本身,人们都以更加紧迫的心情在思考一个问题:电脑、机器人功能提高速度越来越快,越来越超过人,到那时人机关系将会处于一种什么状态?

许多科学家认为,将来机器人必将统治人类。早在1948年,即第一台电子计算机问世后才两年,控制论专家艾什比就向世人发出警告:机器将可能统治人类。维纳说:"如果机器变得越来越有效,而且在一个越来越高的心理水平上运转,那么人被机器统治的灾难就越来越近了。"英国机器人专家渥维克说:"似乎没有什么能够阻止机器在不久的将来变得比人类的智能更高,所以,除了得出机器将会主宰地球的结论,我们还能得出什么结论呢?不仅如此,机器主宰地球的日子已经为时不远了。"他预计这是2050年将发生的事。

机器人统治我们人类后,我们将怎样生存呢?有人认为这是好事,机器人把我们人类当作宠物来豢养。1999年12月24日《南方周末》上刊登一幅漫画:一个大机器人的两只腿上,坐着相比之下像孩子一样大的10个人。上面有一句话:"让机器人当爷爷,我们当孙子,也许更舒坦。"

可是更多的人认为,机器人对人类的统治,将是我们的厄运。有人说,人将成为计算机思想家的玩物或害虫,成为它们对低级发展形式的一种回忆,保存在将来的动物园里。有位计算机专家写道:总有一天机器人会统治我们人类,把我们关在动物园的牢笼里。大机器人带着小机器人参观动物园,指着笼里的人对小机器人说:"孩子,这是人,是我们的祖先。"

镜头二:克隆风暴

1997年2月,英国的著名杂志《自然》宣布:英国爱丁堡罗斯林研究所威尔穆特等科学家用克隆技术培育出第一只绵羊。从技术发展的逻辑来讲,克隆了绵羊,就要考虑克隆人。大家关注的不是能否克隆人,而是是否应该克隆人。在这个问题上,全球议论纷纷,掀起了一场"克隆风暴"。

有人赞成克隆人,提出了一些理由,譬如这是器官移植的需要。但许多人认为,克隆人的弊远远超过了利。如果克隆人是为了给我们提供器官,那克隆人也是人,我们有什么权利把克隆人当作材料仓库?人格、人权的平等又在哪里?而且克隆人会造成人的社会身份的混乱、社会关系的错位和人伦关系的冲击。例如,一位男士可以用自己的体细胞反复克隆,提供去核卵的可以是不同的女性。如果第一次由他妻子提供,第二次由他母亲提供,第三次由他女儿提供,第四次由他姐姐、第五次由他祖母提供,那这五个克隆人同他的人伦关系又怎样理解?英国报纸曾披露一件丑闻,朗多医生做人工授精业务已25年,从他的精子库提供的精子,已孕育出六千多个小孩,后来才知道,这些精子都是朗多一人提供的。这些孩子有男有女,长大成人后可能会成为夫妻,这岂不是造成近亲婚姻的悲剧?

镜头三:爱因斯坦的忠告

1931年,爱因斯坦对美国加利福尼亚理工学院大学生的讲话:

"我可以唱一首赞美诗,来颂扬应用科学已经取得的进步,并且无疑地,在你们自己的一生中,你们将把它更加推向前进。我所以能讲这样一些话,那是因为我们生活在应用科学的时代和应用科学的家乡。但是我不想这样来谈。在战争时期,应用科学给了人们相互毒害和相互残杀的手段。在和平时期,科学使我们生活匆忙和不安定。它没有使我们从必须完成的单调的劳动中得到多大程度的解放,反而使人成为机器的奴隶。人们绝大部分要一天到晚厌倦地工作着,目的无非是向你们提一点忠告。如果你们想使你们一生的工作有益于人类,那么,你们只懂得应用科学本身是不够的。关心人的本身,应当始终成为一切技术上奋斗的主要目标。关心怎样组织人的劳动和产品分配这样一些尚未解决的重大问题,用以保证我们科学思想的成果会造福于人类,而不致成为祸害。在你们埋头于图表和方程时,千万不要忘记这一点。"

【资料来源】

尚九玉."马克思主义哲学原理"课教学案例解析[M].北京:高等教育出版社,2004

【相关知识】

科学技术作用的双重性。

【案例5】

实践证明，中国道路走得对

中国道路走得对不对？要从实践效果去求证，搞清楚这条道路收获了什么、成就了什么，弄明白为何它是显示出巨大比较优势和制度优势的成功之路。

中国道路走得对不对，实践是最好的裁判，是最硬的标准。35年来，中国道路交出了一份靓丽的"成绩单"：实现了中国的历史性巨变，学者们称之为"当今时代最为重大的事件"，美国前国务卿基辛格说是"难以想象""超越想象"。

一是创造了"中国奇迹"，实现了从低收入国家到中等偏上收入国家的历史性跨越。所谓"中国奇迹"，是国际经济学界的评价。那么它"奇"在哪里呢？"奇"在经济增长之快、延续时间之长、惠及面之宽、人民生活水平提升之大，都前所未有。像中国这样一个10多亿人口的大国，国内生产总值连续35年保持年均增长9.8%，经济总量从世界第十跃居第二，这在世界经济史上是没有过的。人均国内生产总值从1978年的不到200美元，是当时撒哈拉以南非洲国家平均水平的1/3，到2012年已超过6 000美元，使数亿人得以脱贫。还"奇"在中国的发展进步是全方位的，体现在从生产力到生产关系、从经济基础到上层建筑、从体制环境到社会结构等各领域各方面，中国人民的面貌、社会主义中国的面貌、中国共产党的面貌都发生了历史性变化。今天，我们比历史上任何时期都更接近中华民族伟大复兴中国梦的目标，都更有信心、有能力实现这个目标。

二是彰显了"中国优势"，显示了中国独特发展道路和发展模式的巨大优越性和强大生命力。比较才能分出高低、判明优劣。我们说中国道路走得对，就在于我们有底气与前后左右比、与其他国家比。当今世界200多个国家，绝大多数都搞资本主义，但真正很发达、富裕的也就是那么一二十个国家。我们有信心与任何发展中国家比，比如我们的邻居印度。中印独立时间、发展起点都差不多，经过60多年发展，是不是像西方媒体"鼓噪"的那样印度将超过中国呢？世界银行2010年公布了一组数据，说中印之间的差距可以用2、4、6、10、20和不可比来形容。所谓"2、4、6、10、20"，就是说在从粮食产量到经济规模、外贸总量、发电量，从外汇储备、钢产量、电视机数量到吸引外资数量，以及在吸引境外游客数量方面，中国分别是印度的2倍、4倍、6倍、10倍和20倍；而"不可比"，就是在高铁、高速公路、奥运奖牌数、妇女地位等方面，两个国家没有可比性，中国不知比印度好多少倍。这向人们说明，曾经具有相似国情、相近发展水平的国家，由于走不同的发展道路，其结果大为不同。我们也有信心与美国等西方发达国家比。应当承认中国与美国还有不小的差距，但要看到两国发展起点和条件很不一样，美国是经过200多年发展才有今天的局面。比如，美国曾大肆对外扩张掠夺，其最初13个州总面积只有现在的1/10，后来夺取了近700万平方千米的土地，这对美国的发展起了重大作用。再比如奴隶贸易，1500年到1800年，约有1 200万黑奴从非洲运到美国，到1750年美国殖民地人口中几乎有1/4是黑人奴隶。曾经从事贩奴生意的著名牧师约翰·牛顿说过："美国之所以取得今天的成就，其中很重要的一点，那就是通过残酷榨取黑人身上每一滴血汗所得来的。"中国在这方面没法也不会与它比。我们实行改革开放才短短35年,就已大大拉近了与美国的差距,虽然人均收入水平还相差不少,但经济总量赶上和超过美国再也不是什么遥不可及的事情。特别是缘于美国次贷危机的国际金融危机爆发以来,人们对资本主义制度的弊端看得越加清楚。而中国与西方在发展形势上的一好一坏,恰恰形成鲜明对比。它也向人们表明,经济文化落后的国家,如果坚持走符合自己国情的发展道路,是完全可能跨越与发达国家之间"发展鸿沟"的。

三是激发了"中国想象",增强了广大发展中国家探索符合自身实际的现代化道路的信心。近年来,中国的快速发展和综合国力的显著提升,激发了世界上有识之士对中国的重新打量,对中国成功背后的制度原因和理论支撑的探寻,关于"北京共识""中国经验""中国模式"等的议论和研究逐渐增多。越来越多的人特别是发展中国家的领导人认识到,每个国家都应当而且完全可能找到符合自身特点的发展模式。正如印度总理辛格前不久在中央党校演讲中所说的,中国的"经济改革及其瞩目成就,激励了所有发展中国家"。有些国外学者认为,中国的发展道路和发展理念具有世界意义,拓宽了民族国家走向现代化的路径,促进了人类文明的多样化发展,"激发了世界关于制度的丰富想象"。

……

道路决定命运,道路改变命运。"千磨万击还坚劲,任尔东西南北风"。只要我们坚定道路自信、理论自信、制度自信,坚定不移坚持中国特色社会主义,坚定不移推进改革开放,"中国号"巨轮必将破浪前行,把民族复兴的百年梦想逐步变为现实。

【资料来源】

摘编自《中国道路为什么走得对——写在改革开放35周年之际》,新华网,2013年12月23日

【案例6】
"'人肉搜索'第一案"带给我们的警示

2007年12月29日晚,女白领姜岩在北京位于东四环一小区24楼的家中跳楼身亡,事情源于她与丈夫王菲的婚姻。

据悉,姜岩和丈夫于2006年2月22日登记结婚。她生前在网络上注册了名为"北飞的候鸟"的个人博客,并进行写作。在自杀前两个月,她在自己的博客中以日记形式记载了自杀前两个月的心路历程,将丈夫与一名案外女性东方某的合影照片贴在博客中,并认为二人有不正当两性关系,自己的婚姻很失败。

姜岩还在自己的博客日记中显示出了丈夫的具体姓名、工作单位、地址等信息。2007年12月27日,姜岩第一次试图自杀,之前,她将自己博客的密码告诉一名网友,并委托该网友在12小时后打开博客。2007年12月29日姜岩跳楼自杀死亡后,她的网友将其博客的密码告诉

了其姐姐姜红,后姜岩的博客被打开。

自2008年1月开始,大旗网刊登了《从24楼跳下自杀的MM最后的日记》专题。在该专题中,大旗网将王菲的姓名、照片、住址、工作单位等身份信息全部披露。同时,姜岩的大学同学张乐奕在其注册的网站"北飞的候鸟"上刊登了《哀莫大于心死》等文章;海南天涯在线网络科技有限公司注册管理的天涯虚拟社区网出现了《大家好,我是姜岩的姐姐》一帖。每篇网文后,都有大量网友留言,对王菲的行为表示不耻和痛骂。

许多网民认为王菲的"婚外情"行为是促使姜岩自杀的原因之一;一些网民发起了对王菲的"人肉搜索",使王菲的姓名、工作单位、家庭住址等详细个人信息逐渐被披露;一些网民在网络上对王菲进行指名道姓的谩骂;更有部分网民到王菲和其父母住处进行骚扰,在王家门口墙壁上刷写、张贴"无良王家""逼死贤妻""血债血偿"等标语。

2008年12月18日上午,北京市朝阳区人民法院对有"'人肉搜索'第一案"之称的王菲诉三网站案做出一审判决,"北飞的候鸟"非经营性网站和北京凌云互动信息技术有限公司网站被判侵权,海南天涯在线网络科技有限公司获免责。值得关注的是,朝阳区法院民一庭庭长陈晓东在接受记者采访时称:"法院不是全盘否定'人肉搜索',法院只是不支持侵犯他人合法权益的'人肉搜索'。"(见2008年12月22日《中国青年报》)这一判例,无疑具有典型的警示意义,也说明"人肉搜索"是一把双刃剑。

所谓"人肉搜索",就是指更多地利用人工参与来提纯搜索引擎提供的信息的一种机制,或曰以因特网为媒介,一人提问、八方回应,查找某人身份、追寻某事真相的网民运动。时下,对"人肉搜索"存在正反两方针锋相对的观点:一方认为它不仅可以在最短的时间内揭露一些事件背后的真相,而且拓宽了人们获取信息的途径,充分发动了人际网络的力量,将互联网"互助、分享"的精神发扬光大;反对一方认为,未经授权公开资料是对隐私权赤裸裸地侵犯,而"人肉搜索"的参与者有成长为网络暴民的趋势。实际上,正反双方的意见都有道理,只不过一方强调了其积极作用,一方强调了其消极作用而已。笔者则认为,对"人肉搜索"不能做简单的取舍,需要的是搜索者和网民把握好底线,强化网络监督和法律的规范。

"人肉搜索"的正面作用不可否定。百度、谷哥等网络搜索引擎无疑具有强大的功能,能够高效快速地搜索到网民所需要的大量信息,但搜索引擎的人工智能并不完善,且很难甄别刻意的、修饰过的信息。"人肉搜索"通过动员更多的网民人工参与,能够尽快获取搜索引擎无法提供的相关信息,它可以使犯罪分子原形毕露,使交通肇事逃逸者无法遁形,让无良官员的劣迹暴露于阳光之下……2007年10月3日,陕西农民周正龙自称拍到了野生华南虎。11月15日,有网友称虎照中的虎与自家所挂的年画虎极其相似。2008年6月29日,"野生华南虎照片"终于被认定为假照片。2008年3月29日,郑州两名女生在保罗国际店剪发后,被要价1.2万元。网友搜索出保罗国际的注册信息、固话、手机号以及汽车牌照。4月3日,保罗国际被停业整顿。2008年10月11日,哈尔滨6名警察因故将一男子殴打致死。随后,网友将双方的背景身份一一搜出,有力地推动了案件侦破。南京江宁区房产局局长周久耕,因为在会议上一番"查处降价房地产商"言论,立即遭到"人肉搜索",其抽天价烟、戴名牌表、开凯迪拉克、表弟是房地产商、儿子开装饰材料公司等信息很快曝光,纪委也介入调查。从陕西周老虎到郑州天价头,从警察打人案到局长天价烟……2007年到2008年,这些违法乱纪事件开始时均在网上引发质疑,随着媒体的介入,事实真相被层层剥开。这些说明,"人肉搜索"是不可或缺的舆论监督。

"人肉搜索"的负面效应不可忽视。仅以北京王菲状告"北飞的候鸟"等3家网站侵犯个人隐私权案件为例。尽管王菲背离社会道德标准搞"婚外情"、导致妻子跳楼自杀受到法院批评和舆论谴责,但由于"人肉搜索"把王菲的家庭住址、工作单位及第三者东某的个人信息逐渐在网上被披露,并受到网民谩骂、攻击,部分网民还到王菲父母住宅进行骚扰,在门口刷写、张贴"逼死贤妻""血债血偿"标语,所在单位将其辞退,因此法院判决其中两家网站侵权,并判令删除相关文章、图片,做出道歉、赔偿。对一审判决,被告方律师准备要上诉,因此这一案件还不是终审判决,但"人肉搜索"及网络如何避免侵犯个人隐私权的问题,已经不能不引起网民的警醒了。

"人肉搜索"作为一种"网络通缉令",通过剥茧抽丝的方法,使网民人人可以成为福尔摩斯,但它经常同个人隐私相关联,也很容易触及法律和道德底线。因此,对他人隐私搜索及网上披露须审慎行事,而网络监督的强化同样不可或缺,"'人肉搜索'第一案"无疑告诉了我们这一点。

【资料来源】

龚玉敏."马克思主义基本原理概论"教学案例[M].武汉:武汉大学出版社,2009

【相关知识】

"'人肉搜索'第一案"告诉我们网络技术也是一把双刃剑,我们应慎重对待。计算机网络技术的迅速普及,深刻地影响着人们生活的各个方面。作为引领潮流的大学生,更是无"网"而不胜,网络对于他们是一个挡不住诱惑的新奇世界。但网络同其他科学技术一样,也是一把"双刃剑",当代大学生在享受着网络给自己带来的诸多方便与快捷、知识与乐趣的同时,其身心正承受着网络带给他们的"煎熬"。据调查统计,大学生的"触网率"在90%以上,有的高校甚至达到100%。那么,大学生上网都干什么呢？调查显示,六成大学生用网娱乐,大学生上网主要用于聊天者占34%,主要用于玩游戏者占28%,主要用于查资料者占30%,其他占8%。如此看来,62%的大学生在网上从事与学习、工作无关的活动。然而,上网娱乐对大学生所产生的副作用正日益显现,一些大学生由于长期沉溺在虚拟世界和网络游戏中,造成了现实中人际关系淡漠,学业荒废,精神委靡,体质下降……因网络而走向极端的案例在大学生群体中也屡见不鲜。要克服当前网络对大学生的负面影响,发挥其在培养人才方面的正面效应,必须大力加强网络文明教育,引导大学生明确上网的目的和意义,理智地看待网络的作用,自觉抵制网络低俗之风,文明健康地上网。在纷繁复杂的信息网络世界里,大学生网民要学会筛选有用的信息,让网络为我所用。要正视网络的负面效应,提高自身抗污染的能力。自觉养成良好的上网习惯,在时间上自己限制自己,不沉溺于脱离现实的虚拟世界,使自己不仅是计算机网络的使用者,更是计算机网络的建设者和真正的主人。

第三节 人民群众在历史发展中的作用

【案例7】

安泰和大地母亲

在古希腊的神话里,有一个英雄名叫安泰,是海神波塞冬和地神盖娅的儿子,他力大无比,谁也战胜不了他。他为什么有这么大的力量呢?据说,安泰对他的生身母亲——大地,有一种特殊的依恋之情,每当他和敌人搏斗遇到困难时,就往母亲身上一靠,于是就获得了新的力量。但是安泰的致命弱点也在这里,他最害怕别人使他离开地面。后来,果然有一个叫赫拉克勒斯的敌手,利用他的这个弱点,不让他和地面接触,就在空中把他扼死了。斯大林曾用这个故事作比喻,安泰和他的大地母亲的关系,好像个人和群众的关系。任何豪杰,都是从群众中产生的,他的力量来自群众。因此,离开了群众,他就一事无成,就会失败。

【资料来源】

http://www.stuln.com/lilunketang

【相关知识】

人民群众在历史发展中的作用;个人在社会历史中的作用。

【案例8】

邓小平评价毛泽东

1981年,黄克诚在中央纪委召开的座谈会上发表讲话,针对前一段时间,有些同志对毛泽东和毛泽东思想所采取的偏激态度,谈了自己的看法。他认为,如何认识和评价毛泽东同志,如何对待毛泽东思想,对我们党和国家来说,是一个根本的问题。他说,邓小平曾经代表中央就这个问题表示过原则的意见。小平同志多次讲,在我们党和国家的历史上,毛主席的功绩是第一位的,他的错误是第二位的。小平同志还说过,毛主席"多次从危机中把党和国家挽救过来。没有毛主席,至少我们中国人民还要在黑暗中摸索更长的时间"。在谈到毛泽东晚年的错误时,小平同志说,不能把过去的错误都算成毛主席一个人的,我们这些老一辈人也是有责任的。我们还要继续坚持毛泽东思想。他还强调指出,要从十亿人民的根本利益出发,以正确的态度来评价毛泽东。毛泽东晚年有缺点,有错误,甚至有某些严重错误。现在我们党纠正这些错误,总结我们建立全国政权以来的经验教训,当然是必要的,但我们应当有一个正确的态度。有些同志对毛泽东说了许多极端的话,有人甚至把他说得一无是处。我认为这是不对的,这样做不但根本违反事实，而且对我们的党和人民都非常不利。我觉得，对于这样关系重大的问题，决不能感情用事，意气用事。我们只能从党和国家的根本利害、从十亿人民的根本利害出，从怎样做才有利于我们的子孙后代，有利于社会主义革命事业出发来考虑问题。多少年来，举世公认毛泽东是我们党和国家的领袖，是中国革命的象征，这是合乎实际的。丑化、歪曲毛泽东，只能丑化、歪曲我们的党，丑化、歪曲我们的社会主义祖国。那样做，会危害党和国家的根本利益，危害十亿人民的根本利益。现在国内外敌对力量都希望我们彻底否定毛泽东，以便把我国人民的思想搞乱，把我们国家引向资本主义。我国人民内部也有些人受了西方个人主义、自由主义思想的影响，和那些人唱同样的调子，这是很值得警惕的。

【资料来源】

中外名人研究中心.马克思主义哲学导读[M].上海：上海人民出版社，1991

【相关知识】

评价历史人物必须坚持科学方法。

【案例9】

中国革命何去何从

在中国近现代史上，面对中国的衰败和帝国主义列强的入侵，形形色色的人们提出过五花八门的主张：以慈禧为代表的地主阶级顽固派坚持祸国殃民的"祖宗之法不可变"，以龚自珍、林则徐、魏源为代表的地主阶级改革派倡导在维护封建统治前提下的"自改革"，以曾国藩、李鸿章为代表的洋务派官僚企图实行修补封建制度的"新政"，以洪秀全为代表的农民阶级期望建立平均主义的小生产的王国，康有为、梁启超等资产阶级改良派力主"维新变法"，伟大的资产阶级革命先行者孙中山提出了资产阶级共和国的方案，中国共产党则主张通过人民革命建立一个新民主主义的中国。然而，许许多多人们的选择都完全或基本上失败了，唯有中国共产党人的选择取得了辉煌的成功，使中国开始走上独立、统一、繁荣、富强的康庄大道。

【资料来源】

武汉大学精品课教学案例

【相关知识】

社会发展的规律性；历史决定性与主体选择性。

【案例10】

"冒天下之大不韪"的小岗人

1978年11月24日晚，安徽省凤阳县梨园公社小岗生产队一间茅舍里，聚集了全队的18

户农民。他们在决定一桩关乎18户小岗人身家性命的重大事情。

小岗人是穷怕了,被逼无奈才铤而走险的。

全队18户,家家讨过饭。18户人家都有人当过生产队干部,但都没有解决好吃饭问题。上级每年都派工作队,最多时每户摊上一个工作队员,结果照样无济于事。除了1955年同国家卖过4万斤余粮外,以后的23年再没有一粒余粮可卖。1961年搞责任田,小岗人刚刚尝到甜头,但很快就被批作"复辟田",收归大队。"文化大革命"一来,一批二斗三割,搞得人心惶惶,虽然穷得响叮当,但照样要割"资本主义尾巴"。

队长严俊昌、副队长严宏昌、会计严立学,这三位都当过乞丐的汉子私下商量:如果"包产到户"能干好,咱们就豁出去了。不然,也是饿死。当晚他们召开的秘密会议,就是商议分田到户的事。

与会者都知道事情的分量,会场上鸦雀无声。一份早就拟好的保证书在每个人手中传递。大家用食指蘸上鲜红的印泥,在自己的姓名上重重地按下指印。

在一次生产队长会上,公社书记发火吼道:"刘少奇是国家主席,推行'三自一包''四大自由',怎么样?还不是活活折腾死了!你小岗尿得再高,还能有刘少奇的本事吗?"后来又硬性叫他们并到组里干,不干就不发给种子、化肥、耕牛和贷款。公社干部还匆匆向县委汇报,说小岗分田单干,搞资本主义。

县委书记听完汇报后,长叹一声,摇摇头说:"他们穷'灰'了,还能搞什么资本主义?就让他们搞到秋后再说吧!"县委的态度,保护了小岗。秋后,小岗生产队竟出现了惊人的奇迹,当年打了13多万斤粮食。这个合作化以来23年从未向国家贡献一粒粮的"三靠队",包产到户头一年,第一次向国家贡献粮食4万斤、油料2万斤,农民收入每人平均311元。

凤阳的奇迹,使人们思想开了窍,看到了农村改革的希望。

1979年春,万里专程就包产到户进行调查。在5月25日召开的省委扩大会议上,万里指出:农民为什么要包产到户,这是发展生产力的需要,也是对极"左"错误的抵抗。

1979年5月31日,邓小平同志在《关于农村政策问题》谈话中,对安徽肥西包产到户和凤阳的大包干予以坚决的支持。于是,包产到户这一家庭联产承包责任制便迅速在全国农村推开,迅速取代了人民公社的大锅饭体制。

【资料来源】

http://www.worlduc.com

【相关知识】

生产力与生产关系的辩证关系;改革在社会发展中的作用。

课后习题

一、单项选择题

1. 在社会生活中，上层建筑对于社会发展的性质取决于（　　）。
   A. 国家政权的阶级属性　　　　　B. 社会意识形态的性质
   C. 它所服务的经济基础的性质　　D. 社会生产力的性质
2. 社会历史观的基本问题是（　　）。
   A. 生产力和生产关系的问题　　　B. 社会规律和主观意识的关系问题
   C. 社会存在和社会意识的关系问题　D. 自然和社会的关系问题
3. 划分生产关系类型的基本标志是（　　）。
   A. 产品的分配形式　　　　　　　B. 生产资料的所有制形式
   C. 人们在生产中的地位　　　　　D. 生产关系与生产力的矛盾性质
4. 杰出人物的产生（　　）。
   A. 纯粹是必然的　　　　　　　　B. 纯粹是偶然的
   C. 既是必然的，又是偶然的　　　D. 有些人是必然的，有些人是偶然的
5. "谋事在人，成事在天"是（　　）。
   A. 唯物主义的历史观　　　　　　B. 宿命论的历史观
   C. 唯意志论的历史观　　　　　　D. 循环论的历史观
6. 社会精神财富的源泉是（　　）。
   A. 客观的物质世界　　　　　　　B. 脑力劳动者的集体智慧
   C. 思想家们的创造性思维　　　　D. 人民群众的社会实践
7. 生产关系范畴反映的是（　　）。
   A. 人与自然之间的关系　　　　　B. 人与人之间的政治关系
   C. 人与人之间的经济关系　　　　D. 人与人之间的思想关系
8. 先进生产力的集中体现和主要标志是（　　）。
   A. 科学技术　　　　　　　　　　B. 劳动对象
   C. 劳动者　　　　　　　　　　　D. 管理方式
9. 上层建筑的核心是（　　）。
   A. 社会意识形态　　　　　　　　B. 政治法律思想
   C. 国家政权　　　　　　　　　　D. 政体

10. "手推磨产生的是封建主为首的社会,蒸汽磨产生的是工业资本家为首的社会。"这句话是说(　　)。
    A. 生产关系对生产力的反作用　　B. 生产力直接决定生产关系
    C. 生产力决定生产关系　　　　　D. 生产力同生产关系相适应
11. 我国社会主义初级阶段实行公有制为主体、多种所有制经济共同发展的基本经济制度的理论依据是(　　)。
    A. 对立统一规律
    B. 唯物辩证法普遍联系的原理
    C. 上层建筑必须适合经济基础发展要求的规律
    D. 生产关系必须适合生产力性质的规律
12. 马克思的两个伟大理论发现是(　　)。
    A. 辩证唯物主义和历史唯物主义　　B. 阶级斗争和无产阶级专政学说
    C. 唯物史观和剩余价值学说　　　　D. 社会主义和共产主义
13. 英雄史观的理论出发点是主张(　　)。
    A. 人是社会历史的主体　　　　　B. 人的意识对社会存在具有能动作用
    C. 社会意识决定社会存在　　　　D. 社会运动受偶然性支配
14. 上层建筑对社会发展的作用性质取决于它(　　)。
    A. 是否符合经济基础的要求　　　B. 所服务的经济基础的性质
    C. 是否推动经济基础的发展　　　D. 是否符合统治阶级的愿望

二、多项选择题

1. 社会意识是社会存在的反映,表现在(　　)。
   A. 社会存在决定社会意识的内容
   B. 社会意识来源于社会存在
   C. 社会意识的发展归根到底由社会存在的发展所决定
   D. 在阶级社会中,社会意识形态是阶级利益的反映,具有阶级性
2. 社会意识的相对独立性表现为(　　)。
   A. 社会意识和社会发展的不同步性　　B. 社会意识与经济发展水平不平衡
   C. 社会意识发展具有历史继承性　　　D. 社会意识对社会存在具有反作用
3. "手推磨产生的是封建主为首的社会,蒸汽磨产生的是工业资本家为首的社会"的著名论断表明(　　)。
   A. 生产力是社会发展的最终决定力量　　B. 生产工具是生产力发展水平的客观尺度
   C. 生产力决定生产关系的产生　　　　　D. 生产力决定生产关系的性质

4. "全球问题"深刻反映了(   )。
   A. 人类与自然之间的矛盾　　　　　B. 国家与国家之间的矛盾
   C. 科学与价值之间的矛盾　　　　　D. 人与社会之间的矛盾
5. 社会革命的本义指政治革命,它(   )。
   A. 是先进阶级推翻反动阶级的统治,实现社会制度的根本变革
   B. 是阶级斗争的最高形式
   C. 是阶级社会发展和社会更替的决定性环节
   D. 解放和发展了生产力
6. 杰出人物在历史上的作用是(   )。
   A. 他们是历史事件的直接参与者、策划者和指挥者
   B. 他们是历史任务的发起者和完成历史任务的组织者
   C. 他们是历史进程的重大影响者
   D. 他们能改变历史发展的趋势
7. 无产阶级政党的群众观点包括(   )。
   A. 虚心向群众学习的观点　　　　　B. 相信群众的观点
   C. 为人民群众服务的观点　　　　　D. 对人民群众负责的观点
8. 评价历史人物的科学原则是(   )。
   A. 发动群众的方法　　　　　　　　B. 辩证否定的方法
   C. 历史分析方法　　　　　　　　　D. 阶级分析方法
9. 有人说:"世界历史好比一百个大钱,你可以摆成两座五十个的,也可以摆成四座二十五个的,还可以摆成十座十个的。"这段话的错误在于(   )。
   A. 把个人意志看成历史发展的最终原因
   B. 把历史看成是偶然事件的堆积
   C. 否定社会历史的客观性和规律性
   D. 否定了意识的能动性
10. 属于上层建筑的社会意识形式包括(   )。
    A. 政治法律思想　　　　　　　　　B. 道德
    C. 艺术　　　　　　　　　　　　　D. 宗教和哲学

三、辨析题

1. 生产力可以跨越发展。
2. 劳动发展史是理解社会全部生活发展史的钥匙。
3. 科学技术发展可以解决一切社会问题。

4. 社会意识都属于思想上层建筑。
5. 经济基础是社会发展的最终决定力量。

四、材料分析题

【材料1】 孟子曰:"民为贵,社稷次之,君为轻。"
　　荀子认为:"君者,舟也;庶人者,水也。水则载舟,水则覆舟。"

【材料2】 梁启超说:"大人物心理之动进稍易其轨而全部历史可以改观。"
　　胡适说,英雄人物"一言可以兴邦,一言可以灭邦"。

【材料3】 黑格尔认为,历史不是个人随意制造的,而是取决于某种"客观精神"。伟大人物是"世界精神的代理人",拿破仑代表了"世界精神",他"骑着马,驰骋全世界,主宰全世界"。世界历史是伟大人物和王朝的历史,"而不是一般人民的历史"。

请运用人民群众的历史作用的原理分析下面的问题:
(1)材料1的合理性和局限性。
(2)材料2和材料3的基本思想倾向。
(3)材料2和材料3的共同点。

参考答案

一、单项选择题

1. C　2. C　3. B　4. C　5. B　6. D　7. C　8. A　9. C　10. C　11. D　12. C　13. C　14. A

二、多项选择题

1. ABCD　2. ABCD　3. ABCD　4. AC　5. ABCD　6. ABC　7. ABCD　8. CD　9. ABC
10. ABCD

三、辨析题

1. 这种观点是正确的。在现代社会,生产力的发展不是单线的,可以实现生产力的跨越发展。跨越发展是有条件的,在当代中国,实现生产力的跨越式发展特别重要。

2. 这种观点是正确的。劳动在人类社会的产生和形成中起着决定作用。劳动是人类的第一个历史活动。生产劳动创造了人类社会,是人类社会存在和发展的物质基础,是人类全部社会关系的物质根源,孕育着社会有机体未来发展的一切萌芽。

3. 这种观点是错误的。这是片面夸大科学技术作用的科学技术决定论观点。

科学技术提高了人们认识世界和改造世界的能力,促进了生产力和经济的发展。但是科学技术不能解决资本主义制度固有的矛盾,不能消灭剥削和压迫,也不足以克服社会关系中的种种矛盾。上述观点否认了社会基本矛盾在社会发展中的决定作用。

4. 这种观点是错误的。社会意识都是社会存在的反映,只有反映了社会存在的经济基础的社会意识才属于思想上层建筑。

5. 这种观点是错误的。经济基础决定上层建筑,但经济基础并不是社会发展的最终决定力量。经济基础是在生产力基础上形成和发展的,是被生产力决定的。生产力才是社会发展的最终决定力量,它决定了经济基础并通过经济基础决定着全部社会生活。

四、材料分析题

(1)材料1的合理性是看到了人民群众在历史中的作用,强调一种民本主义。局限性是民本史观而不是唯物史观的群众史观,是从维护统治阶级的角度提出问题的。

(2)材料2和材料3的基本思想倾向是片面夸大杰出人物的历史功绩,否认人民群众是历史的创造者,是唯心主义的英雄史观。

(3)材料2和材料3的共同点是:主张社会意识决定社会存在,社会意识决定社会历史的发展;片面夸大杰出人物的历史功绩,认为英雄创造历史,而否认人民群众是历史的创造者,是唯心主义的英雄史观。

Chapter 4

资本主义的本质及规律

学习目标

通过本章学习,深入了解资本主义生产方式产生、发展和被取代的历史必然性;把握资本主义生产方式的本质和资本主义生产关系的实质;认识私有制商品经济在资本主义发展过程中的地位和作用;了解反映社会化大生产客观要求的经济运行一般规律;正确认识资本主义政治制度和意识形态的实质。

学习要点

1. 商品二因素与劳动二重性

商品二因素:使用价值和价值。价值是凝结在商品中的无差别的一般人类劳动。使用价值是满足人们某种需要的属性。商品的价值和使用价值之间是对立统一的关系。其对立性表现在:商品的使用价值和价值是相互排斥的,二者不可兼得;其统一性表现在:作为商品,必须同时具有使用价值和价值两个因素。

劳动二因素:具体劳动和抽象劳动。具体劳动是指生产一定使用价值的具体形式的劳动,抽象劳动是指撇开一切具体形式的,无差别的一般劳动,即人的体力和脑力消耗。它们是对立统一的关系:一方面,具体劳动和抽象劳动不是各自独立存在的两种劳动或两次劳动。它们在时间上和空间上是统一的,是商品生产者的同一劳动过程的不可分割的两个方面;利益各方面,具体劳动所反映的是人与自然的关系,它是劳动的自然属性,而抽象劳动所反映的是商品生产者的社会关系,它是社会属性。

劳动二重性决定商品二重性,生产商品的具体劳动形成商品的使用价值,抽象劳动形成商品的价值实体。

2. 价值规律及其作用

价值规律:商品的价值量由生产商品的社会必要劳动时间所决定,商品交换以价值量为基础,按照等价交换的原则进行,形成价值规律。价值规律是贯穿于整个商品经济的一般规律,它既支配商品的生产,又支配商品的流通。价值的表现形式是商品的价格围绕商品的价值上下波动。价值规律是商品生产和商品交换的基本经济规律,不以人的意志为转移。

作用:

①自发地调节生产资料和劳动力在社会各生产部门之间的分配比例。

②自发地刺激社会生产力的发展。

③自发地调节社会收入的分配。

3. 货币形成的四个阶段五种职能

商品价值形式的发展经历了四个阶段:简单的或偶然的价值形式,总和的或扩大的价值形式,一般价值形式和货币形式。货币具有五种基本的职能:价值尺度、流通手段、贮藏手段、支付手段和世界货币。

4. 劳动力成为商品

劳动力成为商品,要具备两个基本条件:

第一,劳动者是自由人,能够把自己的劳动力当作自己的商品来支配。

第二,劳动者没有别的商品可以出卖,自由得一无所有,没有任何实现自己的劳动力所必需的物质条件。

劳动力的价值,是由生产、发展、维持和延续劳动力所必需的生活必需品的价值决定的。它包括三个部分:

①维持劳动者本人生存所必需的生活资料的价值。

②为维持劳动者家属的生存所必需的生活资料的价值。

③劳动者接受教育和训练所支出的费用。

劳动力商品在使用价值上有一个很大的特点,就是它的使用价值是价值的源泉。

5. 可变资本与不变资本的区分及依据

资本是可以带来剩余价值的价值。

资本在资本主义生产过程中采取生产资料和劳动力两种形态,根据这两部分资本在剩余价值生产中所起的不同作用,可以将资本区分为不变资本与可变资本。

不变资本是以生产资料形态存在的资本,它在生产过程中被消耗,生产出新的产品。生产资料的价值通过工人的具体劳动被转移到新产品中,其转移的价值量不会大于它原有的价值量。

可变资本是用来购买劳动力的那部分资本。可变资本的价值在生产过程中不是被转移到新产品中去的,而是由工人的劳动再生产出来的。

把资本区分为不变资本和可变资本,进一步揭示了剩余价值产生的源泉。它表明,剩余价值不是由全部资本产生的,也不是由不变资本产生的,而是由可变资本产生的,即雇佣劳动者的剩余劳动是剩余价值产生的唯一源泉。

6. 剩余价值的生产方法

资本家提高对工人的剥削程度的方法是多种多样的,最基本的方法有两种,即绝对剩余价值的生产和相对剩余价值的生产。

绝对剩余价值是指在必要劳动时间不变的条件下,由于延长劳动日的长度而生产的剩余价值。资本家还用提高工人劳动强度的方法产生剩余价值。

相对剩余价值即在工作日长度不变的条件下,通过缩短必要劳动时间而相对延长剩余劳动时间生产的剩余价值。

7. 产业资本循环的三阶段及资本在其中的职能

产业资本在循环过程中要经历三个不同的阶段,与此相联系的是资本依次执行三种不同的职能。第一个阶段是购买阶段,即生产资料与劳动力的购买阶段。它属于商品的流通过程。在这一阶段,产业资本执行的是货币资本的职能。第二个阶段是生产阶段,即生产资料与劳动力按比例结合在一起从事资本主义生产的阶段,在这个阶段,生产资料与劳动者相结合生产物质财富并使生产资本得以增殖,执行的是生产资本的职能。第三个阶段是售卖阶段,即商品资本向货币资本的转化阶段。在此阶段,产业资本所执行的是商品资本的职能,通过商品买卖实现商品的价值,满足人们的需要。

案例分析

第一节 商品经济和价值规律

【案例1】

电子货币——中外银行卡的产生及作用

信用卡作为电子货币的主要形式,20世纪初起源于美国。它最早是由商家发行的。商家为了推销商品的需要,刺激购买,有选择地向一些讲信誉的客户发放了一种信用筹码,客户可以凭借这种筹码,先赊购商品,然后再用现金或是银行存款转账等来支付款项。后来,这种筹码被演变成了小小的塑料卡片,也就有了现代信用卡的雏形。由此看来,信用卡不过是一种赊购商品的许可证,最后完成交易,还是需要用支付现金或是银行存款转账等实质付款形式。

1950年,美国商人弗兰·麦克纳马拉与他的好友施奈德合作投资1万美元,在纽约创立了"大莱俱乐部",这家俱乐部后来成为著名的大莱信用卡公司。俱乐部向会员们发放了一种能够证明身份的特殊卡片,会员可以凭卡片记账,一定时期后再统一结账。这时的信用卡就已经有了清楚的现代形式了。由于信用卡使用方便,它一经创新出来,就广受社会关注。1952年,美国加州的富兰克林国民银行进入发行行列,率先发行了银行信用卡。随后,许多银行都跟之而来,信用卡迅速在美国乃至在世界流行开来。1985年,中国银行珠江分行发行了第一张"中行卡",开创了中国信用卡发行的先河。

由于受我国商业信用发展的限制,同时受社会信用体系还不健全的影响,除了几家银行发行的国际卡之外,在国内使用的完全赊账性质的信用卡直到20世纪90年代末才开始发行,大量的信用卡是不具有"信用特色的"。我国最先发行的信用卡称为"借记卡"。它的特点是在银行发卡给你之前,你必须先存足一笔钱,记录在卡中,你消费支付时,不得超过这笔钱的数额。这种卡相当于"存款卡"或者是"储蓄卡",目前,我国这种卡的数量还不少,有的就直接取名"储蓄卡"。随后发行的有"准贷记卡"。它的特点是,在银行发卡给你之前,你同样必须存一笔钱,但你在消费时,可以有限制地透支一些额度。如果你存入3 000元,而你消费时,可以达到4 500元,这样你就可以有1 500元的透支。不过,你透支通常必须支付相当高的利息,许多持卡者在透支之后,一般是尽快到银行将透支的钱补上,免得负担太多。

现在我们有了真正能够赊账用的,而且是以人民币记账,在国内使用的信用卡,它被称为"贷记卡"。你不需要存入任何钱,银行凭据你的信誉而发给你卡。当然,你的卡是有级别的,在一定时间内,并不是你花多少钱,就可以透支多少钱,有一个花钱的限制线。而且,在一定时期内,你花了钱是不用支付利息的,只有超过了期限之后,你才负担正常的利息。

商家实际上收到钱,并不是从信用卡里收到的,而是从银行收到的。这就告诉我们,你使用信用卡消费,在没有最后结算之前,你其实没有真正地花钱,但却真正地享受了商品。你完全可以享受而最后不付钱。那么,银行为什么会发卡给你呢?这就是你的信用了。信用卡的最根本之处,也就在这里。银行根据你的信用向你发卡,信用越好,你就能够得到级别越高的信用卡,如所谓的"金卡"等,你可以在付钱之前,消费到很大数额的钱。如果你有一次赖账不付,以后你就会有不良记录,就再也别想得到信用卡了。在现代经济社会中,银行尤其是大银行的信誉通常是很高的,它所发行的信用卡是商家们所放心来"刷"的,因为银行不会赖账。这样,你持有那种信誉很好的大银行发行的信用卡,就可以走遍天下。

【资料来源】

陈彩虹.钱——货币金融学漫话[M].北京:生活·读书·新知三联书店,2002

【相关知识】

1.货币是人们普遍接受的交换媒介。在各个时代,人们所认定的货币形式是不同的。原始社会的人把贝壳等实物作为货币,重商主义时代的人只认金银为货币,而21世纪的人在用电子货币。有内在价值的东西作为货币,是商品货币;没有内在价值而由政府法令所确定的货币称为法定货币,纸币就是法定货币。货币发展到今天,它已经是一个非常大的家族了;我们目前处在完全的纸币流通时代,并在向着电子货币时代进军。在现实经济生活中,商品交易或是消费所使用的货币中介,主要是国别纸币、银行支票和信用卡等。随着现代信用制度和电子技术的发展,货币形式的发展从有形到无形,逐步产生了电子货币。电子货币的主要形式为信用卡,它储藏了持卡人的姓名、银行账号等信息,放入电子计算机系统的终端机后,银行就自动记账、转账或换取现金。电子货币是一种纯粹观念性的货币,它不需要任何物质性的货币材料。储存于银行电子计算机中的存款货币使一切交易活动和结账都通过银行计算机网络完成,既迅速又方便,可以节省银行处理大量票据的费用。电子货币已经成为一些发达的市场经济国家货币流通的主要形式,在经济生活中起着越来越大的作用。

2.银行进入信用卡的发行行列,并没有改变信用卡的基本性质,它仍然还是为商家赊购商品而提供的一种身份证明和支付能力的证明。只不过,银行发行的信用卡将商家和客户之间的交易关系分为三个过程:一是商品的买卖过程,即持卡人到商店"刷卡",然后拿走商品;二是商家和银行的结算过程,即商家会将"刷卡"记录下来的金额,到银行去索取款项;三是信用卡持有人向银行付款的过程,他会在购买商品一定时间后,向银行补齐买货的钱款。信用卡的存在虽然使商家与客户之间的买卖过程实际上是复杂多了,但由此形成的经济拉动和商品销售增长,以及建立良好的信用联系和支付体系,特别是方便客户方面,有了长足的进步。从我国信用卡的发展过程中我们也能了解到,信用卡是依据信用基础而来的。没有基本的信用,就不可能有信用卡的存在和发展;而信用卡的使用反过来又有助于社会建立良好的信用关系,形成信用意识。总之,信用卡不是货币,当然也不是信用货币,但它离不开信用。你在使用信用卡时,你并没有将卡交给商家,但你已经将发卡银行的信用、你的信用交出去了。

3.信用卡作为一种电子货币,习惯上通常被人们称为"信用货币"(实质上不是信用货币,信用货币是从事物表面现象看问题的一种提法),而一种"信用货币"的信用力量的大小,也就是人们是不是乐意接受的普遍程度,在于货币背后确定的经济价值支持力度的大小。如果有哪一天,某种信用货币得不到制度支持了,再精美的信用卡、再快速的电子数字,也就不是货币了。

【案例2】

"羊吃人"的圈地运动

在15世纪以前,英国的生产主要还是以农业为主,纺织业在人们的生活中,还是个不起眼的行业。新航路的开辟和"地理大发现",引起了商路和商业中心的大转移,原来贸易发达的地中海区域逐渐冷落,欧洲大西洋沿岸熙熙攘攘,成为新兴的国际贸易中心,从而刺激了这一地区的工业发展和资本繁殖。在多佛尔海峡两岸,英国和佛兰得尔的毛纺织业与呢绒业空前兴旺。毛纺织业的迅猛发展,使得羊毛的需求量逐渐增大,市场上的羊毛价格开始猛涨。英国本来是一个传统的养羊大国,这时除了满足国内的需要外,还要满足国外的羊毛需要。因此,养羊业与农业相比,就变得越来越有利可图。这时,一些有钱的贵族开始投资养羊业。养羊需要大片的土地。贵族们纷纷把原来租种他们土地的农民赶走,甚至把他们的房屋拆除,把可以养羊的土地圈占起来。一时间,在英国到处可以看到被木栅栏、篱笆、沟渠和围墙分成一块块的草地,被赶出家园的农民,则变成了无家可归的流浪者,这就是圈地运动。

托马斯·莫尔身处英国"圈地运动"高潮时期,曾经亲眼目睹了"圈地运动"带给农民的灾难。他在自己的名著《乌托邦》中写道:"绵羊本来是那么驯服,吃一点点就满足,现在据说变成很贪婪很凶蛮,甚至要把人吃掉,把你们的田地、家园、城市要踩蹋完啦。"

圈地运动首先是从剥夺农民的公共用地开始的。在英国,虽然土地早已有主,但森林、草地、沼泽和荒地这些公共用地则没有固定的主人。一些贵族利用自己的势力,首先在这里扩大羊群,强行占有这些公共用地。当这些土地无法满足贵族们日益扩大的羊群需要时,他们又开始采用各种方法,把那些世代租种他们土地的农民赶出家园,甚至把整个村庄和附近的土地都圈起来,变成养羊的牧场。在这种强行的圈地运动中,农民以前以各种形式租种的土地,无论是以前定下的终身租地,还是每年的续租地,都被贵族强行圈占了。这些成为牧场主的贵族们还互相攀比,使他们的牧业庄园变得越来越大。英国的圈地运动从 15 世纪末叶开始,一直延续到 19 世纪上半叶,前后历时 300 余年。英国全国一半以上的土地都变成了牧场。在圈地运动的发展过程中,虽然英国国王也进行了一定程度的限制,颁布了一些企图限制圈地程度的法令,但这些法令并没起多大的作用,反而使圈地日益合法化。

为了使被驱逐的农民很快地安置下来,英国国王在颁布限制圈地法令的同时,也限制流浪者,目的是让那些从家园中被赶出来的农民,去接受工资低廉的工作。凡是有劳动能力的游民,如果不在规定的时间里找到工作,一律加以法办。通常,对于那些流浪的农民,一旦被抓住,就要受到鞭打,然后送回原籍。如果再次发现他流浪,就要割掉他的半只耳朵。第三次发现他仍在流浪,就要处以死刑。后来,英国国会又颁布了一个法令,规定凡是流浪一个月还没有找到工作的人,一经告发,就要被卖为奴隶,他的主人可以任意驱使他从事任何劳动。这种奴隶如果逃亡,抓回来就要被判为终身的奴隶。第三次逃亡,就要被判处死刑。任何人都有权将流浪者的子女抓去做学徒,当苦役。亨利八世和伊丽莎白两代国王统治时期,曾经处死了大批流浪的农民。圈地的结果,使英国的农民数量越来越少,失去土地的农民只好进入城市,成为城市无产者。为了活命,他们不得不进入生产羊毛制品的手工工场和其他产品的手工工场,成为资本家的廉价劳动力。在这种手工工场里,工人的工资十分低,而每天则要工作十几个小时。18 世纪后,英国国会通过了大量的准许圈地的法令,最终在法律上使圈地合法化,英国农民的人数为此减少到了有史以来的最低数量。

【资料来源】
《〈马克思主义基本原理概论〉课教学案例解析》高等教育出版社,2007 年

【相关知识】
　　资本主义原始积累；资本主义生产方式的产生。

【案例3】

皮尔发财梦的破灭

　　什么是资本？资本常以物的形式表现出来，如厂房、机器设备、原材料、燃料和辅助材料等，而这些生产资料一定是资本吗？马克思在《资本论》第25章《现代殖民地理论》中，为了说明这个道理，转述了一个叫威克菲尔德的英国经济学家描述的一个脍炙人口的故事，这就是不幸的皮尔的故事。

　　皮尔是一个非常有远见的英国资本家。他经过认真细致的考察，发现新荷兰（澳大利亚）的斯旺河物产富饶，所以他预测着到那里投资，一定为他带来丰厚的利润。于是他把价值5万英镑的生活资料和生产资料从英国带到斯旺河去。并同时带去了工人阶级的3 000名男工、女工和童工，企图在那里赚取剩余价值。可是，英国工人一到物产富饶、极易谋生的澳大利亚，就纷纷离开，结果皮尔先生竟连一个替他铺床或到河边打水的仆人也没有了。看来，即使拥有货币、生活资料、机器以及其他生产资料，但没有资本主义的生产关系，就丢失了雇佣工人这个补充物，货币、机器以及其他生产资料也就仅仅是一般的生产资料而已，它们不能成为资本。

　　马克思于是幽默而讽刺地说："不幸的皮尔先生，他什么都预见到了，就是忘了把英国的生产关系输出到斯旺河去！"

【资料来源】
　　《〈马克思主义基本原理概论〉课教学案例解析》高等教育出版社，2008年

【相关知识】
　　资本的本质；资本是一个历史性范畴。

第二节　资本主义经济制度的本质

【案例4】

劳动力黑市

　　徜徉于城市街头，在某些地方，我们常常可以看到三五成群的人们，一些人手中提着"木工""瓦工""厨师"等的木牌或木片、纸片，另外有一些人正在跟他们讨价还价。当管理部门的执法人员一来，那些人就作鸟兽散；执法人员一走，他们又卷土重来。有关部门伤透了脑筋，想尽了办法，各级劳动部门和工商管理部门进行了多次的协商、研究和讨论，先后使用过驱赶、清理、劝说等办法对其进行解决，可以说是软硬兼施，但均未见效。后来，有关部门提供各种优惠的政策，希望通过降低加入正规劳动力市场的成本，吸引劳动力离开黑市。即使如此，民工们

仍然在黑市上寻找活干。为什么在全国范围内普遍存在着这种现象,而且长期得不到解决;劳动力黑市的存在在产生一些副作用的同时,有什么必然性和合理性,应该如何采取正确的对策对其进行有效的引导,将其纳入正常的轨道,使劳动力市场健康、有序地发展,这是值得人们深思的一个问题。

【资料来源】

黄志强.劳动力黑市:症结何在?[N].21世纪经济报道,2001-06-25

【相关知识】

1. 劳动力市场作为劳动力资源配置的场所、渠道和领域,自然而然地形成了。但是,由于人们受传统思想的影响,观念还比较陈旧、落后,束缚了劳动力市场的正常发展,即劳动力市场的发展严重滞后,从而使劳动力黑市就不可避免地存在并发生作用。制约劳动力市场发展的诸多因素中,除观念问题外,主要是体制因素和信息问题。

2. 劳动力市场存在着流动性障碍,首先是由体制性的原因造成的。体制性的原因导致劳动力市场的交易成本太高。这里的劳动力交易成本太高,主要不是指职业介绍费,而是指行政性限制太多。比如在南京,你要在职业介绍所找工作,除了要有身份证以外,还必须有户籍所在地政府发放的外出务工证,结婚的还要有计划生育证,诸多证件必须齐全。办证成本不仅包括办证的价格,也包括办证的"交易成本",比如劳动力在办证过程中因为主管部门人员"寻租"而额外支付的费用。在许多地方层层加码,甚至连村委会也要前来收取务工费。最后,旨在"规范"农村劳动力流动和就业的证件,成为某些部门和人员"寻租"的手。在办证成本非常高的情况下,仅仅降低职业介绍费而不取消证件限制,要吸引黑市劳动力复归到正规劳动力市场,是十分困难的,甚至是不可能的。劳动力市场存在流动性障碍的另外一个原因是信息方面的原因。信息的对称性、流畅性、准确性是劳动力市场发展的必要条件。我国目前一方面存在着劳动力市场的信息严重不对称的问题。由于通信、信息基础设施不完善,以及劳动者的知识层次差异,存在着较大的信息不对称,导致交易费用较高。劳资双方难以达成稳定、公正的就业协议。比如,对大量农村打工者,由于相关经济、法律等知识的欠缺,大量非法的、损害劳动者利益的就业契约出现,造成劳动力市场混乱。而另一方面,存在着信息不流动的问题。缺乏相应的流动机制和设施,信息流动空间狭窄,获取信息的成本高,导致劳动力市场的信息,如供求状况、价格信号难以迅速有效地传播到雇主和雇工,使得企业难以及时补充,同时,人才滞留在低效的地方,得不到利用。比如,在许多地方,求职渠道单一,仅靠就业中心求职,而许多就业中心受到利益驱使,提供的信息却往往是虚假的、过时的,使得求职者难以分辨企业的优劣。另外,信息不准确的情况也比较严重。由于信息在传递过程中存在着人为的扭曲,地方就业指导部门在信息方面没有纠正措施,导致信息不正确、不全面。这就使得企业错误估计供求状况,制定不合理的工资价格,而供给者也错误地判断需求状况,盲目流动。比如,近年来农村的打工潮,受到错误信息的驱使,就有盲目流动的趋势。

3. 我国劳动力黑市出现,并有不断蔓延的趋势。关键在于,在劳动力流动的限制得到解除的同时,并没有消除对劳动力相关权利的限制。一方面,试图通过市场机制调节劳动力供求;另一方面,却对劳动力行政限制不加以解除。这样,劳动力黑市自然难免。我国之所以要对劳动力市场实行管制,主要不是因为劳动力市场失灵,而是源自计划经济的惯性。而解决劳动力黑市问题的唯一出路,就是彻底消除一切不正当的管制,开放市场,自由竞争。市场经济是开放式的,劳动力作为市场中最活跃的要素必然要流动起来,雇主对劳动力成本的价格比较促进了这种流动。打工的要找饭碗,雇主要尽量减少雇工成本,这一切都要通过劳动力自由流动和劳资双方双向选择来实现。另外,在劳动力供过于求的现状下,限制劳动力自由流动(户籍的限制)也收不到实际效果。所有的用人单位无不想降低雇工成本,使用外来民工比使用本地工省钱还省事。再说,雇工单位在一座城市成千上万,谁用外来工、谁用本地工,政府根本无法统计。有人担心,放开管制会带来无序,实际上并非如此,劳动力会从切身利益考虑问题,不断地调整自己的行为,使劳动力的盲目性流动逐渐消失。事实正好相反,黑市是因管制而生,因放弃管制而亡的。保障秩序的条件不是管制,相反,是充分自由的选择。所有这一切都应从转变观念入手,引导企业和劳动者向市场观念转变,培养新型就业择业观念,改革就业和相关体制,规范就业指导,拓宽信息基础渠道,保证信息的对称性、流畅性和准确性,强化市场配置劳动力资源的主导作用,促进劳动力市场的健康发展。

【案例5】

"啃吃饭时间"

英国1850年制定的现行(1867年)工厂法规定,一周平均每个工作日为10小时,即一周的前5天为12小时,其中包括法定的半小时早饭时间和一小时午饭时间,做工时间净剩10.5小时;星期六为8小时,其中有半小时早饭时间。为了监督法律的执行,设置了专门的工厂视察员,直属内务部,他们的报告由议会每半年公布一次。让我们听一听这些工厂视察员的报告吧。"狡猾的工厂主在早晨6点前1刻就开工,有时还要早些,有时稍晚些,晚上6点过1刻才收工,有时稍早些,有时还要晚些。他把名义上规定的半小时早饭时间前后各侵占5分钟,一小时午饭时间前后各侵占10分钟。星期六下午到2点过1刻才收工,有时稍早些,有时还要晚些。这样每周多出来5小时40分钟,每年以50个劳动周计算(除掉2周作为节日或因故停工),共为27个工作日。……这里捞一点时间,那里捞一点时间,一天多出一小时,一年12个月就变成13个月了。"

资本"零敲碎打地偷窃"工人吃饭时间和休息时间的这种行为,又被工厂视察员叫作"偷占几分钟时间","夺走几分钟时间",工人中间流行的术语,叫作"啃吃饭时间"。

【资料来源】

百度文库·教育专区·高等教育·哲学案例15:"狼一般地贪求剩余劳动"

【相关知识】

剩余价值的生产;绝对剩余价值。

【案例6】

1929年美国股灾

20世纪以来,美国历经数次由泡沫引发的股灾,其中以1929年和2000年的股灾最为严重。为更好地认识这两次以及任何股市泡沫可能带来的破坏性后果,这里我们重温1929年股灾后的大萧条。

飞扬的20年代

20年代被当时人称为"新时代",财富和机会似乎向刚在一战中获胜的美国人敞开自己吝啬的大门。"人人都应该富裕",通用汽车公司总裁发表了他对新时代的看法。胡佛总统也认为:"我们正在取得对贫困战争决定性胜利的前夜,贫民窟即将从美国消失。"

股市泡沫的培植、经济超速增长常常是技术发展、制度变迁和社会氛围等众多因素作用的结果,美国20年代的经历完整地体现了这些因素的作用。以美国制造业为例,1920年开始,美国制造业飞速发展了10年。1921年的指数水平为67,而1929年的该指数已经到了119点,制造业保持了超过6%的增长速度。1929年10月股市崩溃后,到1932年该指数仅有63点,比起1929年高峰时跌了47%。

就工业技术而言,一战当中和以后老的石油和钢铁工业得到长足发展,而新兴技术引发的汽车、电气和飞机工业革命方兴未艾。战争中发展的科学技术对民用经济的推动效果明显。如果我们用投资于新设备和新工厂的资本数量来衡量技术的加速发展和推广速度,我们发现1915年用于新设备和新工厂的投资约为6亿美元,而到了1918年,这一数字已到25亿美元,增长率超过300%!新工厂的建设和新设备的投入使用,为制造业的加速发展打下了基础。福特汽车公司总裁亨利·福特的话形象地表达了当时工业界对技术进步和资本扩张的自信,"美国人现在可以得到他们想要的任意款式、任意色彩的福特汽车"。

除了技术创新,科学管理方法的应用、劳动生产率的提高、政府与大企业的密切关系、信用消费形成等因素都促进了整个20年代的经济腾飞,同时也使人们对未来的预期更加非理性,使股市泡沫继续膨胀。提高了的劳动生产率使工人的工资水平也有了大幅度上升,消费能力增强,这反过来又进一步刺激了生产供应商采用更大规模的标准化生产、采用更新的技术和更大范围的运用科学管理模式,进而反过来又提高了劳动生产率和工资水平、促进更高的消费。整个社会的生产—消费形成了一个自我增强的循环机制。

整个社会对新技术和新生活方式趋之若鹜,"炫耀性消费"成为时代潮流。当时人们追求的消费包括收音机、电影、新型电器(吸尘器,冰箱和洗衣机等)、汽车等等。"新时代"不仅改变了人们的生活,而且深刻地改变了美国的社会结构。

20年代对经济前景的自信更集中地体现在股票市场。在股市最狂热的1929年夏,美国封闭基金的价格远远超过其资产净值,比二战后封闭基金平均溢价60%,这意味着资产的价格远远高于资产的价值。

像任何一次金融危机一样,1929年的危机前同样是一片欣欣向荣。社会中涌动的暗流,像银行不良资产增加、社会财富分配不公、社会信用受到破坏、上市公司行为扭曲,都被节节攀升的股市和对幸福未来的预期冲得无边无影。

苦难的 30 年代

长达 10 年的大牛市把道指从 70 多点推到了 360 多点。在股市最高峰来临前曾经有个短暂的调整期。1929 年 3 月的指数略低于 2 月指数水平,但是没有人相信股市会下跌。

然而,这一切还仅仅是开始。股灾中,摩根银行试图托市,政界、工业界、银行界的头面人物也纷纷出面表示对经济的信心,但这都稳定不了投资者恐慌的情绪。由于整个国家的经济基础在过去 10 年股市扩张中受到严重伤害,可怕的连锁反应很快发生:疯狂挤兑、银行倒闭、工厂关门、工人失业、贫困来临、有组织的抵抗、内战边缘,20 年代的美梦对美国人而言已经是明日黄花。

1929 年经济危机另一显著特色是危机很快从美国蔓延到其他工业化国家。各国为维护本国利益,加强了贸易保护的措施和手段,这进一步加剧恶化了世界经济形势,是第二次世界大战爆发的一个重要根源。

大萧条造成了严重的社会问题,最重要的问题是失业。失去工作不仅对个人造成了经济和精神痛苦,而且失业者的家庭也因此变得不稳定。大萧条中结婚率比正常年份下降了 15%,而离婚率也降低了 25%。历史学家发现离婚率降低的主要原因是夫妻双方不愿意承担分居后的住房费用。大萧条期间出生的新生儿长期缺乏营养和医疗护理;约有 200 万至 400 万中学生中途辍学;大量的无家可归者栖身于铁道边简易的纸棚;许多人忍受不了生理和心理的痛苦而自杀;社会治安恶化。火药味最浓的事件是 1932 年的"向华盛顿进军"。两万多名老兵由于没有拿到抚恤金,在华盛顿搭建起他们的"临时城市",发誓除非政府拿出钱来,否则他们不会离开。惊恐的胡佛总统下令麦克阿瑟和艾森豪威尔率领军队驱散老兵,这是美国历史上一次非常不光彩的用武力对付和平请愿的事件。

【资料来源】

百度文库

【相关知识】

资本主义的基本矛盾;资本主义经济危机;资本积累的历史趋势。

【案例 7】

成本节约——企业盈利的关键

由于资本的流动和部门之间的竞争形成了成本价格,对于企业而言,为了获得更多的利润,必须降低成本。在市场经济条件下,成本的节约是企业生存的关键,这一点适用于所有性质的企业,当然,国有企业也不例外。邯郸钢铁"细"处多努力,做成"大文章",就是一个例子。有人说,靠着"节约",邯郸钢铁(以下简称邯钢)成功地进入了上市公司 50 强。邯钢的"节约"就是国有企业向管理要效益的典范。邯钢的"节约"首先是一种思想、一种认识,是从企业领导到企业员工的自觉行为。有一次,邯钢三轧钢厂的职工发现,为了使产品的包装质量符合公司要求,修卷减去的线材头尾一个月达上百吨,由此造成的损失超过了6万元。为了降低成本,职工自发对卷线机进行了技术改造,在充分保证包装质量的前提下,轧用量降低了40%。像这样的例子,在邯钢数不胜数,而正是从这些小处着手,邯钢"节约"下来一笔笔巨款;最终构筑起一个上市公司50强公司。邯钢的"节约"靠的是制度和机制,是优秀的企业管理水平。"节约"二字,说时容易做时难。近8年来,邯钢坚持不懈地深化、完善"模拟市场核算,实行成本否决"的管理机制,生产成本不断下降,企业效益逐年上升,其成功的成本控制背后,实质上是企业优秀的管理水平。几年来,在邯钢实现的利润中,靠消化减利因素、挖潜增效的约占总额的三分之一。

邯钢的"节约"不是被动的,更不是收缩性的,相反,它已经成为企业不断健康发展的动力源泉。邯钢将成本控制应用于技术改造和项目建设,使得"节约"又成为企业发展的动力。邯钢曾想引进一台高速线材轧机,但后来经过测算,只引进了其关键的精轧部分和控冷部分,其余由国内配套制造,这样,仅花了6 000万元,节约了几亿元资金。8年间,邯钢技改投资44亿元,先后进行了20多项大、中型技改,新增钢的综合生产能力190万吨,吨钢投资2 400多元,仅为新建钢厂吨钢投资的40%左右。统计显示,邯钢的技改一般比别的同型设备改造少投入30%~50%的资金,而效益却多出50%。目前,邯钢在冶金行业的44项主要指标中,75%进入全国前三名,其中十余项列第一位,实现净利润已居全国第二位。

靠着"节约",靠着从细微之处加强管理,靠着练就的一身基本功,邯郸钢铁把握了市场经济中企业的生存法则,从而能够在近几年不甚景气的钢铁行业中立于不败之地,成为国有企业改革的一面旗帜。邯钢的成功向我们述说了这样的道理:一个企业,唯有重其"细"、重其"微",才能真正得其"强"、得其"大"。

【资料来源】
扬州大学《马克思主义基本原理概论》精品课资源

【相关知识】
1. 在充分的市场竞争中,非垄断厂商很难通过调整价格来提高利润,增加利润的根本办法是成本的节约。

2. 在市场经济条件下,所有的企业都要根据市场的供求情况进行生产经营决策,不论何种性质的企业,都不拥有任何形式的特权。如何才能在市场竞争中获得良好的经济效益,邯郸钢铁的做法值得推广。事实上,邯郸钢铁并没有什么起死回生的灵丹妙药,也并未开发利润率较高的新产品,只是通过节约生产中各个环节的成本,从而实现扭亏为盈。邯郸钢铁扭亏为盈的案例证明,只要管理科学、经营得当,国有企业完全能够在激烈的市场竞争中立于不败之地。

第三节 资本主义的政治制度和意识形态

【案例8】

美国两党竞选资金将超十亿美元

当地时间5月5日,英国《泰晤士报》撰文称,2004年美国总统大选将打破美国竞选历史上的一项纪录,即候选人筹集的竞选资金总数可能将首次超过10亿美元。

克里竞选资金迅速增长

2 500万美元推出120秒广告

2004年美国总统之争将激烈到何种程度?看看两党候选人筹集的资金数量就可以略知一二。2005年3月份,布什轻松开出一张1 000万美元的支票,在17个州播放120秒广告。这样的大手笔,令媒体感到吃惊。然而,就在短短两个月时间内,克里做出了令媒体感到更加震惊的举动。本周内,克里阵营推出了120秒的两个竞选广告,在全美19个州播放3个星期,广告总额高达2 500万美元,是布什3月电视广告费的2.5倍,同时创下了美国总统大选单笔广告费用的最高纪录。

根据克里竞选班子的通告,克里在4月底已经提前实现了原定的战略目标,轻松筹集到8 000万美元资金,再加上克里去年争取民主党提名时筹集的2 500万美元余资,竞选资金已经达到了1.05亿美元。这个数字让布什阵营感到意外。

两党竞选资金还要翻番

驴象将打破历史纪录

在克里竞选资金一路飙升的同时,布什在竞选资金筹集方面也是捷报频传。布什2004年初曾经制定了一个1.75亿美元的筹资指标,然而到目前为止,布什已经拿到手的竞选资金就已经超过1.7亿美元,与目标十分接近。分析家认为,按照目前的情况分析,布什在11月2日大选前总共持有的资金可能达到3.5亿美元至7亿美元之间。而从克里的势头看,拿下2亿美元似乎已经不成问题,如果后期宣传效果好,资金总额可能达到3亿~5亿美元。这样计算,2004年大选中,两位候选人的竞选资金总额可能会达到10亿美元,创下总统大选竞选资金的最高纪录。2000年的大选,驴象两党的竞选资金只有不到3亿美元。

进入21世纪,美国总统大选与钞票的关系越来越紧密。早在1860年,林肯的竞选经费总额仅为10万美元,而76年后的罗斯福时代,民主党和共和党的竞选费用总和为1 400万美元。

而且,总统筹集到的竞选经费,仅仅是竞选总开销的一小部分。在竞选期间,有很多利益团体,会通过其他方式,赞助驴象两党的竞选活动。2000年布什参选的时候,总开支破纪录地达到30亿美元。

至于2004年,美国大选会花多少钱还是个未知数,不过,几乎所有的分析家都认为,从今年的竞选势头看，超过30亿美元的纪录将十分轻松。

【资料来源】

中国网2004年5月6日(http://www.china.com.cn/)

【相关知识】

"金钱是政治的乳汁。"美国一位著名政治家的这个论断被广为引用。

美国竞选公职的候选人一般靠四种资金来源，一是公民直接捐款，二是来自竞选人所属的政党，三是来自利益集团，四是候选人自己及其家人的资产。自从20世纪70年代以来，有些选举，特别是总统选举，还有第五种资金来源，即政府公共经费。

政党趁机大搞宣传

对电视广播媒体的日益依赖，加上政治运作的专业化，使竞选费用不断增加。在2000年大选中，总统候选人的费用达6.07亿美元，国会议员候选人的开支略超过10亿美元。但是，随着政党和利益集团在向选民的直接宣传中扮演越来越重要的角色，候选人个人为选举造声势而支付的经费在全部选举费用中所占的比例逐渐减少。在如今的选举中，政党和利益集团既为他们中意的候选人捐款，也更直接地把资金用于最大限度地扩大他们自己对选举的影响。这种情况使监督选举资金流动变得更加困难，尤其是对规范非候选人直接控制的经费而言。

竞选经费三原则

自20世纪70年代以来，美国联邦竞选财务法主要依据三项主要原则，它们适用于所有的总统和国会选举。这三项原则如下：

将财务运作公开。联邦机构定期公布报告，显示捐款总额以及对200美元以上的捐款的详细分类。

禁止某些经费来源。财团公司、全国银行和工会长期以来被禁止用其经费。限制经费来源。个人在一次选举中，可以为一个候选人捐款2 000美元。政治行动委员会在每次选举中可为一位候选人提供5 000美元。

【案例9】

金钱操纵下的民主

金钱在美国政治中的主导作用非常明显，选举实际上沦为金钱的竞赛。2002年中期选举期间，竞选电视广告费高达9亿美元，比2000年大选还多。据美联社对联邦选举委员会提供的数据分析，2002年中期选举结果，95%的众议院席位和75%的参议院席位被竞选开支最多的候选人赢得。美联社2002年8月30日的报道称，为了争取对参众两院的控制权，美国现任总统亲自出马为共和党中期选举筹集资金，仅2002年一年就为共和党筹集竞选资金近1.1亿美元，创下美国竞选筹资的新纪录。美国的法官选举也像是一场金钱竞争。2000年时，只有2个州的法官候选人购买了电视广告，而在2002年中期选举中，9个州的州最高法官候选人购买了电视广告。

据统计，美国选民参加总统大选的比率在近40多年来总体上呈下降趋势。1960年，总统大选的参选率为62.8%，到2000年，估计只有51.2%。而2002年美国国会中期选举时有60%的合格选民没有参加，参选率仅为40%。由美国民权律师委员会等机构资助、对加州三个城市少数族裔选民进行的调查显示，几乎所有被调查者都对金钱能买通政治感到厌倦，不想参与政治。亚裔选民认为金钱对政治影响过大，不公平；黑人和拉丁族裔感到被关在政治门外，成为政治的牺牲品。美国一向标榜的"新闻自由"在2002年受到多方面的批评。2002年2月21日国际新闻学会公布的年度报告指责美国破坏新闻自由，认为"布什政府在阿富汗战争期间对待媒体工作的方式，以及试图压制独立媒体言论自由的做法，是2001年最令人惊奇的事情"。《华盛顿邮报》两名资深人士出版的《危机中的美国新闻》一书指出，追求利润的做法破坏了美国新闻界的使命感，"大多数业主和发行商强行要求编辑人员更多地关注利润高低，而不是关注新闻好坏"。2002年5月2日，无国界记者组织发表的《世界新闻自由》年度报告揭露，自"9·11"事件以来，美国在反恐斗争中向新闻界施加压力，限制了新闻自由。2002年8月6日，美国的一家媒体公布了一份"公众要媒体闭嘴"的调查报告，结果表明，69%的人认为媒体有偏见，2/3以上的美国人表示不相信媒体的报道。

【资料来源】

国务院新闻办公室《2002年美国的人权记录》

【相关知识】

美国一向以"民主典范"自诩，向世界兜售其民主模式。实际上，美国的"民主"始终是少数富人的民主。正如《国际先驱论坛报》2002年1月24日的一篇文章所指出的："美国的问题是金钱控制政治。"金钱在美国政治中的主导作用非常明显，选举实际上沦为金钱的竞赛。"金钱政治"使越来越多的美国民众失去了参与政治的热情。

课后习题

一、单项选择题

1. 商品的本质因素是(　　)。
   A. 使用价值　　　　　　　　B. 价值
   C. 交换价值　　　　　　　　D. 价格
2. 生产商品的劳动分具体劳动和抽象劳动，其中具体劳动的作用是(　　)。
   A. 创造新价值　　　　　　　B. 创造剩余价值

C. 创造必要价值　　　　　　　　　　D. 创造使用价值

3. 社会必要劳动时间是在现有的社会正常生产条件下，在社会平均劳动熟练程度和劳动强度下制造某种使用价值所需要的劳动时间，它是以（　　）。

　　A. 具体劳动为尺度的　　　　　　　　B. 简单劳动为尺度的
　　C. 复杂劳动为尺度的　　　　　　　　D. 个别劳动为尺度的

4. 商品经济是通过商品货币关系实行等价交换的经济形式，它的基本规律是（　　）。

　　A. 价值规律　　　　　　　　　　　　B. 剩余价值规律
　　C. 竞争规律　　　　　　　　　　　　D. 货币流通规律

5. 马克思说："一切商品对它们的所有者是非使用价值，对它们的非所有者是使用价值。"这句话表明（　　）。

　　A. 有使用价值的不一定有价值
　　B. 商品的使用价值是对它的购买消费者而言的
　　C. 商品所有者同时获得使用价值和价值
　　D. 商品是使用价值和价值的对立统一

6. 如果部门劳动生产率下降，同一劳动在单位时间内创造的（　　）。

　　A. 使用价值量减少，单位产品的价值量增加
　　B. 使用价值量减少，单位产品的价值量减少
　　C. 价值量增加，单位产品的价值量增加
　　D. 价值量减少，单位产品的价值量减少

7. 商品内在的使用价值与价值的矛盾，其完备的外在表现是（　　）。

　　A. 商品与商品之间的对立　　　　　　B. 私人劳动与社会劳动之间的对立
　　C. 商品与货币之间的对立　　　　　　D. 资本与雇佣劳动之间的对立

8. 价值规律是商品经济的基本规律，它的作用是通过（　　）。

　　A. 生产者之间的竞争实现的
　　B. 消费者之间的竞争实现的
　　C. 生产者和消费者之间的竞争实现的
　　D. 价格机制、供求机制和竞争机制实现的

9. 在商品经济中，形成价值的抽象劳动的支出必须借助于（　　）。

　　A. 具体劳动　　　　　　　　　　　　B. 剩余劳动
　　C. 商品的生产形式　　　　　　　　　D. 资本主义生产方式

10. 商品生产者要获得更多收益必须使生产商品的（　　）。

　　A. 个别劳动时间等于倍加的社会必要劳动时间
　　B. 个别劳动时间等于社会必要劳动时间
　　C. 个别劳动时间大于社会必要劳动时间

D. 个别劳动时间小于社会必要劳动时间
11. 资本循环的三种职能形式是（   ）。
    A. 产业资本、商业资本、借贷资本
    B. 固定资本、流动资本、生产资本
    C. 货币资本、生产资本、商品资本
    D. 不变资本、可变资本、流通资本
12. 资本主义经济危机的实质是（   ）。
    A. 生产过剩的危机
    B. 生产不足的危机
    C. 生产相对过剩的危机
    D. 生产绝对过剩的危机
13. 资本主义经济危机呈现出周期性的原因在于（   ）。
    A. 资本主义基本矛盾
    B. 资本主义基本矛盾运动的特点
    C. 资本主义的基本矛盾周期性
    D. 资本主义再生产的周期性
14. 最鲜明体现资本主义国家实质的国家职能是（   ）。
    A. 政治职能
    B. 经济职能
    C. 社会职能
    D. 对外交往职能
15. 资本主义法制的核心是（   ）。
    A. 民法
    B. 宪法
    C. 刑法
    D. 行政法
16. 资本主义国家的选举的实质是（   ）。
    A. 资产阶级和无产阶级分权
    B. 每个公民都能通过竞选参与政治活动，表达自己的愿望和要求
    C. 协调统治阶级内部利益关系和矛盾的重要措施
    D. 人民当家做主
17. 资本主义政党制度的实质是（   ）。
    A. 允许工人阶级及其政党参与国家政治生活
    B. 允许马克思主义政党独立执政
    C. 不受资本主义国家政权的资本主义性质制约
    D. 资产阶级选择自己的国家管理者，实现其内部利益平衡的政治机制
18. 资产阶级意识形态的核心是（   ）。
    A. 文学、艺术和宗教
    B. 道德、伦理
    C. 政治思想和法律思想
    D. 哲学、历史

二、多项选择题

1. 关于所有制和所有权的关系，下列说法正确的是（   ）。
    A. 所有制是所有权的基础
    B. 所有权是所有制的基础

C. 所有制决定着所有权,所有权是所有制的法律形态,它是反映着经济关系的意志关系

D. 同一种所有制可以有不同的所有权

2. 价值是商品的本质属性,它(   )。

   A. 是凝结在商品中的抽象劳动   B. 是商品的社会属性
   C. 是交换价值的基础   D. 反映商品生产者之间的社会关系

3. 生产商品的劳动二重性是指(   )。

   A. 个别劳动   B. 社会劳动
   C. 具体劳动   D. 抽象劳动

4. 货币的本质通过它的职能体现出来,货币有多种职能,其中最基本的职能是(   )。

   A. 价值尺度   B. 流通手段
   C. 支付手段   D. 贮藏手段和世界货币

5. 一切商品都包含着使用价值和价值两个因素,商品是使用价值和价值的统一。这表明(   )。

   A. 缺少使用价值和价值任何一方面,都不能成为商品

   B. 没有使用价值就没有价值

   C. 有使用价值,但不是劳动产品,也不是商品

   D. 有使用价值,也是劳动产品,但只是供生产者自己消费,也不是商品

6. 价值规律的内容和要求是(   )。

   A. 商品的价值量由生产商品的社会必要劳动时间决定

   B. 商品交换以商品的价值量为基础

   C. 商品交换必须实行等价交换

   D. 价格围绕价值上下波动

7. 价格受市场供求的影响,围绕价值上下波动,不是对价值规律作用的否定,而是价值规律作用的表现形式,这是因为(   )。

   A. 商品交换都是按照价格与价值相一致的原则进行的

   B. 从商品交换的总体看,价格总额与价值总额是相等的

   C. 从商品交换的较长时间看,价格与价值是趋于一致的

   D. 各种商品价格的波动,是以各自的价值为基础的

8. 在新的历史条件下,与马克思所处的时代相比,深化对创造价值的劳动的认识主要有(   )。

   A. 劳动的科技含量和知识含量增加了

   B. 科技人员和管理人员的劳动在劳动总量中的比重增加了

   C. 农业劳动已成为物质生产劳动的基本形式

   D. 在总的劳动消耗量中物化劳动的比重增加而活劳动的比重相对减少了

9. 单位商品的价值量和生产这种商品的（　　）。
   A. 劳动生产率成正比　　　　　　B. 社会必要劳动时间成正比
   C. 劳动生产率成反比　　　　　　D. 社会必要劳动时间成反比
10. 劳动力商品的价值包括（　　）。
    A. 维持劳动者生存所需要的生活资料价值
    B. 劳动者维持生产所必需的生产资料价值
    C. 养育子女所需要的生活资料价值
    D. 劳动者的教育和培训费用
11. 反映资本家对工人的剥削程度的公式是（　　）。
    A. 剩余价值/可变资本　　　　　　B. 剩余价值/全部预付资本
    C. 剩余劳动时间/必要劳动时间　　D. 年剩余价值量/预付可变资本
12. 资本主义基本矛盾主要表现在（　　）。
    A. 各个企业内部生产的有组织性和整个社会生产无政府状态之间的矛盾
    B. 社会生产无限扩大的趋势与有支付能力的需求相对狭小的矛盾
    C. 无产阶级与资产阶级之间的矛盾
    D. 生产社会化和生产资料资本主义私人占有形式之间的矛盾
13. 资本主义政治制度包括（　　）。
    A. 资本主义的民主与法制　　　　B. 政治组织形式
    C. 选举制度　　　　　　　　　　D. 政党制度
14. 资本主义法制的基本原则有（　　）。
    A. 私有财产不可侵犯　　　　　　B. 主权在民
    C. 人民当家做主　　　　　　　　D. 分权制衡
15. 资产阶级意识形态的本质是（　　）。
    A. 在一定程度上代表了人民的意志和愿望
    B. 集中地体现了资本主义国家文化的精华
    C. 是为资本主义社会形态的经济基础服务的
    D. 是资产阶级意识的集中体现
16. 我们可以借鉴的资本主义意识形态的理论有（　　）。
    A. 关于人类政治生活客观规律的探索
    B. 关于经济运行一般规律的揭示
    C. 关于思维规律的研究
    D. 关于司法实践历史经验的描述

三、辨析题

1. 现实中,商品的市场价格常常与价值不符,是对价值规律的否定。

2. 利用价值规律的作用,就能自动地实现资源的最优配置。
3. 劳动力的使用价值是其价值的源泉,并且是大于它自身价值的源泉。
4. 资本不是一种物,而是一种以物为媒介的人和人之间的社会关系。

四、材料分析题

1.【材料】 19世纪中期马克思写《资本论》时,当时发达的资本主义国家英国的工资水平,约比德国、俄国等大陆国家的工资高出50%。从那时到现在,经过一百多年的发展,资本主义世界各国的工资水平,仍然存在较大的差距。试用马克思主义关于资本主义的有关原理,说明资本主义各国工资水平存在差距的主要原因。

2. 运用马克思关于社会总资本再生产的有关原理,分析我国经济生活中存在的部分生产资料和消费资料供过于求对社会再生产的影响以及对策。

3.【材料】 美国是当今最发达的资本主义国家,但却仍然存在着失业工人。据美国劳工部宣布,1992年5月份950万人失业,失业率达7.5%。

试用马克思主义的有关原理,阐明工人失业现象是资本主义制度的必然伴侣。

参考答案

一、单项选择题

1. B 2. D 3. B 4. A 5. B 6. A 7. C 8. D 9. A 10. D 11. C 12. C 13. B 14. A 15. B 16. C 17. D 18. C

二、多项选择题

1. ACD 2. ABCD 3. CD 4. AB 5. ABCD 6. ABC 7. BCD 8. ABD 9. BC 10. ACD 11. AC 12. ABC 13. ABCD 14. ABD 15. CD 16. ABCD

三、辨析题

1. 这种观点是错误的。价值规律要求商品交换遵循等价交换原则,即要求价格与价值相一致。但在现实的商品交换中,由于受供求关系变化的影响,价格常常会偏离价值而与价值不一致;另一方面,由于价格变化又反过来会影响供求关系,使价格不会偏离价值太远,并使偏离的价格向价值回归。因此,从较长时间看,价格虽然有时高于价值有时低于价值,但总是围绕价值这个中心波动。这不但不是对价值规律的否定,而正是价值规律得以发挥作用的表现形式。

2. 这种观点是错误的。价值规律的积极作用表现在：第一，自发地调节生产资料和劳动力在社会各部门之间的分配，从而调节生产和流通，使生产和销售、供给和需求保持大体平衡；第二，促使商品生产者改进技术，改善经营管理提高劳动生产率；第三，促使商品生产者展开竞争。价值规律作用的形式表现为商品的价格受供求关系影响围绕着价值上下波动。生产者在价格的引导和利益的驱动下，必然将资源从投入过多、商品供过于求、价格低、获利减少的部门，向资源投入少、商品供不应求、价格高、获利多的部门转移，从而起到自动调节社会资源配置的作用。

但是，价值规律的调节即市场机制有其自身弱点和消极方面：市场机制的启动，是基于微观经济主体对自身近期局部利益的追求；市场信息反馈的只是资源配置的方向而非精确的数量，而且具有滞后性；它不能自发地实行国民经济总量平衡和稳定增长，对某些社会效益重于经济效益的经济活动难以达到预期的目的，甚至会导致垄断，妨碍自由竞争，造成资源的巨大浪费等。市场的这些缺陷和不足，需要国家对市场的宏观指导和调控来弥补和克服。计划和市场的有机结合，才有可能实现资源的最优化配置。

3. 这种观点是正确的。一般商品在消费过程中，随着使用价值的消失，它的价值也会消失，或者转移到新产品中去。劳动力商品则不同，劳动力的使用价值就是进行生产劳动的能力，它的使用和消费就是劳动，而劳动能形成价值，因此劳动力商品使用价值的特点在于它是剩余价值的源泉。剩余价值的本质就是雇佣工人创造的价值中超过劳动力价值以上的而被资本家无偿占有的部分，它的源泉是雇佣工人的剩余劳动。货币转化为资本的过程，既在流通领域进行（以流通为媒介，在市场上买到劳动力这种特殊商品），又不在流通领域进行（剩余价值是在使用劳动力的生产过程中产生的），整个过程的关键在于劳动力具有特殊的使用价值，能创造出大于自身价值更大的价值，劳动力的使用能为其购买者创造剩余价值。价值增殖的秘密就在这里。劳动力商品的这种特殊的使用价值，对货币转化为资本具有决定性意义。资本家购买到这种特殊商品，才能获得剩余价值。

4. 这种观点是正确的。资本是自行增殖的价值，是能够带来剩余价值的价值。在现实生活中，资本总是表现为一定的物，例如货币、机器设备、商品等，但这些物本身并不是资本，只有在一定的社会关系下，这些物被用来从事以获得剩余价值为目的的生产活动，也就是成为带来剩余价值的手段时，它才成为资本。所以马克思强调指出，资本的本质不是物，而是在物的外壳掩盖下的一种社会生产关系，即资本主义剥削关系。

四、材料分析题

1. （1）马克思关于资本主义工资原理表明，工资的本质是劳动力价值，其货币表现是劳动力价格。但从表面看，工资却取得了"劳动的价值或价格"的转化形式，掩盖了资本主义的剥削关系。

（2）劳动力商品的价值是由生产者生产商品的社会必要劳动时间决定的。劳动力商品价值决定的特点在于，它可以还原为维持劳动者自身生存、延续后代所必需的生活资料价值，以及劳动者接受教育和训练所支出的费用等。劳动力价值的特点在于，它包含着历史和道德的因素。劳动者物质文化生活需要的水平，受到自然条件、民族特性和社会经济文化、历史发展等各方面因素的影响。凡是影响劳动力价值的各种因素都会影响工资水平。

(3)各国工资水平的差距，主要是由各国经济文化发展水平，以及各国工人阶级形成和发展的历史条件等因素决定的。无产阶级为提高工资而进行的斗争，对整个工资水平有重要意义。一般说来，经济文化发展水平较高的国家，其工资水平高于经济文化发展水平较低的国家。因此，资本主义各国的工资水平，过去存在差距，现在仍然存在差距。

2.(1)马克思认为，社会总资本再生产的核心问题是社会总产品的实现问题，即社会总产品在价值上得到补偿，在实物上得到替换。部分产品供过于求，表明这部分产品没有通过市场交换实现价值上的补偿和实物上的替换，从而影响社会总产品的实现。

(2)马克思把社会生产划分为生产资料生产和消费资料生产两大部类，认为两大壁垒之间相互依存，相互制约，要求按比例协调发展；生产资料的供给与需求之间，消费资料的供给与需求之间均应保持平衡。部分生产资料和消费资料供过于求，影响两大部类内部和两大部类之间的比例均衡，影响社会再生产的顺利进行。

(3)按照马克思关于社会总资本再生产的上述原理，应坚持市场需求组织生产，应对我国现有产业结构进行合理调整，使生产资料、消费资料的供给与需求基本平衡，实现社会再生产按比例协调发展。

3.近几年美国经济一直不景气，失业人数时多时少，但始终存在着失业现象。运用马克思主义相对人口过剩形成的原理才能正确分析这个问题。相对过剩人口是指资本主义制度下劳动力商品的供给超过了资本对它的需求，形成多余的过剩人口。它表现为资本主义社会的失业工人。相对过剩人口是资本积累的必然结果。随着资本积累的发展，资本有机构成在不断提高。这必然造成两种对立的趋势：资本对劳动力需求的相对减少；社会上劳动力的供给在增多。两种趋势的发展，会使劳动力商品供过于求，形成相对过剩人口，相对过剩人口又是资本主义生产方式存在和发展的必要条件。

Chapter 5

资本主义的发展及其趋势

学习目标

本章重点在于让学生了解资本主义发展的历史进程,要求学生认识到垄断资本主义是自由资本主义发展到一定阶段的产物,掌握当代资本主义政治经济新变化及其原因实质,正确认识社会主义代替资本主义的历史必然性。

学习要点

1. 金融资本与金融寡头

金融资本:金融资本是由工业垄断资本和银行垄断资本融合在一起而形成的一种垄断资本。银行垄断资本和工业垄断资本,通过金融联系、资本参与和人事参与,密切地融合在一起,产生了一种新型的垄断资本,即金融资本。

金融寡头:金融寡头是指操纵国民经济命脉,并在实质上控制国家政权的少数垄断资本家或垄断资本家集团。金融寡头在经济领域中的统治主要是通过"参与制"实现的。所谓参与制,即金融寡头通过掌握一定数量的股票来层层控制企业的制度。金融寡头对国家机器的控制,主要是通过同政府的"个人联合"来实现的。金融寡头还通过建立政策咨询机构等方式来对政府的政策施加影响,并通过掌握新闻出版、广播电视、科学教育、文化体育等上层建筑的各个领域,以左右国家的内政外交及社会生活。

2. 国家垄断资本主义的形成、作用、形式

形成:国家垄断资本主义的形成和发展不是偶然的,它是科技进步和生产社会化程度进一步提高的产物,是资本主义基本矛盾进一步尖锐化的必然结果。首先,社会生产力的发展,要求资本主义生产资料在更大范围内被支配,从而促进了国家垄断资本主义的产生。其次,经济波动和经济危机的深化,要求国家垄断资本主义的产生。最后,缓和社会矛盾,协调利益关系,要求国家垄断资本主义的产生。

作用:

首先,国家垄断资本主义的出现在一定程度上有利于社会生产力的发展。

其次,资本主义国家凌驾于私人垄断资本之上,代表整个垄断资产阶级的利益,调节经济过程和经济活动,这在一定范围内突破了私人垄断资本的狭隘界限。

再次,通过国家的收入再分配手段,使劳动人民生活水平有所改善和提高。

最后,在国家垄断资本主义的参与和干预下,各主要资本主义国家的农业、工业、商业、通信及交通运输业的现代化水平迅速提高,社会生产和社会生活的面貌改观,加快了这些国家国民经济的现代化进程。

形式:第一种是国家所有并直接经营的企业。第二种是国家与私人共有、合营企业。第三种是国家通过多种形式参与私人垄断资本的再生过程。第四种是宏观调节和微观规划。

3. 经济全球化的表现、动因及后果

表现:①生产的全球化;②贸易的全球化;③金融的全球化;④企业经营的全球化。

动因:①科学技术的进步和生产力的发展;②跨国公司的发展;③各国经济体制的变革。

后果:

积极方面:在经济全球化进程中,社会分工得以在更大的范围内进行,资金、技术等生产要素可以在国际社会流动和优化配置,由此可以带来巨大的分工利益,推动世界生产力的发展。

①对于发达国家来说,由于发达资本主义国家在经济全球化进程中占据优势地位,在制定贸易和竞争规则方面具有更大的发言权,控制一些国际组织,所以发达资本主义国家是经济全球化的主要受益者。

②对于发展中国家来说,经济全球化使资源在全球范围加速流动,发展中国家可以利用这一机会引进先进技术和管理经验,以实现产业结构的高级化,增强经济的竞争力,缩短与发达国家的差距,吸引外资,扩大就业,使劳动力资源的优势得以充分发挥;也可以利用不断扩大的国际市场解决产品销售问题,以对外贸易带动本国经济的发展;还可以借助投资自由化和比较优势组建大型跨国公司,积极参与经济全球化进程,以便从经济全球化中获取更大的利益。

消极方面:发达国家与发展中国家之间的差距扩大;发展中国家在经济全球化进程中获益很少,有的甚至有被边缘化的危险,发展资金匮乏、债务负担沉重、贸易条件恶化、金融风险增加以及技术水平的落后,使发展中国家总体上处于更为不利的地位;在经济增长中忽视社会进步,环境恶化与经济全球化有可能同时发生;各国特别是相对落后的国家原有的体制、政府领导能力、社会设施、政策体系、价值观念和文化都面临着全球化的冲击,国家内部和国际社会都出现不同程度的治理危机;经济全球化使各国的产业结构调整变成一种全球行为,它既为一国

经济竞争力的提高提供了条件,同时也存在着对别国形成依赖的危险;各国经济发展的不平衡不断加剧,贫者愈贫、富者愈富的现象在继续发展。

案例分析

【案例1】

离奇的微软垄断案

初临战火

1974年,刚刚创建的微软公司即致力于为个人电脑编制基础软件。1980年,该公司被选择为国际商用机器公司(IBM)的个人电脑设计操作系统,从此事业发展突飞猛进,并逐渐发展成为全球磁盘操作和视窗操作软件制造领域的霸主。

由于微软公司发展速度之快超乎想象,早在1990年,美国联邦贸易委员会就对该公司是否把MS-DOS与应用软件捆绑在一起销售展开调查,后来,由司法部接手继续调查。这一时期正值微软开发"视窗"操作系统之际,许多软件厂商认为该软件将使微软更加具有不公平的竞争优势。于是,司法部把调查重点放在了视窗系统上。直到1994年7月,美国政府与微软达成一项协议,微软同意不再要求计算机制造商将其视窗操作系统作为必备软件安装,从而结束了长达一年多的调查。

烽烟再起

就在微软官司缠身的时候,全球因特网服务领域崛起了一批优秀企业,其中最著名的就是美国的网景公司和太阳微系统公司。对该领域不甚重视的比尔·盖茨很快就意识到自己的失误,立即全力补救。1995年5月,比尔·盖茨对该公司的互联网战略进行了调整。11月,微软推出"探索者"2.0版。之后,微软要求个人电脑制造商如要安装视窗95操作系统就必须在该系统上安装"探索者"浏览器。微软以后推出的视窗操作系统,直接内含"探索者"浏览器。微软公司还投资参与了"空中因特网计划",拟将288颗低轨卫星送上天,形成一个覆盖全球的通信网。这一做法使网景公司的市场份额从80%降到62%,微软的份额则从零猛增至36%,招致网景等公司的极大不满,也引起司法部的注意。

1997年10月,美国司法部再次起诉微软公司,12月,美国地区法官托马斯·杰克逊签发禁止令,要求微软公司不得勒令计算机生产商安装视窗95操作系统必须同时安装其IE 4.0浏览器软件。1998年5月,美国司法部和20个州(南卡罗来纳州后退出)联合提出诉讼,声称微软公司非法阻止其他软件厂商与其进行正当竞争以保护其软件的垄断地位,控告微软公司违反美国的反垄断法。6月23日,一个由3名法官组成的上诉委员会取消了杰克逊法官对视窗95操作系统软件的限制令,称微软公司有足够的理由将浏览器软件与操作系统软件捆绑销售。

1998年10月20日,司法部向哥伦比亚地方法院递交了上告微软的诉状,认为该公司将安装IE浏览器作为电脑制造商申请"视窗95"使用许可条件的做法严重违反了1995年签订的协议,应对其课以巨额罚款。两个月后,哥伦比亚地方法院驳回这一要求,但宣布了另一项临时裁定:禁止微软把安装IE浏览器作为个人电脑制造商申请其操作系统使用许可的条件。但1999年5月12日,哥伦比亚地方上诉法院裁定,微软的"视窗98"不受该项禁令的影响。6月23日,上诉法院做出终审裁决,认定哥伦比亚地方法院的禁令是错误的,并判决微软无罪。

开庭审理

由于上诉法院5月12日的裁决对司法部大为不利,5月18日,司法部和20个州政府又分别向哥伦比亚地方法院递交诉状,指控微软公司违反反垄断法。在经过几个月的多方取证之后,10月19日,这桩备受世人瞩目的"微软不正当竞争案"正式开庭审理。

案件的审理是围绕1995年6月21日微软与网景之间的一次会议展开的。司法部的目的是,证明微软公司为维护自己的特许经营权以及开拓新市场,非法利用其业已拥有的市场优势,打击竞争对手。在司法部的传讯下,美国在线公司(AOL)提供了对微软极为不利的证据,证明微软公司在1995年的那次会议上,曾企图非法阻止网景公司的浏览器进入视窗软件市场。AOL作证说,微软在会上要求网景放弃与该公司的竞争,并给IE浏览器更多的市场份额。作为回报,网景将成为微软的一个特殊合作伙伴。如果网景拒绝这一要求,微软就会联合其他大公司将其摧毁。随后,AOL又提供了1996年AOL和微软的一次会议纪要,其中记载着盖茨曾试图说服该公司与微软结盟,以压制网景公司。

之后,为了证明盖茨是1995年会议的幕后主使,司法部律师戴维·博伊斯拿出1999年8月27日与盖茨的面谈录像带,随后,博伊斯又出示了微软在1995年的会议之前就已拟好的内部文件。文件显示,盖茨曾积极督促公司经营决策人员与网景达成有关交易。

在反垄断案审理的第二天,微软对司法部的指控奋起反抗。在开庭陈述中,公司首席律师约翰·沃登提出抗辩,指出微软从未提议网景停止设计适合"视窗95"使用的"导航者"浏览器,更没有以此方式提出瓜分市场的建议。在1995年的会议上,微软公司只是努力寻求与网景公司建立"战略性"伙伴关系,谋求达成合作协议,而没有任何瓜分市场的意图。

事实认定——垄断行为

1999年11月5日,美国联邦地区法院法官托马斯·杰克逊宣布事实认定,称微软公司对"windows"操作系统的垄断性销售行为损害了消费者、计算机生产商和其他相关公司的利益。

随后的5个月中,波斯纳法官召集微软公司和州以及司法部的代表进行调解。由于双方的方案差距太大,2000年4月1日,波斯纳法官宣布调解失败。

2000年4月3日,杰克逊法官在华盛顿宣布,微软公司通过"反竞争手段"来维持其对个人电脑操作系统的垄断,并滥用这一垄断力量来谋取对网络浏览器市场的垄断,被判违反《谢尔曼反垄断法》。5月24日,有关微软垄断案的最后一次听证会在华盛顿结束,为了阻止其垄断行为,微软公司有可能面临被分为三个公司的可能。2000年6月,哥伦比亚特区地方法院法官托马斯·杰克逊判定:微软公司违反反垄断法,应将其一分为二,一家公司主营个人电脑的操作系统,另一家经营IE浏览器、办公应用软件等。

新的转机——微软不被拆分

微软不服,提出上诉。2001年6月28日,美国多伦比亚特区联邦上诉法院以7:0的表决结果驳回联邦地方法院法官杰克逊做出的将微软公司分割为两家公司的判决,但维持该公司在个人电脑操作系统市场具有垄断力量的事实认定。上诉法院的判决终究消除了笼罩在微软上空的分割阴云,微软躲过了分拆危机。

微软垄断案出现转机也许涉及某种政治原因。据有些媒体报道微软在上诉高等法院的同时,还聘请现任总统小布什的资深顾问利德作为说客,小布什当时就公开表示反对分割微软。在2000年美国大选中,微软公司还大量增加了政党捐款,总数达到110万美元,其中捐给共和党的占60%。由于小布什在竞选时就表态同情微软公司,所以在他当选总统后,虽不直接干涉法院事务,但通过舆论给司法部门形成压力造成对微软有利的形势。

2001年9月6日,美国司法部宣布,将不再寻求通过分割的方式来处罚微软公司,同时还将撤销有关微软非法将其网络浏览器和"视窗"操作系统捆绑在一起的指控,从而使这一历史性的反托拉斯案件再次出现新的转折。司法部做出上述声明后,微软公司的股票随即上涨。司法部表示,做出上述决定是为了简化这一案件,以便法院尽快拿出对微软的有效处罚措施。新的处罚判决将结束微软的违法行为,防止微软再次违法,以恢复操作系统市场的竞争状态。

11月,微软公司与司法部和9个州达成和解方案,但哥伦比亚特区及其他9个州仍不同意这一和解协议,他们誓言要将反垄断案进行到底。

美国当地时间2001年11月12日,北京时间11月13日,美国地区法官科琳·科拉正式接受修正后的微软公司和解方案。这场持续四年之久、错综复杂的反垄断案最终以微软大获全胜而告终,同时,这一裁决也被美国司法部长称为消费者和企业的重大胜利。

【资料来源】

沈晓楠,杨慧民."马克思主义基本原理概论"课教学案例[M].修订版.北京:高等教育出版社,2008

【相关知识】

垄断从自由竞争中产生,为了保护竞争又必须打击垄断。微软垄断案的离奇过程,揭示了经济垄断和政府反垄断行为对社会经济的深远影响,并反映了当代发达资本主义国家的垄断和竞争的关系。

创新来自竞争,为了确保信息产业在全球竞争中的霸主地位,美国政府对微软的垄断行为进行了遏制。先是因担心微软公司的磁盘操作和视窗操作软件制造领域的强势发展可能影响竞争,于是对其展开调查。后来,因为微软公司与司法部达成一项限制微软公司控制市场的协议,调查才算告一段落。微软垄断案烽烟再起,则缘于微软公司与网景公司关于浏览器的竞争。微软公司采用的捆绑浏览器销售视窗操作系统的做法,冲击了网景公司等企业的市场占有率,微软公司因此被控告并经法院审理认定违反美国的反垄断法。

新世纪伊始,美国经济特别是IT业陷入全面衰退。为了抗击经济衰退、推动美国经济的发展,美国又希望把几个信息企业做大做强,加上政治方面的原因,美国政府和微软的和解协议于是又应运而生。

综上分析,当代发达的市场经济国家,依然要运用反托拉斯法来调节社会经济,垄断条件下的竞争依然存在而且变得更加复杂和剧烈。市场机制是市场经济国家配置资源的主要方式,竞争有利于技术创新和制度创新。因此,为了提高自身的综合国力和国际竞争力,发达资本主义国家要通过限制垄断来促进市场竞争。而当其经济衰退的时候,发达资本主义国家又会缓解对垄断的控制。总地来说,促进和维护市场竞争是其主流。

【案例2】
谁来为经济全球化买单

经济全球化是一把双刃剑,当你正在享受经济全球化带来的好处时,也许其背后的祸端已经悄然升起。

金融动荡可控吗?

在经济全球化过程中,不少国家的对外贸易依存度已超过30%,个别国家则达到了50%~60%。在这种环境下,经济波动和危机的国际传染便成为经常性的而且是不可避免的事情。1997年泰国的汇率危机,很快传染到整个东南亚地区以及韩国和日本,从而形成严重的地区性金融危机,随后又波及俄罗斯和拉美地区,形成了事实上的全球性金融动荡。

国际游资的存在是全球经济不稳定的重要根源之一。作为一种超越国界的巨大的金融力量,国际游资一次又一次地扮演了全球性金融动荡的制造者或推动者,扮演了危机传染的主要媒介物。20世纪60年代的美元危机,70年代初布雷顿森林体系的瓦解,80年代初的拉美债务危机,90年代初的欧洲货币体系危机,1994年的墨西哥汇率危机,1997年的东南亚金融危机,每次都令人震惊地表现了国际游资的巨大破坏力。

经济主权如何安置?

欧盟经济体发展的历程表明,随着一体化程度的逐步提高,各成员国经济主权独立性则不断下降。从早期的关税同盟,统一农产品价格,汇率联合浮动,到单一货币欧元出现以后的统一金融政策,无不说明各成员国的财税和货币主权已逐渐让渡给超国界的欧盟协调机制。

对于欧盟以外的世界其他国家来说,在经济全球化的过程中,其经济主权(特别是在财税和货币政策方面)的独立性,同样面临越来越严峻的考验。这种考验大致有两种不同的形式。一种是经济主权的主动让渡。从关贸总协定(现为世界贸易组织)的历次减税和贸易自由化谈判,到发生金融危机的国家为了得到国际货币基金组织的援助被迫进行的经济调整,都是一定程度上的主权主动让渡。另一种是跨国私人经济力量对经济主权的侵蚀。其最为典型的例子就是跨国公司。由于跨国公司的战略目标很少会同东道国的经济发展目标完全一致,因而它们对于东道国为了实现既定的发展目标采取的许多政策措施经常表现出一种本能的抵抗和规避。利用转移定价(Transfer Pricing)进行合法避税已为世人熟知,通过这种手段或其他渠道在国际间进行大规模资金转移对东道国货币金融政策的消极作用同样难以让人忽视。许多国家的经验表明,在汇率动荡时期,跨国企业常常是大规模货币投机的主要责任者。

自20世纪90年代初以来,随着各国资本账户的逐渐开放,不少国家(特别是新兴市场国家)的货币政策独立性受到严重挑战。在资本流动日益自由化的形势下,这些国家感到了保持货币政策独立性和维持汇率稳定之间的激烈冲突,同时也深深感受到了保持货币独立性的艰难和巨大代价。1992~1993年导致英镑退出欧洲汇率机制的欧洲货币体系危机,1994年的墨西哥比索危机,1997年的泰国汇率危机以及巴西汇率动荡,十分清楚地表明了这种冲突和由此产生的连带反应。在上述危机过程中,几乎每个国家最终都勉强保持了货币政策的独立性,但同时在汇率动荡方面付出了巨大的代价。

事实上,对于在资本自由流动条件下一国能否保持货币政策的独立性这个问题,早就有人做过堪称经典性的论述。20世纪60年代初,J. Marcus Fleming和Robert Mundell曾在各自的论文中先后谈到,资本完全流动的条件下,一国将面临货币政策独立性与汇率稳定两者之间的明显矛盾。他们认为,一国政府最多只能同时实现下列三项目标中的两项:完全的资本流动性、货币政策独立性和固定汇率制。上述结论被后人称为"蒙代尔三角"。这个分析框架清楚地显示,在经济全球化过程中,由于资本的自由流动不可避免地成为一种基本经济现象,因此,一国要想保持汇率的稳定,必须在一定程度上向跨国私人资本让渡货币主权,或者必须以汇率的经常性动荡换取货币主权的独立。

在经济全球化中,谁是最大的受益者?

世界银行《2000—2001年世界发展报告》的主题是"与贫困做斗争"。该报告指出,1960年,最富裕的20个国家的人均GDP是最贫穷的20个国家的18倍,1995年扩大到37倍。联合国贸发组织公布的数字也证明了世界上穷国与富国间的收入差距在不断拉大,而且速度在加快。1950年,最富裕的国家与最贫穷的国家人均收入比为35∶1,1973年为44∶1,1997年为727∶1。富国人均年收入超过2万美元,而在贫穷国家还有13亿人每天生活费不到1美元。全球最不发达的国家从20世纪70年代的25个增加到1997年的48个,这些国家人口占世界人口的13%。

世界银行专家对世界120个国家财富分配情况进行全面调查,并在其官方网站公布了题为《国家财富在何处?》的调查报告,结果表明,世界上最富裕的国家瑞士人均财富几乎是最贫穷的国家埃塞俄比亚人均财富的330倍,今后这一趋势还将得到延续。

世界银行在进行专项调查时,不仅考虑国民生产总值水平、人均收入等传统因素,还非常重视自然资源的利用程度、环境损害规模、劳动力价值等。结果是,瑞士高居世界富国榜首,人均648 241美元,之后是丹麦(575 138美元)、瑞典(513 424美元)、美国(512 612美元)、德国

(496 447美元)、日本(49 324 1美元)、奥地利(493 080美元)、挪威(473 708美元)、法国(468 024美元)、比利时和卢森堡(各451 714美元)。世界上最贫穷的国家是埃塞俄比亚,人均1 965美元,其次是布隆迪(2 859美元)、尼日尔(3 695美元)、尼泊尔(3 802美元)、几内亚比绍(3 974美元)。

芭比娃娃有多贵?

据统计,中国出口到美国的主要是劳动密集型产品,如鞋类.服装.纺织和玩具等,还有低技术和低资本产品,如自动处理设备.电器电子加工产品等。一篇题为《美国人24小时离不开中国货》的文章介绍:早晨6点闹钟响了,美国进口的闹钟有2/3来自中国;中午锻炼穿的运动鞋有近50%是中国生产的;晚间熄灯,床头灯和办公室的台灯一样有将近50%是中国制造的。美国出口到中国的主要是技术含量高、附加值高的制成品和农产品。其中最说明问题的是鞋子换飞机的事例。按旅游鞋每双3美元计算,换一架美国波音飞机中国要出口5 000多万双鞋。

据美国《洛杉矶时报》介绍,美国从中国进口一个芭比娃娃玩具是2美元,其中原料产自中东地区,在美国得克萨斯州和中国台湾加工为半成品,包装材料是美国的,假发是日本生产的,加上运输费共1.65美元,中国的加工费仅0.35美元,而每个芭比娃娃玩具在美国市场的售价是9.99美元。又如,美商最近开发出一种可发声的地球仪,既可做儿童玩具又可做小学生学习用具,美商以每件40美元将订单下给香港公司,香港公司以每件20美元将订单下给一家广东外贸公司,广东外贸公司以每件15美元(成本费12美元)将订单下给广东和江苏企业,美商拿到产品后以每件72美元卖给美国商场,美国商场零售价高达88美元。还有,2002年中国对美家具出口达28.9亿美元,增幅为75%。中国向美国出口的家具中,约60%是美国家具,即不少产品从原料到工艺.样式都完完全全是美国货,只是在中国组装后,再运回到美国销售。据美国北卡罗来纳大学的研究显示,一个集装箱的家具从中国运到美国的运费和加工费共2 800美元,但是,销售价格仍比在美国组装加工的便宜20%~30%。

【资料来源】

沈晓楠,杨慧民."马克思主义基本原理概论"课教学案例[M].修订版.北京:高等教育出版社,2008

【相关知识】

经济全球化是一个充满矛盾的进程,它在产生积极效应的同时,也会产生消极的后果。

首先,世界经济的运行风险加大。在经济全球化进程中,各国经济的相互依赖性增强,一个国家的内部失衡会反映成外部失衡,并将其他国家不同程度地引入失衡与危机的境地;市场经济的自发性和盲目性无限膨胀,加大了各国政府宏观调控的难度,影响资本管制的有效性,为国际游资利用各种渠道方便地绕过或躲避资本管制,并在国际金融市场上兴风作浪提供了可乘之机。

其次,各国经济主权的独立性正面临日益严峻的考验。经济全球化是一个跨越国界的经济逐渐发展的过程,它要求国家减少干预,让渡部分经济决策权,由全球协调和仲裁机构去实行。在这个过程中,国家的某些经济主权被淡化,跨国公司的作用越来越大,对发展中国家的民族工业无疑是巨大的冲击,一些弱小的发展中国家经济有可能被发达国家和跨国公司所控制。

最后,贫富差距正进一步扩大。经济全球化本质上是一个全球范围内的市场化过程,虽然几乎所有参与全球化过程的国家在不同程度上从中受益,但并不意味着利益均沾。作为资本和先进技术的主要拥有者,发达国家总是处于全球化的中心地位。这使它们在价格制定方面具有主导权,使它们在与处于边缘地位、作为劳动主要拥有者的发展中国家进行交换时获得更多的利益,使财富越来越向少数国家或少数利益集团集中。

如何使经济全球化成为世界各国"共赢"的经济全球化,是国际社会面临的重大课题。

【案例3】

如果他们打喷嚏,美国绝对会感冒!

有一个形象的比喻,说"如果他们打喷嚏,美国绝对会感冒"。这里的"他们"指的就是美国大名鼎鼎的十大财团,正是这几个为数不多的财团控制着美国经济、政治、文化等各个领域。

19世纪初,美国开始了产业革命,到1890年,美国工业总产值超过了英、法、德等国,跃居世界第一。工业的蓬勃发展加速了生产和资本的集中。集中发展到一定阶段,就自然而然走到垄断。1893年经济危机,一些企业被兼并,一批垄断企业因而产生,例如1901年创立的美国钢铁公司就是这次企业兼并的产物。它是美国第一家"十亿美元公司",控制700多家企业,垄断了全国钢的生产,年产量占全国总产量的65%。

在工业生产迅速集中的过程中,银行资本也更为集中。19世纪末,纽约出现了金融实力雄厚的3家人寿保险公司和两家商业银行(纽约第一国民银行和纽约花旗银行)。它们各自控制着几十家商业银行和保险公司,形成了强大的金融垄断组织,开始与工业资本融合,洛克菲勒财团和摩根财团就是这样诞生的。20世纪初,洛克菲勒财团和摩根财团已控制了美国全部国民财富1 200亿美元的1/3左右。

在两次世界大战中,美国财团获得惊人的发展,由此产生的垄断达到了空前未有的高度。具体表现在:

(1) 生产的高度集中。据美国《幸福》杂志的统计,1954~1969年美国500家最大的工矿企业的产品销售额,在产品的总销售额中所占的份额,从46%增加到65%;雇用人数在全国雇员总数中所占份额,从46%增加到71%;全国工矿产品销售总额的2/3集中在只占企业总数的0.1%的大企业手里。这500家最大的工矿企业约有86%属于十大财团。

(2) 资本越来越集中。1901年首次出现"十亿美元公司"时,银行资本、工业资本均已相当集中,并已开始融合。第二次世界大战后,资本集中程度更高。金融界在20世纪80年代竟出现了千亿美元的银行,如第一花旗银行和美洲银行。财团的垄断势力随着各财团的经济实力迅速膨胀而日益加强,控制着美国政治、经济及社会生活的各个方面。

财团除靠所属企业积累资金、扩大企业的生产能力之外,还依靠企业的兼并而扩大规模。自第二次世界大战到70年代末,曾掀起三次企业兼并的高潮,每经过一次兼并,财团的经济实力就得到一次增强,更加提高了它们对国民经济的垄断程度。美国经济的各个部门,无不受到各大财团的控制和支配。

战后美国垄断财团经历了深刻的变化,最显著的是:

财团经营多样化。美国财团最初是按经济部门发展起来的,具有专业化的特点。例如洛克菲勒财团以石油起家,摩根财团依靠钢铁发展起来,杜邦财团则是依赖化学发迹的。但至第二次世界大战之后,尤其是自20世纪70年代以来,由于科学技术的日新月异及财团之间的竞争加剧,各大财团转向经营多样化,成为综合性的财团。随着经营多样化的发展,各财团所控制的工商企业五花八门,各色俱全,彼此之间的利害不尽相同,甚至互相冲突,使财团无法代表它们各自的利益,更难进行统一的指挥,只好放松控制,所以今天的财团内部的关系日趋松散。

财团互相渗透。它们派遣人员互兼董事,使财团之间的关系错综复杂,界限不易划清。过去美国的大公司、大企业一般只受一家财团的控制,近年来,经过各财团的渗透,一家公司往往变成由几家财团共同控制的公司。

财团资本进一步国际化。美国财团不仅要将美国经济置于它们的统治下,而且还要向国外扩张势力,在国际范围内建立它们的垄断地位。战后以来,美国各财团大力扩大它们的经济活动范围,由一国扩展为多国。由于资本的进一步国际化,跨国公司不但获得迅速发展,而且在世界经济活动中的地位越来越重要,美国各大财团所控制的大公司.大企业.大银行,几乎没有例外地都已成为名副其实的跨国公司。

公司的经营权和所有权逐渐分离。"能人主义"在美国工矿企业中生下了根,各大公司经理不再实行代代相传的世袭制,而是选贤与能,聘请掌握生产技术而又擅长经营管理的"能人"当经理,财团的家族色彩日益淡薄。

各大财团不但凭借其雄厚的金融资本和工业资本,掌握着美国国民经济的命脉,而且还利用它们的金融家、企业家及经济学家,组织各种委员会、协会、同业公会等公众团体,针对当前美国的财政、金融、外贸等经济问题,发表调查报告或研究论文,提出有利于财团的各种建议意见,以左右政府的决策。垄断财团通过操纵总统竞选和国会改选的途径,争夺政府要职和国会席位,从而左右政府的内政外交,成为美国真正的统治集团。由于各大财团在海外的利益不断膨胀,因而对政府的外交政策特别关心,千方百计设法对政府施加影响。

【资料来源】

沈晓楠,杨慧民."马克思主义基本原理概论"课教学案例[M].北京:高等教育出版社,2007

【相关知识】

美国财团是美国金融资本的简称,指由极少数金融寡头所控制的巨大银行和巨大企业结合而成的垄断集团,通常由一个或几个家族集合而成。分析美国金融财团的产生和发展,可以深刻认识金融资本及金融寡头形成的必然性及其对社会的统治。

19世纪末20世纪初,随着第二次产业革命引发的工业生产技术的巨大发展,生产和资本的集中在美国迅速地发展,促进了美国垄断的形成。经济危机的连续爆发和信用的发展则加速了垄断的进程。在工业生产迅速集中的过程中,银行资本也更为集中并走向垄断。工业垄断资本和银行垄断资本通过金融联系、资本参与和人事参与等方式相互融合,产生了一种新型的垄断资本——金融资本,在金融资本形成的基础上,产生了金融寡头。

在两次世界大战中,美国财团获得惊人的发展,由此产生的垄断达到了空前的高度。战后,由于科学技术的新发展、生产国际化和资本国际化,战后美国垄断财团呈现出经营多样化、财团之间渗透化、财团资本国际化等新的特征,财团的垄断势力随着各财团的经济实力迅速膨胀而日益加强。

掌握各大财团的金融寡头不仅操纵着国民经济命脉,而且通过直接出马或派送代理人到政府或议会的方式掌握政权。金融寡头还通过建立政策咨询机构等方式对政府的政策施加影响,通过掌握新闻出版、广播电视、科学教育、文化体育等上层建筑的各个领域,来左右国家的外交及社会生活。总之,美国财团是美国社会的实际统治者。

【案例4】

美国科研背后的"政府之手"

自二战以来,美国科技水平稳执世界之牛耳。那么,导致美国巨大科技优势的发展模式是什么呢?在科技发展的背后,美国靠的是看不见的"市场之手",还是有一只粗大的"政府之手"在舞动?

战略:政府领军,抢占高地

美国联邦政府出面组织科技发展项目发轫于二战期间著名的研制原子弹的"曼哈顿"计划。原子弹的问世,使美国手握利器,加速了日本军国主义的覆灭和战争的终结。"曼哈顿"模式对美国科技发展之影响至深至远,延续到今。

二战期间和冷战时期,美国政府主导的重大科技、发展项目都以维护国家安全为最高指针,具有浓厚的军事色彩,如"曼哈顿"计划、"阿波罗"登月计划和"星球大战"计划。冷战结束后,国际竞争的焦点从军事斗争转向以高科技竞争为核心的经济竞争,美国政府主导的科技项目力图全面控制和抢占新时期科技制高点,以保持新兴产业的优势地位,军民两用的色彩越来越浓。

如克林顿时期,美国政府看准信息产业的重要战略地位,相继推出信息基础设施的建设和信息技术长期研究的重大项目。除了人们熟知的、由副总统戈尔大力倡导的信息高速公路互联网计划(NGI)外,还有2000年发布的"面向21世纪的信息技术计划"(IT2)。此外,联邦政府还注重信息技术的应用。1997年7月,克林顿颁布"全球电子商务框架",该框架对全球电子商务的发展起到了积极的作用。

这一系列项目实施的结果,使得美国在世纪之交的信息社会敲门之际,再次站到了世界各国的前列。据估算,1995年以来,美国生产率提高了80%,其中2/3归因于信息科技的发展。在1980年,美国在半导体电子技术、汽车和家电制造业上还落后于日本,一些美国人发出了"日本第一"的惊呼,而美国1990年通过抢占信息高地,一下子把日本远远甩在后面。

纳米技术是20世纪80年代末90年代初开始崛起的重大科研领域,美国自2001年以来实施纳米技术国家计划。据美国总统科技顾问委员会最近发表的报告,美国纳米技术国家计划迄今已取得明显成效,纳米技术发展在全球明显居于领先地位。

机制:散中求聚,行政主导

1940年以前,美国政府几乎没有科技管理的机构。1941年7月,罗斯福总统建立的"科学研究与开发办公室"(OSRD),成为美国政府在第二次世界大战期间领导全国科学研究的中枢,"曼哈顿工程"等项目都是在它的领导下完成的。

然而,在"三权分立"的美国政体下,联邦政府的科研管理体制属"分散型",没有专门的机构负责全国科学技术活动的组织、协调与规划,而是由行政、立法、司法三个系统不同程度地参与国家科学技术政策的制定和科技工作的管理。

其中行政系统涉入程度最大。联邦主持的科技研发,由美国总统领衔的国家科学技术委员会负责。该委员会于1993年成立,重要使命之一是为国家科技发展确立明确的目标,并确保有关科技发展工作朝此目标进行。它的具体事务由总统科技办公室负责,主要任务是向总统提供科技政策咨询,协调各政府部门制定和实施科技预算和政策;与私营部门合作,在联邦、州和地方政府之间以及与各科研机构、外国建立良好的伙伴关系。

国家科学基金会(NSF)是美国行政机构中唯一的专职科技管理部门,于1950年成立。它独立于总统行政办公室之外,是美国联邦政府为资助基础研究、促进科学教育、发展科技情报工作、促进国际合作而专设的独立科技管理机构。它的职能更多是提供"横向"的资助,也就是说,对于不适合由各具体职能部门承担的科技工作,特别是一些基础研究,主要由NSF资助并管理。

而美国国会则通过其对全国科学技术的立法权、大型科研项目的拨款权、政府各部门科研经费的审批权来保障科技的发展。美国国会的参众两院都有负责科技事务的委员会,众议院负责科技事务的是科学委员会,参议院负责科技事务的授权委员会是商务、科学与运输委员会,它有权单独委托有关科研部门组成"特别咨询小组",对任何科研项目进行质询评估认证。

此外,美国也有国家科学院、工程院等专职科技管理机构,但它们是半官方性质,主要授予荣誉学术地位、提供政策咨询等,行政管理的职能很弱。

投入:企业研发,政府扶持

美国科技的世界领先地位,是以巨额的投入为后盾的。自"曼哈顿工程"以来,美国逐步形成了联邦政府支持研发经费投入的体制。美国是私有经济高度发达的国家,产业界既是研究开发活动的最大投入者,也是最重要的承担者和成果占有者。但是美国政府认为,政府必须支持个别公司,甚至支持整个产业都无力支持的探索性研究、实验项目以及创新活动。这种合作关系使私营企业能产生新知识、发展新技术,从而增强美国的国力,增加其国际竞争能力。

自二战以来,美国联邦政府研发经费投入占国内研发经费的比例有升有降,但总体呈下降趋势。如从2000年至2002年,一直保持在28%左右,没有超过30%。1990年以来,产业界的重要性有增无减,其科研投入和支出占全美总投入和支出的比例均逐年上升。如2000年,产业界研发实际投入约为1 760亿美元,而同年,联邦政府研究开发经费的实际投入额为696亿美元,约1/3给了联邦政府自己下属的研究机构1/3给了高等院校和独立非营利研究机构,还有1/3左右,共222亿美元,是给了企业和设在企业内部的联邦研究机构,这块经费占产业界研究开发经费的11%。

更重要的是,从投入结构上看,在基础科学投入上美国大部分是来自政府的公共投资,而不是私人激励。从投入效果上看,美国政府对私营企业研发上的投入也不是低回报的。经济学家估计,私营企业对研发投入的平均回报率为30%左右,而公共研发投资的社会回报率(整个社会的经济利益)是它的两倍。

目前一,美国最富全球竞争力的产业——计算机和通信产业、半导体产业、生物技术产业、航天产业、环境技术产业和节能产业等均得益于联邦政府持续不断地对研发的投入。

可见,在美国科技发展的背后,一只粗大的"政府之手"在悄悄挥舞,这是美国在日益激烈的国际竞争中夺取优势的秘密。战争时代如此,和平时代更是如此。而在今后,美国要维持这种优势,扭转已经出现的科技下滑的趋势,看来也要借助政府这只大手。

【资料来源】

萧冬.美国科研背后的"政府之手",2005-10-31,搜狐网财经频道.(http://business.sohu.com)

【相关知识】

自二战以来,美国科技发展迅速,并长期保持其强大竞争优势,这主要得力于美国政府对科技发展的扶持和干预。首先,由政府精心选择,并牵头组织重大科技项目。这种项目必须是战略性的,它有助于美国国家安全和美国霸主地位的维护;必须是前瞻性的,有助于美国科技领先地位的维护;必须是系统性的,足以带动相关产业的发展。其次,美国政府的科技管理实行了"散中求聚,行政主导"的管理机制。最后,美国以巨额的投入为后盾,保持科技的世界领先地位。

美国政府对科技的干预并没有违背其奉行的市场经济理念,而是在充分发挥市场对资源有效配置的基础上,适应社会化大生产、调整生产关系的正确抉择。

二战后,伴随着第三次科学技术革命的发展,社会化程度进一步提高,资本主义社会因此产生了一系列新的矛盾,如科学研究社会化同个别垄断资本局限性的矛盾、社会化大生产所需巨额资金同私人垄断资本积累有限性的矛盾,等等。在各种矛盾和因素的作用下,国家不得不直接参与社会资本的再生产过程;同时,也迫使私人垄断资本的发展不能不依赖于国家,这推动了国家垄断资本主义的迅速发展。

综上,国家垄断资本主义的迅速发展,是战后科学技术革命发展和生产社会化程度提高的产物,是资本主义国家调整其生产关系、缓和其基本矛盾的结果。

【案例5】
近年资本主义国家的工人罢工一览

镜头一:2001年德国交通工人大罢工致交通瘫痪

2001年6月20日,德国公共交通服务员工举行罢工,德国的主要城市慕尼黑、科隆、斯图加特、莱比锡等的交通都陷入瘫痪。

公共交通罢工事件是因为员工在担心欧盟增加成员国后,会使德国的公共交通业受到外来竞争者的打击。新成立的服务工会呼吁示威者向立法机构施压,阻止地方政府向廉价、安全水准较低的外国运输公司签署合约。

镜头二:2002年伦敦地铁工作人员24小时罢工造成交通混乱

2002年9月25日,伦敦地铁工作人员举行24小时罢工,要求加薪,致使伦敦各路地铁全面关闭,成千上万的市民被迫改乘巴士或步行,许多市民则由于坐不上巴士而被迫滞留原地。

伦敦是世界上地铁最发达的城市之一,每天有300多万人次乘坐地铁出行。由于在薪金问题上争执不休,伦敦地铁司机、信号员等地铁工作人员举行了多次罢工,给伦敦的交通造成了恐慌。

镜头三:2003年洛杉矶公交系统曾经历罢工噩梦

2003年10月14日零时,美国洛杉矶市2 000多名公交汽车维修工人举行了罢工。此举得到当地4 000多名公交车司机、地铁和轻轨铁路系统工会成员的支持,公交车、地铁和轻轨铁路全部停运。

这次大罢工导致这座全美第二大城市的公共交通陷入全面瘫痪,估计这次罢工造成的平均日损失高达400万美元。

此次公交系统大罢工是由于洛杉矶市大都会运输局和公交运输工会联合会有关提高工人福利问题的谈判破裂后发生的。运输局每年向工会提供140多万美元的福利补助基金,但工会认为数额太低,要求增加。运输局指责工会方面滥用该项基金,要求工会让其插手管理基金,然后再考虑增加福利补助。

镜头四:2004年罗马公交人员举行24小时罢工

2004年7月6日,意大利首都罗马的公交系统从业人员举行行业罢工,使罗马市区的交通陷于瘫痪状态。罢工从当地时间早上8点半开始,全市公共汽车、有轨电车和地铁的司机和售票员同时停止工作,市区的交通立即处于停顿状态。

2003年年底前,罗马公交系统经常举行罢工,当地人的生活时常受到影响,市区也经常陷入混乱状态。同年12月，罗马市政府曾与公交系统工会达成协议，答应给公交工人增加工资。工会领导人表示，他们组织这次罢工是因为政府没有履行诺言。工会方面同时表示，尽管罢工将持续24小时，但为了保证普通市民的生活不受太大影响，公交人员在公交高峰期将提供基本服务。

镜头五：2005年意大利公交系统工人罢工

2005年5月31日，意大利全国各大主要城市的交通运输工人当日举行罢工，很多公交车、地铁车辆和有轨电车处于停驶状态。

由于工会对交通运输工人享有的病假待遇不满，因此发起了这次24小时的罢工。这次罢工涉及意大利大多数主要城市。

镜头六：2005年法国百万人展开大罢工

2005年3月11日，法国公共与私营部门举行全国大罢工，多数火车和地铁停运，造成公共交通混乱。可能有多达80%的郊区线路延误，75%的地铁中断服务，一些线路完全停运。其他地方搭乘公共交通工具的乘客不得不肩靠肩地挤在仅有的几辆火车里，一些人不怕天气寒冷，骑脚踏车上班。巴黎东北部戴高乐机场，75%航班可能被迫取消，巴黎巴士虽没减少，但受罢工影响，一些巴士不得不改变行驶线路。据报道，法国工会组织决定中午在巴黎举行大规模街头示威，要求政府提高工资，保留35小时工作制，增强居民的购买力。

2005年10月4日，法国多个工会展开全国大罢工，向法国政府施压，抗议政府的劳工及经济政策令国内的失业率增高、人民购买力下降。法国各种公共交通工具受到严重影响，约400班航班被迫取消，国内的巴士及列车只能维持有限度的服务，公共机构、银行的服务需暂停，许多学校也被迫停课。法国媒体将这次罢工称为"黑色星期二"。

发起这次罢工的5个工会组织，计划在全国各地发动约140次示威游行。直至周二中午为止，约30%的列车职员及教师、23%的电力工人，以及15%至30%的邮务职员参与了这次全国大罢工。示威游行传遍了法国全国各地，从南部的马赛至北部的勒阿佛尔随处可见。

医院职员、银行职员、公务员及私营机构的职员也参与全国大罢工。由于印刷工人参与罢工，令全国大部分报章周二未能付印出售。约一半的学校教职员因抗议政府削减职位及津贴而没有上班，这令许多学校被迫停课。一些地方更出现了警察与示威者的冲突事件。

法国国家航空局称，巴黎两个机场的航班延误了长达2小时，共有387班中、短线航班被迫取消，但长途航班并未受影响。政府官员表示，罢工令郊区的铁路服务缩减高达2/3的班次，但跨国的高速列车服务未受影响。据SNCF全国铁路公司称，只有40%的地区列车服务以及60%的高速列车路线仍在如常运行。

在首都巴黎，郊区列车仅1/3的班次维持服务，但市内的巴士及地铁服务班次取消不多。由于巴黎去年实施应付罢工的"最低限度服务"，地铁的服务似乎未受影响。只在周二早上的交通繁忙时段，主要地铁站内挤满了长长的人龙，并未出现交通混乱的情况。但在如马赛及波尔多等其他至少74个城市，当地的交通情况就坏得多，因为大部分公共交通工具都处于停顿状态。

一些地方更出现了警察与示威者的冲突事件,在科西嘉西部城市阿雅克肖,示威者因抗议政府计划将一间国营渡轮公司私有化,一直与警察处于高度紧张的对峙局面。此次罢工活动各个工会遵守了最低运营原则,因而除去主要街道或地铁站的人群较为拥挤外,巴黎市民的日常生活在罢工期间并未受到巨大影响。

据悉,这次罢工由亲民的左翼政党支援,是新总理德维尔潘上任后最大规模的一次罢工活动,罢工的目的主要是为了抗议劳工压力和恶化的工作条件,以及加强新用工合同保障,解决失业问题等等。据统计,77%的法国民众支援这次罢工。据估计约有100万人直接参与罢工活动。

镜头七:纽约运输工会举行全市大罢工

2005年12月19日的劳资双方谈判一直持续到将近午夜12点,但是谈判最终破裂。纽约运输工会在20日凌晨3时许宣布举行全市大罢工。

罢工不仅对每天乘坐地铁和公车的700万人造成直接影响,还将给纽约造成每天4亿美元的经济损失。

资方纽约捷运局和劳方纽约运输工会的谈判代表从15日起时断时续地进行了多次谈判。双方争论的焦点主要集中在增加工资、提高福利以及退休金等方面的问题。虽然在5天的谈判中进行多次的讨价还价,但还是难以弥合双方的巨大分歧。在19日的谈判中,尽管双方的谈判代表都是各自的头号人物,但仍未能扭转僵局。

22日,纽约公交工会迫于各方压力,宣布在与资方恢复谈判的同时结束罢工。从23日凌晨起,遍布全市的数百个地铁车站在关闭3天后重新开放。

美国纽约市市长迈克尔·布隆伯格25日说,持续3天的纽约公交系统大罢工给这座城市造成10亿美元经济损失。布隆伯格说,圣诞节前繁忙的一周原本是成千上万勤劳的纽约人赚钱最好的机会,可惜罢工使他们失去了这个机会,他希望永远不要让这样的罢工重演。

他说,受罢工影响尤为严重的是餐饮业、博物馆和文化机构,一些建筑工地也因为材料无法送到而被迫停工。此外,市政当局在罢工3天里每天还要拿出1 000万美元用于支付警察加班工资等与罢工有关的支出,与此同时营业税收入却减少了数千万美元。

12月28日,自纽约公交大罢工结束5天后,劳资双方达成了一项暂时性协议。根据协议条款,纽约公交职工将获得加薪,同时需要为他们的医疗保健计划交款。

纽约公交系统工会负责人罗杰·图森于当地时间周二晚间宣布了该协议的主要内容。协议由工会执行委员会提出,而这份协议的内容还需要经过工会33 700名成员的投票才能得以通过,投票预计将在本周内进行。根据这份协议,工人将加薪10.9%,这一举措将在3年内完成,同时工人将为享有医疗和养老保险金而付款。

工人代表詹姆斯·罗德里格斯向公众道歉,他说:"关于罢工的事情我表示歉意,但是最后我们想得到了想要的。"图森还表示,如果协议能够更加完善,那么将使得资方(纽约都市运输管理部门 MTA)和劳方(纽约公交系统工会)之间的关系大大缓和。此前正是由于劳资双方的谈判破裂,导致纽约公交系统25年来首次停摆。

【资料来源】

沈晓楠,杨慧民."马克思主义基本原理概论"课教学案例[M].修订版.北京:高等教育出版社,2008

【相关知识】

在当代资本主义社会,工人罢工依旧是维护自身权益的重要斗争形式。如案例所示,西方资本主义国家工人阶级为提高工资、改善劳动条件和生活条件、提高福利待遇、解决就业问题的罢工仍然没有中断,并发挥了巨大作用。

二战以来,当代资本主义在许多方面发生了并正在发生深刻的变化,西方国家工人阶级争取自身权利和利益的斗争,则是推动当代资本主义变化的重要力量。工人阶级在斗争中靠强有力的工会组织和自身的团结,显示出了巨大的斗争力量,迫使资产阶级同意通过谈判进行协商,对某些问题做出重大让步,在资本主义社会生产关系内部进行一定程度的改良。

资本主义的某些改良又直接促进了阶级矛盾的缓和。就整个工人运动的状况看,现在也发生了较大的变化。二战以来,与过去相比,发达资本主义国家劳资冲突的数量大大减少,罢工次数锐减;通过对话和协商谈判解决矛盾和冲突成为工人阶级斗争的主要手段;工人阶级的阶级意识弱化,等等。

当然,除了工人阶级运动的因素外,科学技术革命和生产社会化程度的提高,是资本主义变化的根本推动力量,社会主义制度优越性的初步体现,也对资本主义产生了一定影响。

最后,需要特别指出的,虽然西方国家的阶级矛盾趋于缓和,工人阶级地位有所上升,但并没有从根本上改变工人阶级被剥削、被压迫的历史地位。

【案例6】

外国学者眼中的当代资本主义新变化

法国学者让·克洛德·德洛奈认为:资本主义正处在新的起点上。20世纪后半叶,不是资本主义处境艰难,而是民主运动处境艰难。资本主义在经历了经济和政治危机之后,出现了反弹。当然,我并不认为资本主义可以永世长存。但是资本主义作为制度,的确具有某种积极的效用,虽然它有极其野蛮和非人道的一面。经验告诉我们,从科学的角度看,必须慎于对资本主义做出结论。既不能轻易对资本主义产生的动力和运动做出结论,也不能轻易对资本主义表现出的矛盾以及对超越这些矛盾的办法做出结论。资本主义仍在发展,就像地平线一样,我们每前进一步,都有新的视野。

资本主义目前处在什么发展阶段,这个阶段又有什么特点?

克洛德·德洛奈:我所说的当代资本主义是指上个世纪80年代以来的资本主义,我把它称作金融垄断资本主义。它有以下几个特点:

（1）生产资本的全球化。资本主义在生产领域，尤其是自上个世纪90年代以来，实现了全球化。资本主义制度的全球化已经有几个世纪了，但是生产资本的全球化却是不久前的事。这是对17世纪以来欧洲形成的民族国家形式的局部超越。生产资本从部门和领土的角度，向全球扩张并互相渗透。

（2）资本主义经济的金融化。伴随着资本生产的全球化，出现了资本主义经济的金融化，银行、保险、金融市场在质和量两个方面的扩张等等。金融的这种新的作用，并不是为了保证为本国投资融资，而是为了把世界储蓄集中起来。其目的在于：使各国之间能够相互借贷；有利于生产资本的对外扩张；使金融资本家能够尽快地从大规模投资中解脱出来，从而进行金融投机。总之，资本主义金融化就是为了保证资本的流动性。这种流动性是空前的，甚至企业也成为大量的、经常的交易对象，这是前所未有的。

（3）世界垄断寡头，即跨国公司的形成。在当代金融资本框架下的资本全球化的有力推动下，资本主义企业实现了空前规模的积聚。来自各个不同的国家的资本的相互渗透和并购，最终形成了巨大的全球垄断寡头，即产量超过中等国家国民生产总值的巨大的跨国公司。

（4）全球金融垄断资本主义形成。这里所说的全球金融垄断资本主义是指金融资本与世界范围内的产业资本、商业资本、服务资本、保险资本和各种投资资本的复合体。各国的私人垄断资本和国家垄断资本融合成全球的私人垄断资本。

（5）高技术资本主义的形成。上述资本主义的深刻变化都是与大规模的科学技术变化相联系的，都是以信息革命为核心的高科技革命为基础的。信息技术深入到所有生产部门，其中包括服务部门，推动了生产过程的自动化和连续化。大量信息的储存、"实时"的分析和处理、远程的交换、迅速的决策极大地提高了劳动生产率。此外，生物技术、基因工程等开辟了新的产业领域。高技术资本主义改变了发达国家的产业结构，从而引起了就业结构和社会结构的变化。

这些变化是否意味着资本主义的本质也有所改变？

克洛德·德洛奈：当然，今天的资本主义已不同于狄更斯、雨果时代的资本主义，但是资本主义的本质并没有发生变化。

在当代资本主义社会仍然存在过度剥削、收入和贫富差距的扩大、雇佣劳动的弹性和不稳定性、失业率居高不下、社会福利的减少等等。在经济全球化条件下，由于劳动市场的全球化，世界垄断寡头使全世界劳动者的经济利益处在直接的对立甚至敌对之中。它们利用第三世界国家对发展的要求，使用各种手段，例如利用企业外迁，来压制发达国家的工人运动。当前，资本与劳动的对立不仅没有消失，反而更加剧烈了，而且扩大到了全世界。从理论上看，用以说明资本主义剥削的劳动价值理论和剩余价值理论并没有过时，除了自然禀赋，在劳动创造的价值之外，我看不出还有什么其他经济财富的源泉。所不同的是，在世界金融寡头掀起的剧烈竞争条件下，市场价格发生严重扭曲，越来越偏离价值，消费者更加难于了解"实际价格"。在所谓资本主义"软"竞争体系中，马克思所描述的"均衡价格"作用下降，经济当事人的原生态的经济权力则起着举足轻重的作用。世界金融寡头关心的不是产品中实际花费了多少劳动,而是关心他们所支付的劳动的价格。他们把效益的风险转移给承包商,并分散到全世界。他们所关心的是跨国公司全球战略下的利润最大化。

【资料来源】

百度文库·教学案例总结

【相关知识】

当代资本主义的新变化;资本主义的发展趋势。

课后习题

一、单项选择题

1. 通货膨胀是指(　　)。
   A. 商品供不应求,使物价上涨　　　　B. 商品供过于求,需要发行货币
   C. 纸币发行过多,使纸币贬值、物价上涨　　D. 纸币发行不能满足商品流通的需要
2. 资本主义的发展大体上可分为两个阶段,即(　　)。
   A. 资本原始积累阶段和资本积累阶段
   B. 资本原始积累阶段和自由竞争资本主义阶段
   C. 自由竞争资本主义阶段和垄断资本主义阶段
   D. 垄断资本主义阶段和国家垄断资本主义阶段
3. 自由竞争资本主义向垄断资本主义过渡,这种必然性根源于(　　)。
   A. 资本集中的不断发展　　　　B. 资本有机构成不断提高
   C. 资本主义的基本矛盾　　　　D. 资本积累的一般规律
4. 垄断价格形成的基础是(　　)。
   A. 自由竞争　　　　　　　　　B. 垄断利润
   C. 垄断统治　　　　　　　　　D. 资本主义私有制
5. 私人垄断的产生是(　　)。
   A. 实行殖民政策的结果
   B. 资本主义生产和资本越来越集中的必然结果
   C. 资本家追求剩余价值的直接结果
   D. 资本家攫取高额垄断利润的结果
6. 国家垄断资本主义的根本特征在于(　　)。

A. 国家垄断资本在数量上的优势　　　　B. 合营企业

C. 国家对经济生活进行干预和调节　　　D. 私人垄断资本的主导地位

7. 国家垄断资本主义的实质是(　　)。

A. 通过国家调节经济生活,保证垄断资产阶级获得高额垄断利润,以维护资本主义制度

B. 通过国家调节经济生活,创办国有企业,向社会主义经济制度过渡

C. 通过国家实行经济计划化,促进社会生产协调稳定发展

D. 通过国家的财政和信贷政策,进行有利于整个社会和全体劳动者的国民收入再分配

8. 第二次世界大战后,国家垄断资本主义迅速发展的根本原因是(　　)。

A. 资本主义基本矛盾的深化与发展

B. 危机频繁爆发,要求国家干预经济

C. 经济全球化趋势,要求政策的国际协调

D. 国内劳资矛盾尖锐化的结果

9. 垄断利润是(　　)。

A. 垄断资本家所获得的利润

B. 垄断资本家凭借垄断地位而获得的超过平均利润的高额利润

C. 垄断资本家获得的超额利润

D. 垄断资本家获得的平均利润

10. 国家垄断资本主义发展的根本原因是(　　)。

A. 生产社会化的迅速发展　　　　　　B. 社会生产力的高度发展

C. 第三次新技术革命的推动　　　　　D. 资本主义国家对经济的调节

11. 国家垄断资本主义发展的新特点主要在于(　　)。

A. 国家政权与私人垄断资本的结合

B. 资本主义国家全面干预社会经济生活

C. 它与扩大再生产的经常性需要相联系

D. 经济全球化的迅速发展

12. 生产国际化和资本国际化的动力是(　　)。

A. 科技进步和生产力的高度发展　　　B. 生产社会化的发展

C. 资本输出　　　　　　　　　　　　D. 商品输出

13. 垄断利润(　　)。

A. 是大大超过平均利润的高额利润　　B. 是平均利润的一种形式

C. 是平均利润的一部分　　　　　　　D. 低于平均利润

14. 经济全球化的实质是(　　)。

A. 发达资本主义国家占优势为主导的经济运动

B. 国与国的经济联系加强

C. 国际分工的不断深化

D. 世界生产体系正在形成

15. 垄断资本主义的根本特征和经济实质是(　　)。

　　A. 资本主义基本矛盾加剧　　　　　B. 垄断消灭了自由竞争

　　C. 国家干预经济　　　　　　　　　D. 垄断代替自由竞争

二、多项选择题

1. 垄断价格(　　)。

　　A. 是垄断组织凭借垄断地位规定的能保证获取高额垄断利润的市场价格

　　B. 包括垄断高价和垄断低价

　　C. 由生产成本加垄断利润构成

　　D. 改变了价值规律的作用形式

2. 垄断价格分为(　　)。

　　A. 垄断高价　　　　　　　　　　　B. 垄断平价

　　C. 垄断低价　　　　　　　　　　　D. 市场价格

3. 垄断利润的实现途径是(　　)。

　　A. 生产流通费用低于社会必要劳动消耗量

　　B. 生产流通费用高于社会必要劳动消耗量

　　C. 垄断价格低于生产价格

　　D. 垄断价格高于生产价格

4. 垄断利润的主要来源有(　　)。

　　A. 垄断企业内部劳动者创造的剩余价值

　　B. 垄断企业外部通过价格等机制转移到垄断企业中的价值和剩余价值

　　C. 生产流通费用低于社会必要劳动消耗量

　　D. 垄断价格高于生产价格

5. 在垄断资本条件下,竞争机制的作用有了新的特点,包括(　　)。

　　A. 竞争机制的作用使得垄断竞争与非垄断竞争并存

　　B. 竞争机制的作用使得价格竞争与非价格竞争并存

　　C. 竞争机制的作用使得国内竞争与国际竞争并存

　　D. 工业垄断资本与银行垄断资本并存

6. 国家垄断资本主义可以分为三种基本形式(　　)。

　　A. 国有垄断资本　　　　　　　　　B. 国家和私人密切联合的垄断资本

　　C. 国家和私人共有的垄断资本　　　D. 垄断资本和非垄断的联合资本

7. 资本主义国家干预和调节社会经济生活的客观必要性有(　　)。

A. 生产社会化和社会生产力的发展,要求有一个统一的社会组织或机构对社会生产进行统一的管理和协调,只有国家才能担起这个重任
B. 市场经济运行中产生的弊端,需要国家运用宏观调控手段来矫正
C. 资本主义基本矛盾的激化,也需要由国家采取各种手段进行调节
D. 资本主义国家的经济发展规划要由国家来做

8. 资本主义国家对社会经济调节的目的在于(　　)。
   A. 缓和社会经济矛盾和阶级矛盾　　B. 维护垄断资本的利益
   C. 维护垄断资本的统治　　D. 维护资本主义经济秩序

9. 垄断价格的特征主要在于(　　)。
   A. 垄断价格通常是一种高价格
   B. 垄断价格变动性大
   C. 垄断价格相对稳定
   D. 垄断价格具有刚性,具有只上涨而不下跌的趋势

10. 垄断不能消灭竞争的原因在于(　　)。
    A. 垄断资本主义经济仍然是商品经济
    B. 垄断组织不可能囊括所有的生产部门和企业
    C. 垄断组织之间的竞争始终存在
    D. 垄断资本主义仍然是私有制经济

三、简答题

1. 垄断为什么引起经济发展的停滞趋势?
2. 简述国家垄断资本主义的基本形式。
3. 简述国家垄断资本主义产生的原因。

四、材料分析题

根据下列材料分析经济全球化趋势对世界各国经济的影响。

【材料1】 20世纪80年代以来,许多亚洲和拉丁美洲地区的发展中国家大力推行外向型经济发展模式,积极引进直接投资和其他形式的外国资本,并且采取一系列鼓励措施促进出口。它们持续保持了5.5%～8%的年经济高速增长,在较短的时间内成功地实现了由初级产品出口国向制成品出口国转变。据国际货币基金组织统计,1989～1994年,发达国家的对外贸易年均增长率为3.65%,而发展中国家为9.59%,其中发展最快的是东亚和东南亚地区。

【材料2】 经济全球化使美国获得了巨额的国际资本。过去十多年里,美国始终是全球最大的资本输出国,同时也是最大的资本输入国。大量的外资净流入,有效地抵消了国内私人储蓄水平持续下降和巨额贸易逆差的不利影响,对于保持较高的就业和经济增长水平具有重

要作用,同时为美国保持较低的物价水平做出了不小的贡献。

(摘自《世界经济》1999年第8期)

【材料3】 有资料显示,近几年来,绝大多数最不发达国家除了得到捐赠和多边经济援助外,几乎吸引不到任何外国直接投资。　　　　　(摘自《世界经济与政治》2000年第8期)

【材料4】 有关统计资料表明,40年前全世界最富的人口和最穷的人口人均收入是30∶1,而现在已上升到74∶1。目前联合国成员国中有48个最不发达国家,而20年前仅20个有余。(摘自江泽民:《在联合国千年首脑会议上的讲话》,《人民日报》(海外版)2000年9月7日)

参考答案

一、单项选择题

1. C　2. C　3. A　4. B　5. B　6. C　7. A　8. B　9. B　10. D　11. A　12. B　13. A　14. C　15. C

二、多项选择题

1. ABD　2. AC　3. AD　4. AB　5. ABC　6. ABC　7. ABC　8. ABCD　9. ACD　10. BC

三、简答题

1. (1)垄断资本依靠其垄断地位来获取高额垄断利润,使自由竞争推动技术进步的动因在相当大程度上削弱了。

(2)为了维持垄断价格和避免无形损耗,垄断组织会阻碍新技术、新设备的应用,人为地阻碍技术进步,例如收买专利权并把新发明成果搁置起来。

2. (1)通过资本主义国有企业直接参与生产过程。

(2)通过国家财政与金融政策对国民收入进行再分配。

(3)通过实行经济计划化调节国民经济的发展。

3. (1)国家垄断资本主义即资本主义国家政权与垄断资本相结合的资本主义。

(2)国家垄断资本主义产生的原因,归根结底仍然是社会生产力发展的要求和结果。一般垄断的产生,促进了生产社会化的发展,但未能从根本上解决资本主义的基本矛盾。社会化大生产本质上要求按照生产力发展的客观要求,在全社会范围内组织、计划、协调社会经济活动,私人垄断资本不能适应这种要求。在这种条件下,必须由国家出面,利用政权的力量协调各方面的经济关系,维持资本主义社会的经济运行。

四、材料分析题

1. (1) 经济全球化使社会分工得以在更大的范围内进行,资金、技术等生产要素可以在国际社会流动和优化配置,由此可以带来巨大的分工利益,推动着世界经济增长,发达国家和发展中国家都可能从中受益。

(2) 在经济全球化进程中,各国的地位和处境是很不相同的。发达国家在经济全球化进程中占据优势地位,在制定贸易和竞争规则方面具有更大的发言权,控制一些国际组织,成为经济全球化的主要受益者。美国就从国际资本流动中获得巨大收益。发展中国家获益很少,有的甚至有被边缘化的危险,发展资金匮乏、债务负担沉重、贸易条件恶化、金融风险增加以及技术水平落后,使发展中国家总体上处于更为不利的地位。广大发展中国家仍饱受贫穷落后之苦,世界的贫富差距在扩大。

第六章
Chapter 6

社会主义的发展及其规律

学习目标

本章从历史、理论和现实结合的视角，围绕什么是社会主义、怎样建设社会主义的根本问题，通过研究科学社会主义创建和发展的历史，帮助学生了解社会主义从空想到科学、从理论到现实的整个发展过程，掌握科学社会主义的基本理论，把握社会主义的基本特征，深刻认识经济、文化较落后的国家建设社会主义的长期性和艰巨性，总结20世纪社会主义建设的成就得失及其经验教训，深入认识社会主义的本质和发展规律；深刻认识马克思主义政党在革命和建设中的地位和作用，不断提高执行社会主义初级阶段基本路线的自觉性，进一步坚定社会主义必胜的信念，更好地为实现我国社会主义现代化贡献力量。

学习要点

社会主义从空想到科学的发展：

空想社会主义产生于16世纪初。空想社会主义思潮也经历了三个历史发展阶段：16～17世纪的早期空想社会主义、18世纪的空想平均共产主义、19世纪初期批判的空想社会主义。19世纪初期以圣西门、傅立叶、欧文为代表的空想社会主义是科学社会主义的直接思想来源。

1848年2月，马克思、恩格斯为世界上第一个无产阶级政党"共产主义者同盟"所写的党纲《共产党宣言》的发表，标志着科学社会主义的问世。从此，这一伟大学说便成为无产阶级解放斗争的思想武器，揭开了伟大的无产阶级社会主义革命的新篇章。

案例分析

第一节 社会主义的产生和发展

【案例1】

《乌托邦》的世界

莫尔的名字之所以流传至今，毫无疑问要归功于他那部虚构的《乌托邦》(全名是《关于最完美的国家制度和乌托邦新岛既有益又有趣的金书》)。在这本书中，他运用对话体裁，以游记的形式，借一位虚构的航海家拉斐尔·希斯拉德之口，描述了自己理想中的最完美的社会制度。

在一个名叫乌托邦的海岛上，有54座城市均匀地分布于广阔的乡村之间。这些城市在公有制的基础上彼此密切联系，统一组织生产和消费。每个城市分成四个相同的区，居住着6 000户居民，每户居民的人口都在10到16名之间。城市所有适龄人口都要劳动，除少数被选拔专门从事科学研究者外，其余人每天工作6小时，产品交给公共仓库；由各户户主任取所需，而不必用货币或其他物品相交换。居民们按每30户一厅的规模集中用膳，最美味的食品由老年人首先食用，然后大家再平均分配。

在乡村，每户不少于40人，外加两名奴隶。这些奴隶由罪犯和自愿前来的外国人构成，从事屠宰、扫街等职业。每家农户都自给自足，没有的物品则可以到城市领取。乡村每户每年有20人返回城市，他们都是在乡村住满2年的。其空额由从城市来的另20人填补。

城市之间互通有无，但是同样不需要用货币来交换。他们把大量的剩余产品运到国外，换回自己缺少的铁和大量的金银。金银的主要用途是雇用外国人为乌托邦作战。除此之外，它们就用作制造便器和惩罚罪犯的链锁了。

莫尔对未来社会的理想描述是建立在对现实社会的深刻批判的基础上的。莫尔用大量篇幅揭露了英国资本原始积累时期"圈地运动"给劳动人民带来的深刻苦难。他这样骂道："你们的绵羊本来是《乌托邦》一书的封面那么驯服，吃一点点就满足，现在据说很贪婪很凶蛮，甚至要把人吃掉，把你们的田地、家园、城市要踩蹦完啦。""羊吃人"这就是莫尔对当时英国状况的形象概括。莫尔对穷苦的劳动人民予以深切的同情，他用悲愤的笔触写道：在社会底层的那些种田的、拉车的、做零活的、赶货车的、干苦工的，他们终日胼手胝足像牛马一样地劳作，可是他们的生活连牛马都不如。微薄的工资难以糊口度日，当繁重的劳动耗尽了他们的精力，老病交加、穷苦潦倒的时候，国家忘恩负义地对待他们，让他们悲惨地死去。而那些高居于社会之上的贵人却像公蜂一样游手好闲,靠对穷人敲骨吸髓的重重盘剥,过着挥金如土的生活。莫尔认为,这种极少数人享乐、大多数人痛苦的社会是不公正的,它完全违背了人类的道德。他借乌托邦人之口针锋相对地提出,人人都有过快乐生活的权利,人类的全部或最大的幸福就是快乐。莫尔明确地把追求快乐当做社会的道德准则,他说:"我们的全部行为,甚至包括道德行为,最后都是把快乐当做目标和幸福的。"对拜金者的讽刺和批判最为精彩,其矛头直指贪得无厌的富人。莫尔写道:"在金钱主宰的社会里,一些人把获得金钱看成是最大的快乐,他们完全变成了金钱的附庸。当他们获得值钱的宝物,就会忘乎所以,俨然以神仙自居。当他们遇见了富人,又会卑躬屈膝,阿谀逢迎。对金钱的崇拜使生活变得扭曲了,一个人的价值不是取决于他是否有才能、是否对人类有贡献,而是取决于他是否有钱。谁有了钱谁就有了一切,即使他是一个十足的傻子,只要他有了钱,就可以把大批的人变成奴隶。可是在乌托邦情况下就不同,乌托邦人是按照金银的实际用处来对待和使用它们的,它们并不比铁和陶器更受重视。于是,在乌托邦,金银被用来制成便桶溺器之类的用具,犯人也都佩戴金子的耳环、戒指和项圈,作为他们耻辱的标志。在外邦人看来无比珍贵的珍珠宝石,在乌托邦人眼中也只不过是儿童手中的玩物。所以当外邦的富人身着华装丽服,珠光宝气地来到乌托邦时,立刻受到乌托邦人的嘲笑,被当成傻瓜和小丑。"

在理想生活如何实现的问题上,莫尔提出了非常深刻的思想,他写道:"任何地方私有制存在,所有人凭现金价值衡量所有的事物,那么,一个国家就难以有正义和繁荣……我深信,如不彻底废除私有制,产品不可能公平分配,人类不可能获得幸福。私有制存在一天,人类中绝大一部分,也是最优秀的一部分将始终背上沉重而甩不掉的贫困灾难担子。"

【资料来源】

教育部社会科学研究与思想政治工作司.科学社会主义理论与实践[M].北京:高等教育出版社,2004

【相关知识】

空想社会主义。

【案例2】

三个空想家的声音

圣西门:伯爵·乞丐·预言家

圣西门生于巴黎,在法国北部的一座祖遗的城堡中长大。他受过良好的家庭教育。在这位少年贵族身上早就显示出坚定的性格,他酷爱自由,13岁那年,他拒绝去做第一次圣餐礼,宣布不相信宗教的圣礼,不打算口是心非。不久,他身上又表现出了一种使其亲属感到惊讶的特点:他坚信自己负有崇高的社会使命。有这样一个故事,传说15岁的圣西门,命令自己的仆人每天用这样一句话来叫醒他:"伯爵,请起来,伟大的事业在等待着您。"

1803年,圣西门发表了第一部作品《一个日内瓦居民给当代人的信》,其中表现出他的独创性。这是改造社会的乌托邦计划,但他所论述的一切,还只处于模糊的萌芽状态。这部篇幅不大的作品,有两点具有重大意义。圣西门把法国革命描绘成三个主要阶级——贵族、资产阶级和无产者(无产阶级)之间的阶级斗争,恩格斯称这一点为"极为天才的发现。"

圣西门的风格坚强有力,扣人心弦,甚至慷慨激昂。他的作品许多篇章足以证明,作者正在为人类的命运而忧心忡忡。

在1810～1812年,圣西门已经一贫如洗。他曾写道:"家产全部变卖一空,甚至连衣服也卖光了,吃的只有面包和水,没有燃料,没有蜡烛。"或许正是在这样的年代里他的社会观最终形成了。

他在那本论述战后欧洲制度的小册子里,首次提出自己津津乐道的论点:"人类的黄金时代不是在过去,而是在将来。"圣西门以后的活动就是为这一论点提供根据。他向社会的文明"首领们"——银行家、实业家、商人进行和平改造社会的宣传,引起了这一阶级的某些人的关注。圣西门的作品一经问世,立即蜚声远近。几个有钱的门生向他提供物质保证,使他得以衣食无愁,更加紧写作。

他表现为一个热血沸腾的造反者,一个豪情满怀的幻想家。后来一些曾经资助他出版文集的银行家和富翁,公开表示不同意他的观点,宣称他把他们引入歧途,辜负了他们的信任。此后不久,圣西门被控犯了侮辱王室家族罪,被送交法庭审判,因为他出版了一本《寓言》,说什么如果魔法一做,王室成员以及所有贵族、大官和神甫等一起销声匿迹,而法国不会受到一点损失,但如果优秀的学者、艺术家、专家和手工业者全部消失,那法国就要蒙受极大损失。陪审制法庭宣告他无罪,认为这只是茶余饭后的奇谈怪论而已。

圣西门的作品坚决不承认资本主义是顺乎自然的永恒制度,它终将要被一种新的社会制度所代替,在这种制度下,人们的合作将代替对抗和竞争。新旧更替将通过和平发展"实业家社会"而实现,这种"社会"虽然还保留私有制,但封建主和寄生的资产阶级私有者的经济和政治权力被取消。他的学生们所写的著作、所进行的宣传和实践活动是圣西门学说的第三阶段,已逐渐成为真正的社会主义学说。因为这一学说实际要求的是消灭生产资料的私有制,实行按劳按能力分配原则,由社会组织生产并制订生产计划。

傅立叶:疯狂的世界与世界的和谐

傅立叶生于法国的柏桑松,父亲是一个有钱的商人。傅立叶9岁那年父亲去世了,他是独生子,理应继承父亲的事业和相当可观的一笔财产,但是傅立叶很早就同自己周围的人和家庭发生了冲突。他从童年时代起,就对同商业联系在一起的尔虞我诈的行为感到愤懑。

1803年12月傅立叶在里昂报纸上发表了一篇题为《世界的和谐》的文章,宣布自己的"惊人发现"。他写道,在自然科学方法的基础上将发现(或已经发现了)"社会运动规律",像其他学者发现"物质运动规律"一样。1808年,他于里昂匿名出版了《关于四种运动和普遍命运的理论》一书,更完整地论述了他的思想。傅立叶试图详细研究一种劳动协会制度,并为之提出根据。这种协会,他称之为法郎吉。法郎吉成为生活、劳动和休息的场所。他住在巴黎,每天在规定的时间内在自己家里可笑地等待前来捐助的有钱人,他希望用他们的钱来建造法郎吉。当然,这样的有钱人并没有出现。

傅立叶称资本主义为颠倒的世界,他向资本主义提出了一份控诉书,这份控诉书在那个时代看来,具有无比的胆略和无比的深度,甚至在我们这个时代也还起着部分作用。他入木三分地刻画了资本主义的罪恶,但他未能揭示其根本原因,因为他对资产阶级社会的阶级结构和生产关系没有明确的概念。

傅立叶认为劳动本来是人类正常的生活和欢乐的源泉,但是这种"文明制度"却把劳动变成了令人诅咒的灾难。在这个社会里,所有的人,只要有可能,都千方百计地逃避劳动。小私有者,即农民、手工业者,甚至企业主的劳动是在同竞争进行不懈的斗争,没有保障,没有独立性。而且雇佣工人的劳动更是痛苦异常,没有自由,不能给人以任何满足。随着生产的发展,生产的集中以及生产隶属于大资本,这种劳动就更加普遍了。

傅立叶的法郎吉是一个生产消费协作社,它既有公社的特点,又有一般股份公司的特点。法郎吉的参加人数,傅立叶在几种不同的著作中确定为1 500~2 000人,其中包括小孩。他认为,在这样的集体中,可以充分募集各种必要人员,既从人们的爱好角度,也从有益效果角度来考虑最合理地分配劳动力,法郎吉的生产是农业和工业相结合的生产,但以农业为主。

法郎吉的生产基金开始靠股东垫付。因此,法郎吉的成员中必须包括资本家。与此同时,法郎吉也要吸收贫农参加,贫农在开始时不作为股东,他们以劳动作出自己的贡献。股票归私人所有,在法郎吉中保留着财产上的不平等。傅立叶特别重视社会劳动组织,他想通过人们经常调换工种的办法来消除资本主义劳动分工的消极方面,保证每人有一定的最低生活水平。

欧文:善良的资本家

曼彻斯特当时是工业革命的中心,这里纺织工业尤其发达。在欧文这样精力充沛的干练的青年人面前,很快就展现了出人头地的机遇。开始,他向哥哥借了一笔钱,同人合伙开办了一个小工场,生产纺纱机,这类机器很快在工业中广泛采用。后来他又自己经营一个小纺纱厂,自己和两三个工人一起进行劳动。他20岁就当了经理,以后又跟人合伙开了一个大纺织厂。

由于与苏格兰有业务联系,欧文同哥拉斯附近纽拉纳克纱厂的大老板戴义尔的女儿结识了。1799年欧文同戴义尔小姐结婚,婚后迁来纽拉纳克定居,他成了岳父过去的那个纱厂的股东之一,并兼任经理。欧文在自传中写道,他早就有意进行工业和社会实验,他是带着一个切实的计划来纽拉纳克的。欧文打算通过建立劳动合作公社来改造社会,这类公社有点像傅立叶的法郎吉,但它是建立在彻底的共产主义原则上的,他开始猛烈抨击挡在和平革命道路上的旧社会的三根支柱:私有制、宗教迷信和婚姻制度。1821年他发表了《致拉纳克郡关于消除社会贫困计划的报告》,这份报告最完整地反映了他的思想。

由于对英国的"文明社会"感到失望,欧文偕同几个儿子去了美国。他买了一块土地,于1825年创办了一个"新协和"公社,其章程是以平均共产主义原则为基础的。他那非凡的实践才能和经验,使他避免了其他这类公社组织人所犯的很多错误。然而,这个企业几乎吞没了他的全部财产,最后还是以失败而告终。1829年他又返回祖国,把一部分财产分给自己的儿女。此后,他自己过着非常简朴的生活。

欧文观点的基础就是李嘉图的劳动价值论:劳动是价值的创造者,也是价值的尺度,商品必须根据劳动进行交换。但是他和李嘉图不同,他认为,在资本主义制度下商品实际上不是按劳动进行交换的。在他看来,按劳动进行交换的前提是,工人应该获得他所创造的商品的全部价值。事实上这种情况根本不存在。马克思和恩格斯把欧文的空想社会主义和当时的其他空想社会主义区分开来,特别强调欧文的社会主义具有共产主义性质。

欧文的共产主义社会的基层单位是规模不大的合作公社。在这些公社里完全消灭了阶级和私有制。而劳动和分配中可能形成不平等现象的唯一差别,那就是年龄和阅历的差别。每个人都可以随便到公社的总仓库去领取他所需要的任何物品。欧文超越公社范围,试图描绘出一种联合大量基层的社会。这些基层组织之间有明确的劳动分工,并按照劳动的价值进行相互交换。在欧文的想象中,这种新社会必须同"旧社会"和这一社会的国家并存一段时期,并向后者交纳税款,向旧社会出售商品,收取一般货币。

【资料来源】

《〈马克思主义基本原理概论〉课教学案例解析》,高等教育出版社,2007年

【相关知识】

空想社会主义的意义及其局限性。

【案例3】

列宁与阿曼德·哈默

一个美国青年来到克里姆林宫前,路上的人们以惊异的眼光注视着他。很快人们就得知他就是受列宁热情邀请而来的美国商人阿曼德·哈默。

当时23岁的哈默已是在哥伦比亚医学院就读的、独一无二白手起家的百万富翁。1921年6月,他克服种种困难来到苏俄,原本想帮助医治当时流行的斑疹伤寒,但大规模的饥荒所引起的灾难却使他大为震惊。他立刻用100万美元购买了100万普特小麦,用船运到苏俄销售。

列宁知道这件事后,热情邀请哈默前来。在办公室里,列宁用英语和哈默交谈着,他问起哈默在苏俄旅行的印象。哈默告诉他说自己刚在饥荒地区和乌拉尔地区待了一个月。列宁听

到这里,脸色露出忧郁的神情,缓慢地说:"是的,饥荒。我听说你本来想做些医务救济工作,当然这种工作很需要,不过,我们最需要的是美国商人,需要的是美国的资本和技术。"列宁顺手从桌上拿起一本《科学的美国人》杂志,一边翻,一边说:"瞧!这是你们人民做出的成绩。这就是进步的含义,高楼大厦,发明,发展机械来代替人的双手。"他放下杂志,说:"我们是个落后的国家,资源丰富而未经开发。你们和我们可以取长补短。美国可以在这里找到原料和销售机器的市场,以后还可以在这里推销工业产品,而我们需要美国的技术和方法,以及美国的工程技术人员。"

哈默谈起访问乌拉尔区的印象,认为俄国的物资人力都很充足,许多工厂的状况比他预计的要好。列宁点点头,说:"不错,内战使一切陷于停顿,现在我们必须从头做起。我们刚刚制定出的新经济政策就是要求重新发掘我们的经济潜能。我们希望建立一种给外国人的工商业承租权的制度,来加速我们的经济发展。它将为你提供很好的机会。"哈默怀着极大的兴趣听列宁谈新经济政策。

哈默从同列宁的谈话中,得到了很多启发。不久后,哈默就成了第一个在苏俄经营租赁企业的美国人。他还劝说坚决反共的大资本家亨利·福特到俄国开办企业,经销汽车和拖拉机,于是其他一些公司也蜂拥而来。后来,福特还在俄国修建了一个汽车厂。虽然福特一向与布尔什维克主义为敌,但对这笔生意却颇为满意。因为苏维埃政府的新经济政策,保证了外国商人有利可图,有钱可赚,也使苏俄冲破了资本主义国家的经济封锁。

【资料来源】

臧瀚之.世界上下五千年[M].北京:京华出版社,2002

【相关知识】

列宁对社会主义的探索。

第二节 科学社会主义的基本原则

【案例4】

苏东剧变后的国际马克思主义大会

在苏东剧变后,自20世纪90年代中期起,在国外,特别是在西方法、英、德、美等主要资本主义国家,掀起了一股研究和宣传马克思主义的热潮。其中尤以所召开的一系列有关马克思主义的大型国际性的会议特别引人注目。

1995年9月27日至9月30日,在法国巴黎召开了"国际马克思大会"。与会者上千人,均是来自世界各地的马克思主义的研究者和同情者。法国《人道报》报道这次会议所用的新闻标题是"马克思引起了轰动"。《解放报》在"马克思没有死"的鲜明标题下指出:"这次会议的成功使我们得以测试马克思的现实性;它集结了全世界的知识分子和广大的公众,证明马克思主义获得了新生。"

1996年4月12日至14日,在美国纽约召开"社会主义学者研究讨论会",有1 500多人到会。会议的主题是"欢呼乌托邦:对社会主义的再展望"。被列入会议研讨的问题有72个之多。

1996年6月22日至23日,"民主和社会主义学者国际协会"在莫斯科召开了第五届国际学术年会。来自美国、法国、英国、日本等21个国家的39名外国学者及50余名俄罗斯学者与会。会议的主题为"通向社会主义之路:改革还是改良?市场还是计划?"。1996年7月12日至19日,来自英国各地以及西欧、北美、亚洲十多个国家的6 000多名代表云集伦敦,举行了为期一周的"马克思主义大会"。大会前后共举行了260多场报告会和讨论会。

1998年5月13日至16日,在巴黎召开"纪念《共产党宣言》发表150周年国际大会"。60多个国家和地区的1 500名人士参加了这次会议。会议收到论文349篇,编成12卷资料集出版。大会的主题是:如何取代资本主义?如何实现人类的解放?会议组织了6次全体会议和26个小组专题讨论会。《人道报》指出:今年,从纽约到东京,从圣保罗到耶路撒冷,从新德里到伦敦,到处都奏响了《共产党宣言》的乐章,而这次会议将"再次使历史沸腾起来"。《星期四事件》所用的新闻标题更是引人注目:《〈共产党宣言〉150周年华诞,谁来吹生日蜡烛——马克思老爹后继有人》。

1998年9月30日至10月3日,第二届"国际马克思大会"在法国巴黎召开。来自30多个国家的近500名学者参加了会议,大会共收到论文200余篇。会议的主题是:资本主义、批判、斗争、抉择。

2001年9月26至30日,第三届国际马克思大会在法国巴黎第十大学举行。30多个国家的600余名学者参加了大会。大会主题为资本与人类,共召开了三次全体会议,议题分别为:资本主义的历史发展、当代资本主义的新变化、超越资本主义与人类。

2004年9月28日至10月2日,第四届国际马克思大会在法国巴黎召开。大会主题为"帝国主义战争和社会战争",来自世界各地的近千名专家学者参加了大会。大会学者分析当代资本主义新变化及其发展阶段,探寻社会主义发展模式及其发展前景,研究马克思主义的时代价值以及坚持和发展马克思主义的紧迫性和重要性。

2007年10月3至6日,第五届国际马克思大会在巴黎召开。世界各地近600名专家学者出席了会议。这次大会的主题是"替代全球主义、反资本主义——寻求一种世界政治的选择"。

【资料来源】

陈学明.国外理论动态[J].苏东剧变后的国际马克思主义大会,1999(1)

【相关知识】

社会主义在实践探索中曲折前进。

【案例5】

社会主义在21世纪的发展前景

材料1 在西方世界的诱导下,苏联和东欧国家纷纷走上了私有化改革道路,但并没有实现预期的经济繁荣。与此相反,俄罗斯经济下降了52%,远远高出残酷的卫国战争时下降的22%。苏东前社会主义国家的私有化所发挥的只是一种独特的"反面教员"的作用。在推行新自由主义政策的亚洲、非洲,特别是拉美一些国家,新自由主义不仅难医其经济痼疾,反而导致此起彼伏的经济衰退、金融动荡,社会危机频仍。由于广大第三世界愈加贫穷、财富和内需急剧减少,发达国家的跨国集团利润下降,其有关国家税收减少,西方发达国家的跨国公司为提高其在全球的竞争力,纷纷裁减本国员工,并要求政府缩减福利,从而导致国内内需大量减少。可以说,以美国为首的西方国家虽然曾极大地得益于在全球推行的新自由主义政策,但这项政策正如同飞去来兮器,最终受害的还是他们自己。

在西方世界,资本主义的美妙赞歌尚在空中回响,作为资本主义领头羊的美国就风光不再,所谓的"新经济"的泡沫开始破灭,美国潜伏的极大的经济危机已经开始显现。到2003年底,美国债权与债务相抵,净欠外债2.4万亿美元,占其GDP的22%;到2004年底,美国连续27年出现赤字,赤字累计超过5万亿美元。作为资本主义世界二号强国的日本,则从20世纪90年代以来,就陷入经济衰退,至今不见亮色。此外,作为资本主义的发源地,西欧和北欧各国为摆脱经济困境,轮番调整经济政策,也始终未见大的起色。

材料2 作为世界第二大经济体,日本长期以来被视为一个新兴的资本主义国家。但近来,工薪阶层中年轻人的不满情绪正在逐渐改变该国的政治前景:共产主义一时间重新成为潮流。据英国《每日电讯报》10月19日报道,日本青年正在以每月1 000人左右的速度投向该国第四大政党——共产党的怀抱。此外,这种"革命热情"还表现在首都街头工人示威游行的频率越来越高。这次"向左拐"运动的先锋部队是20多岁和30多岁的年轻工薪层,他们对《就业法》带来的越来越多的不安定社会因素感到大失所望。

日共国际处副处长森原公俊说:"2002年颁布的新《临时劳动法》使日本年轻一代的工作状况大大恶化。日本的政治气候在变化,越来越多的年轻人也在提高他们的政治觉悟。"如今,三分之一以上的日本年轻人都只有临时性工作。短期劳动合同的推广催生了大批的自由职业者,他们总是在不断调换工作。这些人既没有权利,也没有安全保障,更没有未来可言。引发年轻人加入共产党高潮的一大功臣是该党主席志井和夫。他在一次议会演讲中抨击资本主义"剥削"年轻劳动力,不仅令日本青年大受鼓舞,而且成为他们疯狂崇拜的偶像。

【资料来源】

①李慎明.社会主义在21世纪发展前景的展望,2006-05-12

②日本青年追捧共产主义,经典无产阶级小说人气飙升.解放日报,2008-10-20

【相关知识】

社会主义的发展前景。

【案例6】

前程艰险依然笑着走

朝鲜民主主义人民共和国位于朝鲜半岛北部,1948年9月9日建国。在金日成主席的领导下,经过抗击美军入侵、经济恢复和全面建设三个历史时期,朝鲜的社会主义建设取得了伟大成就。朝鲜在发展中取得的巨大成就,体现在朝鲜社会生活的方方面面。

朝鲜社会发展的成就体现在它所推行的高福利政策上。朝鲜是一个高福利的国家,这种高福利主要体现在"四大免费"方面。一是教育免费。朝鲜在全社会实行11年全民义务制教育,大学则是国家发助学金,约有50%的高中生可以升入大学学习。朝鲜全国有200多所大学,最大的是位于平壤市的金日成综合大学,在校生达1万多人。二是医疗免费,一切医疗设施和药品都由国家无偿提供。三是住房免费。城乡居民的住房都免费由国家分配。城市居民自结婚之日起,国家即免费分给一套住房,面积80平方米至150平方米不等。农村的房屋也由国家统一修建。四是实行退休养老制度。国家安排所有人的工作,女55岁、男60岁退休,由国家发放退休金。

朝鲜社会发展的成就体现在它高水准的城市建设上。朝鲜首都平壤是一块略有丘陵的开阔地,大同江从市中心横穿而过,绿地和植物很多,城市规划合理,建筑造型别致。如高100层的柳京大酒店神似埃及的金字塔,五一体育场像一顶落地的降落伞。人民大学习堂飞檐画栋,乳白色房身配青琉璃瓦顶,典型的歇山式朝鲜风格的建筑。还有锦绣山议事堂庄严宏伟,火车站六角型的塔式建筑独特出奇。特别是平壤的地铁候车厅,彩色流苏的吊灯,苍穹型的屋顶,石雕的风景壁画,非常气派。街道两边成片成片的居民楼,都是弧型的连体造型,高20多层,带有欧式建筑风格。平壤可以说是东西方建筑的展览馆和荟萃地。高丽宾馆、青年宾馆等内部有游泳馆、台球室、卡拉OK室、按摩间、桑拿室、医务室等多种服务设施,而且邮政所、书店、工艺品商店等一应俱全。市区主要干道光复大街宽100米,平壤最宽的统一大街,宽120米,在大街的十字路口,还有高架立交桥。此外,平壤的空气几乎没有污染,街上看不见痰迹、果皮、纸屑,甚至连一根烟头也找不到。为了保护环境,政府采取了许多措施,如规定行人不许踩草坪、矿泉水一般不许用塑料瓶装、严格将平壤市区人口控制在300万以内等等,平壤像一座"公园里的城市"。

朝鲜的发展成就体现在它所开展全面的素质教育上。朝鲜政府十分注重国民素质教育，特别是对青少年的素质教育。如平壤的万景台学生少年宫有100多个课外活动小组，有钢琴、扬琴、手风琴、芭蕾舞、跆拳道、刺绣、乒乓球、医务等，每天下午放学之后和星期 El（朝鲜实行每周六天工作制），许多小学生来这里接受素质教育。平壤运动村还有拳击、保龄、游泳、篮球、乒乓等各种运动馆供市民活动和举行体育比赛。

朝鲜的发展还体现在它对革命传统教育的高度重视上。朝鲜是在金日成创建的朝鲜劳动党的领导下，先后赶走了日本帝国主义和美帝国主义而走上社会主义道路的。因此朝鲜十分注重革命历史传统教育和爱祖国爱领袖的教育。在平壤市区，矗立着凯旋门、建党纪念碑、中朝友谊纪念碑、抗美援朝纪念碑、千里马纪念碑、金日成故居等传统教育圣地。在锦绣山山顶，矗立着一尊高大的金日成铜像，公共场所都悬挂着金日成和金正日的画像，朝鲜公民每人胸前都佩带着两位领袖的像章。朝鲜还把国花分别命名为"金日成花"和"金正日花"。金日成同志逝世后，被推举为朝鲜劳动党总书记和共和国最高职位的国防委员会委员长，并在每个城市都修建了永生塔。

但从1994年起，朝鲜进入了建国后的最困难时期。先是连续两年的大洪水，继而一年的大旱，后又遇台风袭击，朝鲜的农业遭受惨重打击。1997年初，朝鲜洪水灾害对策委员会宣布，截止前一年底，全国库存粮食只够吃一个月，仅存24.6万吨。因此只有实行计划定餐供应，小孩根据年龄不同，每人每天供应粮食300～500克，成人为700克。每人每月3 000克猪肉，1 500克鸡蛋。与天灾相伴，长期遭受西方封锁和制裁的朝鲜经济也变得越来越困难。因缺少电力、燃油、煤炭，一些列车停运，不少工厂企业生产停顿，甚至在首都平壤街头的路灯也没有了光亮。

在如此逆境中，朝鲜将克服内忧外患看作是一场殊死的搏斗。金正日将这场艰苦卓绝的斗争比作"苦难的行军"。他没有在金日成主席逝世后立即继任劳动党总书记这一最高领导职务，而是潜心探索将朝鲜带出困境的万全之策。他先后外出视察200多次，巩固国防，稳定社会，抓恢复生产，几乎走遍全国的每一个角落。经过6个年头的"苦难的行军"，朝鲜人民以刚毅的力量和辛勤的汗水换来了战胜困难的果实。在20世纪结束前夕，朝鲜宣布"苦难的行军"胜利结束，朝鲜已经渡过了最困难的时期。当然，朝鲜在建设社会主义的里程中还有漫长的路要走，但朝鲜所呈现出的新气象必将作为一个好的开端，鼓舞着朝鲜人民"前程艰险依然笑着走"。

【资料来源】

《〈马克思主义基本原理概论〉课教学案例解析》，高等教育出版社，2007年

【相关知识】

社会主义在实践探索中曲折前进；社会主义发展道路的多样性。

【案例7】

世界发展多样性中的"中国模式"

有学者认为,中国发展模式有以下五个特点:

以增进世界第一人口大国公民的福祉为核心。中国是全世界人口最多的国家,增进公民福祉是中国发展的核心。目前中国的人口存量已超过13亿,人口年自然增长率千分之5.3左右。按此计算,年人口净增量近700万,十年净增人口近7 000万。目前英国人口总规模6 000多万,中国十年来仅新增人口数就超过英国现有人口总规模。中国的发展以13亿人的价值和13亿人的潜力的发挥为中心,旨在满足13亿人的基本需要,并促进每位成员的全面发展,这是举世无双的。

充分挖掘社会主义基本制度和现代市场经济体制相结合的巨大潜力。中国实行的社会主义基本制度有若干质的规定性,在所有制、调节机制等方面又有着自己的特色,其中最显著的就是社会主义基本制度与现代市场经济体制的内在结合。中国是逐步由计划经济体制向社会主义市场经济体制转变的,这种新的体制模式,在全世界190多个国家和经济体中只有三个,中国、越南和老挝。在探索社会主义基本制度和现代市场经济体制的内在结合方面,中国是做的最早的国家。这种"内在结合"的巨大制度潜力对中国的经济发展产生了巨大的影响。

努力发挥劳动力丰富、市场广阔和后发国家三大优势。一是劳动力资源丰富。目前中国16岁以上、60岁以下且已就业的劳动者约为7.6亿多人,劳动力队伍庞大且成本较低。二是拥有广阔的市场。从商品市场来看,中国一年的社会商品零售额七八万亿元人民币,进口货物8 000亿美元(2006年)。从资本市场来看,近30年来,中国引进外资7 000亿美元,相当多的国外境外企业到中国大陆投资,就是因为看中了中国大陆的市场。三是后发优势。欧美工业化国家在其几百年的发展过程中,有很多经验和教训值得中国借鉴。此外,随着信息革命、生物技术革命的到来,无论新、老工业化国家,都处在了同一起点上。作为新兴工业化国家,中国正在发挥并利用这种后发优势。

着力实行有中国特色的"四轮推动"。即有中国特色的工业化、城镇化、市场化和国际化。这是中国经济发展模式的四大支撑。

在更大范围内推进有中国特色的"五位一体"建设。"五位一体"建设是指有中国特色的经济、政治、文化、社会和生态文明建设。经济建设重在建设社会主义市场经济,政治建设重在建设社会主义民主政治,文化建设重在建设社会主义先进文化,社会建设重在建设社会主义和谐社会,生态文明建设重在建设资源节约型和环境友好型社会。推进"五位一体"建设,基本宗旨是为人类文明发展做出中国自己的贡献。

综上,紧扣一个核心,整合两种制度(体制),发挥三大优势,实行"四轮推动",推进"五位一体"建设——这是该学者对中国经济发展模式特点的主要概括。

【资料来源】

　　光明日报,2008-08-19

【相关知识】

　　社会主义发展道路的多样性。

第三节　在实践中探索现实社会主义的发展规律

【案例8】

习近平系列讲话是中国特色社会主义理论体系的发展

　　十八大以来,习近平总书记系列重要讲话,集中反映了新一届中央领导集体的执政理念、工作思路和信念意志,深刻回答了新的历史条件下党和国家发展的一系列重大理论和现实问题,是马克思主义中国化最新成果的集中体现,是中国特色社会主义理论体系的丰富和发展。

内涵丰富、基础坚实和特征鲜明彰显讲话的中国风格、中国特色和中国气派

　　讲话具有丰富的理论内涵。坚持和发展中国特色社会主义,是改革开放以来我们党全部实践和理论的主题,续写好中国特色社会主义的新篇章是贯穿讲话的主题。围绕这一主题,习近平总书记在改革发展稳定、治党治国治军、内政外交国防各个领域,创造性地提出了一系列紧密联系、相互贯通的新思想、新观点、新论断,形成中国道路、中国梦、科学发展、深化改革、"三个倡导"、依法治国、执政根基、群众路线、反腐倡廉、"三严三实"、从严治党、意识形态建设、一国两制、"一带一路"、和谐世界、"亚太梦"等基本范畴,全面系统地阐述了坚持和发展中国特色社会主义伟大事业、推进党的建设新的伟大工程中的一系列基本问题,为我们在新的历史起点上实现新的奋斗目标提供了根本遵循,成为一个对党和国家发展全局起着统领作用的科学理论。

　　讲话具有坚实的理论基础。讲话贯穿了马克思主义的世界观和方法论,生动体现了马克思主义唯物史观和唯物辩证法的有机统一。讲话要求全党实事求是,一切从实际出发,强调"空谈误国,实干兴邦",提出要"踏石留印,抓铁有痕",以钉钉子的精神,把工作做实。讲话强调人民是历史的创造者,要紧紧依靠人民推进改革,坚持把实现好、维护好、发展好最广大人民根本利益作为推进改革的出发点和落脚点,让发展成果更多更公平惠及全体人民,满足人民过上美好生活的新期待。讲话充分体现了共产党人实事求是的理论品质、人民至上的价值追求、高瞻远瞩的战略思维和求真务实的工作作风,开阔了我们认识事物的角度视野,丰富了我们把握问题的思维路径,是辩证唯物主义和历史唯物主义的中国化、大众化的当代表达,是辩证唯物主义和历史唯物主义在当代中国的运用和发展。

讲话具有鲜明的理论特征。一是科学性。讲话坚持马克思主义基本原理,始终用实践的观点、辩证的观点和群众的观点观察分析问题,始终做到以马克思主义基本原理同中国具体实际相结合,是指引实现中华民族伟大复兴中国梦的科学指南。二是实践性。讲话总结人民群众的实践经验,把改革开放30多年的实践探索上升为规律性认识,并用来指导新的实践,坚持在实践中创新和发展理论,具有鲜明的实践特色。三是时代性。讲话以马克思主义的宽广眼界观察世界,以科学思维审视时代,充分吸纳借鉴当代人类社会文明成果,始终站在时代前列谋划发展、引领中国进步,是时代精神的精华。四是民族性。讲话在科学理论的表现形式上极具中华民族的特色和神韵,用朴素的话语表达深邃的道理,容易内化为人民群众的思维方式和价值观念,真正为中国人民所喜闻乐见和自觉实践。五是开放性。随着实践的深入,讲话的理论内涵还会继续得到丰富、发展和完善。

丰富、完善和发展中国特色社会主义理论体系,续写马克思主义中国化新篇章

讲话是中国特色社会主义理论体系的重要组成部分。在继续围绕"什么是社会主义、怎样建设社会主义""建设什么样的党、怎样建设党""实现什么样的发展、怎样发展"三大基本问题作出创造性科学回答的同时,讲话还围绕"什么是改革、进行什么样的改革、怎样改革"这一时代课题,科学布局了全面深化改革的战略重点、主攻方向、工作机制、推进方式和时间表、路线图,深刻反映新的社会诉求和人民期盼,为中国特色社会主义理论体系注入了新的时代内容和鲜活元素,成为中国特色社会主义理论体系一个新的有机组成部分,开辟了马克思主义中国化的新境界。

讲话与邓小平理论、"三个代表"重要思想、科学发展观对象一致、主题一致,都是探讨完善和发展中国特色社会主义的规律问题。围绕实现中华民族伟大复兴的中国梦、增强中国特色社会主义道路理论制度"三个自信""五位一体"建设、全面深化改革开放、推进国家治理体系和治理能力现代化等重大问题进行全面系统阐述,充分体现了坚持和发展、继承和创新的统一;在中国发展道路、中国梦、群众路线、党的建设、依法治国、科学发展、全面深化改革、意识形态建设、国防和军队建设、祖国统一等方面,讲话在理论内涵、范畴体系和语言表述等方面明显地发展了邓小平理论、"三个代表"重要思想和科学发展观,为中国特色社会主义理论体系增添了新的时代内容,是继邓小平理论、"三个代表"重要思想、科学发展观之后马克思主义中国化的最新成果,对指导党和国家事业发展、开创中国特色社会主义新局面具有重大现实意义和深远历史意义。

勇担历史使命,开创发展新局面,发展中国特色社会主义理论体系

讲话能够承担起进一步发展中国特色社会主义的历史使命。讲话关于坚持和发展中国特色社会主义的重要论述,是新一届中央领导集体对举什么旗、走什么路、坚持什么制度的政治承诺,是深刻彻底的马克思主义科学理论,奠定了全国人民团结奋斗的共同思想基础;讲话关于实现中华民族伟大复兴中国梦的论述,反映了近代以来一代又一代中国人的美好夙愿,进一

步揭示了中华民族的历史命运和当代中国的发展走向,成为海内外中华儿女的最大公约数和最大共识;讲话关于改革开放的重要论述,阐明了全面深化改革的重大意义、指导原则和科学方法,强调改革开放是一场深刻革命,必须坚持正确方向,决不能在根本性问题上出现颠覆性错误,宣示了我们党坚定不移推进改革开放的坚定决心和勇气;讲话关于推动科学发展的重要论述,强调更加重视发展的质量和效益,强调民生改善和环境保护,是对发展经验的深刻总结和发展规律的科学把握,是对我们党关于科学发展理论的进一步深化;讲话关于党要管党、从严治党,从思想、组织、作风、反腐倡廉建设和制度建设方面所作的论述,为推进党的建设新的伟大工程指明了方向。讲话在社会主义民主政治和依法治国、宣传思想工作、国际关系和我国外交战略等方面的论述,科学回答了当前面临的一系列关键问题、紧迫问题,对做好相关工作具有重要指导意义。

讲话指导我们开创党和国家事业发展的新局面。科学的理论指导实践会使实践顺利进行,达到预期的效果。党的十八大以来,以习近平同志为总书记的党中央以鲜明的执政风格、朴实的工作作风,赢得了亿万中国人民的真诚信赖。用中国梦点燃了亿万华夏儿女心中的激情,凝聚了海内外华夏儿女的意志,形成了巨大合力;坚持以提高经济发展质量和效益为中心,稳增长、调结构、促改革,推动经济健康持续发展;保持强烈的忧患意识和责任意识,敢于啃硬骨头、敢于涉险滩,推动全面深化改革迈出重要步伐;统筹国内国际两个大局,坚持开放、合作、共赢的发展,扩大同世界各国各方利益汇合点,"世界命运共同体""亚太梦""中美新型大国关系"的理念开创了中国外交新局面;坚持以加强作风建设为切入点,制定实施八项规定,部署开展党的群众路线教育实践活动,深入推进反腐败斗争,一个风清气正的时代正在来临;强调改革开放是有方向、有立场、有原则的,坚持把完善中国特色社会主义制度、推进国家治理体系和治理能力现代化作为全面深化改革的总目标,保持中国改革正确的方向,以简政放权、释放改革红利、实现公平正义为特色的新一轮改革正如火如荼进行,开创了改革开放的新局面。

讲话提出的一系列新思想、新观点、新论断和新要求相互渗透、相互促进、相互补充,融为一个有机整体,从理论和实践层面回应和解决了改革开放进入攻坚期和深水区时人们的思想疑虑和深层困惑,必将起到统一思想、澄清模糊认识的巨大作用,焕发全国人民奋勇前进和创造热情的强大动力,继续引领中国特色社会主义在科学的轨道上奋力前行。

【资料来源】

http://www.chinanews.com/gn/2014/12-06/6851349.shtml

丁晋清　作者单位:广东省中国特色社会主义理论体系研究中心

【相关知识】

科学社会主义理论的现实指导意义

【案例9】
中国政党制度的当代发展

中国政党制度伴随着中国革命的需要产生,在社会主义建设进程中发展。特别是改革开放以来,中国共产党加强党内民主建设,以党内民主带动党际民主,推进人民民主,为中国政党制度的快速发展创造了基础条件。

第一,政党制度运行环境改善。中国共产党领导的多党合作和政治协商制度的环境基础是政治民主,无论是国家民主、政党民主还是社会民主,都为政党制度运行提供了根本的环境保障。改革开放以来,中国共产党积极推进党内民主建设,在保障党员民主权利、完善党的代表大会制度、实现党内民主决策和常委会工作机制等方面,采取了大量的有效举措,切实提高了党内民主建设的制度化水平。以党内民主带动党际民主,最终推动国家民主和社会民主建设,成为中国政党制度运行环境不断改善和优化的基本逻辑进程。在共度波折与困难的过程中,共产党与各民主党派关系更加紧密,共产党更加信任和尊重民主党派,不断创造条件发挥民主党派的参政作用,各民主党派也积极参政议政、建言献策,与共产党一起共谋国家发展大计。中国共产党与各民主党派形成了团结合作的新型政党关系,这充分体现了以党内民主和党际民主为主要内容的政党民主的发展,标志着中国政党制度的核心运行环境在不断优化。以政党民主为推手,中国共产党不断深化政治体制改革,推动国家和社会民主建设,为中国政党制度营造了一个民主和谐的社会环境。

第二,政党制度运行内容丰富。从运行内容看,中国特色的政党制度主要包括"怎么实现共产党领导""怎么进行多党合作"和"怎么进行政治协商"三大基本问题,实践中体现为三大问题的辩证统一。几十年来,面对不断变幻的复杂国际环境和西方势力的不断冲击,中国政党制度不但经受住了考验,而且运行内容不断丰富,体现了高度的发展活力。首先,从实现共产党的领导来说,中国共产党在重视自身建设、不断提高领导能力和领导科学化水平的同时,就重大方针政策和重要事务同各民主党派进行政治协商,同各民主党派实行相互监督。其次,从多党合作的具体形式来说,中国共产党支持各民主党派参加改革开放和社会主义现代化建设,保证各民主党派成员在国家权力机关中占有适当数量,依法履行职权,让各民主党派成员担任国家及地方人民政府和司法机关的领导职务,同时各级人民政府通过多种形式与民主党派联系,发挥他们的参政议政作用。最后,从政治协商的形式和内容来说,经过多年的实践,中国多党合作制度中的政治协商形成了两种基本方式:一种是中国共产党同各民主党派的协商;一种是中国共产党在人民政协同各民主党派和各界代表人士的协商。协商的主要内容包括:中国共产党全国代表大会、中央委员会的重要文件;宪法和重要法律的修改建议;国家领导人的建议人选;关于推进改革开放的重要决定;国民经济和社会发展的中长期规划;关系国家全局的一些重大问题;通报重要文件和重要情况并听取意见,以及其他需要协商的重要问题等。

第三,政党制度运行质量提高。政党制度的生命不仅取决于制度内容的设计,更取决于制度的有效运行与实施。要测量一种制度的运行状况,需要构建科学的评估体系,以便对制度运行质量进行有效评价。对中国共产党领导的多党合作和政治协商制度运行质量的评价体系还需要探索与研究,但从以下几个方面可以看到,近年来中国政党制度的运行质量在不断提高。首先,从民主党派积极参与政治协商的情况看,围绕经济社会发展中的重要问题,各民主党派积极参加人民政协同政府有关部门进行的专题协商会,如2006年先后参加了以进一步推进西部大开发战略、落实国家中长期科学和技术发展规划纲要为主要议题的专题协商会,广开言路,集思广益,有力地促进了政府相关工作的开展。其次,从民主党派开展民主监督的情况看,各民主党派运用政协视察、大会发言或以其他形式对国家宪法、法律和法规的实施,重大方针政策的贯彻执行,国家机关及其工作人员的工作,通过建议和批评进行监督。政协委员中的民主党派成员还通过参加中共党委和政府有关部门组织的调查和检查活动或应邀担任司法机关和政府部门监督人员等开展民主监督。1997年至2006年,各民主党派中央在全国政协会议上做大会发言(包括书面发言)370余次(份),内容涉及改革、发展、稳定等一系列重大问题,如加快产业结构优化升级、大力推行循环经济发展、重视灾害的社会管理和加紧应急体系建设、维护和保障农民工的合法权益、完善社会保障体系、加强农村文化建设、保障教育特别是基础教育的投入、积极推进民办教育、加强公共卫生体系建设、坚决反对分裂和促进祖国统一、发展两岸经贸交流等。最后,从民主党派积极参政议政的情况看,参加人民政协的各民主党派成员对政治、经济、文化、社会生活中重要问题以及人民群众普遍关心的问题开展调查研究,反映社情民意,通过调研报告、提案、建议案或其他形式向中国共产党和国家机关提出大量的意见和建议。1990年至2006年,各民主党派和民主党派成员的政协委员在全国政协会议上共提交提案2 400余件,包括尽快就反分裂国家行为立法、农村税费改革、大力营造非公有制经济良好发展环境、建立社保基金监督机制、创建中国农村社会保障体系等,其中许多提案得到采纳实施,或促成了相关法律的制定,或成为制定政策的重要参考依据。

【资料来源】

杨立志.中国政党制度的价值意蕴及其当代发展[J].中共天津市委党校学报,2013(4)

【相关知识】

马克思主义政党是社会主义革命、建设和改革的领导核心。

课后习题

一、单项选择题

1. 无产阶级革命主要的、基本的形式是(　　)。
   A. 改革　　　　　　　　B. 暴力
   C. 改良　　　　　　　　D. 和平
2. 世界上第一个社会主义国家是(　　)。
   A. 中国　　　　　　　　B. 南斯拉夫
   C. 朝鲜　　　　　　　　D. 苏联
3. 下列关于无产阶级专政的描述不正确的是(　　)。
   A. 不是最进步的新型国家政权　　B. 代表工人阶级和劳动人民的意志
   C. 阶级基础是工农联盟　　　　　D. 最终目标是进入无阶级社会
4. 下列关于社会主义民主的描述不正确的是(　　)。
   A. 本质是人民当家做主　　　　　B. 与资本主义民主没有关系
   C. 目的和手段的统一　　　　　　D. 需要历史过程
5. (　　)把共产主义社会第一阶段命名为"社会主义社会"。
   A. 马克思　　　　　　　B. 毛泽东
   C. 恩格斯　　　　　　　D. 列宁
6. 马克思主义经典作家对社会主义基本特征的论述不包含(　　)。
   A. 生产资料归全社会公有　　　　B. 计划经济
   C. 一定程度上存在商品和货币　　D. 按劳分配
7. 探索适合本国国情的社会主义发展道路不需要(　　)。
   A. 照抄照搬马克思主义　　　　　B. 以当时当地的条件为转移
   C. 吸收本国传统文化精华　　　　D. 吸收资本主义发展的文明成果
8. 社会主义发展道路的多样性不是因为(　　)。
   A. 生产资料所有制不同　　　　　B. 生产力发展状况和社会发展阶段不同
   C. 历史文化传统的差异性　　　　D. 时代和实践的发展
9. 下列关于马克思主义政党的描述不正确的是(　　)。
   A. 新型的革命政党　　　　　　　B. 工人阶级的先锋队
   C. 为实现社会主义而奋斗的党　　D. 具有鲜明政治纲领的党

10. 三大空想社会主义者不包括( )。
   A. 圣西门　　　　　　　　　　B. 莫尔
   C. 傅立叶　　　　　　　　　　D. 欧文

二、多项选择题

1. 无产阶级革命的形式有( )。
   A. 改革　　　　　　　　　　　B. 暴力
   C. 改良　　　　　　　　　　　D. 和平
2. 列宁领导下的苏维埃俄国对社会主义的探索大体上经历了哪些时期( )。
   A. 十月革命　　　　　　　　　B. 进一步巩固苏维埃政权
   C. 战时共产主义时期　　　　　D. 新经济政策时期
3. 科学社会主义的核心内容有( )。
   A. 解放思想、实事求是　　　　B. 无产阶级专政
   C. 社会主义民主　　　　　　　D. 政党制度
4. 历史上无产阶级专政的国家形式有( )。
   A. "和谐社会"　　　　　　　　B. 巴黎公社
   C. 苏维埃　　　　　　　　　　D. 人民代表大会制度
5. 马克思主义经典作家对共产主义第一阶段即社会主义社会的基本特征论述有( )。
   A. 生产资料归全社会公有　　　B. 计划经济
   C. 一定程度上存在商品和货币　D. 按劳分配
6. 社会主义发展道路的多样性是因为( )。
   A. 生产资料所有制不同　　　　B. 生产力发展状况和社会发展阶段不同
   C. 历史文化传统的差异性　　　D. 时代和实践的发展
7. 马克思主义政党的产生需要的两个条件是( )。
   A. 生产力的高度发展　　　　　B. 工人运动的发展
   C. 科学社会主义理论的传播　　D. 资本主义社会制度的环境中

三、辨析题

1. 社会主义民主与资本主义民主都是民主,没有差别。
2. 只要具有崇高理想和坚定信念,经济文化落后的国家也会很快建设好社会主义,迈向共产主义。
3. 社会主义的发展是一帆风顺的。

四、材料分析题

1. 【材料1】 无论哪一个社会形态，在它所能容纳的全部生产力发挥出来以前，是决不会灭亡的；而新的更高的生产关系，在它的物质存在条件在旧社会的胎胞里成熟以前，是决不会出现的。所以人类始终只提出自己能够解决的任务，因为只要仔细考察就可以发现，任务本身，只有在解决它的物质条件已经存在或者至少是在生成过程中的时候，才会产生。

（《马克思恩格斯选集》第2卷，人民出版社1995年版，第32页）

【材料2】 正像达尔文发现有机界的发展规律一样，马克思发现了人类历史的发展规律，即历来为繁芜丛杂的意识形态所掩盖着的一个简单事实：人们首先必须吃、喝、住、穿，然后才能从事政治、科学、艺术、宗教等等；所以，直接的物质的生活资料的生产，从而一个民族或一个时代的一定的经济发展阶段，便构成基础，人们的国家设施、法的观点、艺术以至宗教观念，就是从这个基础上发展起来的，因而，也必须由这个基础来解释，而不是像过去那样做得相反。

（《马克思恩格斯选集》第3卷，人民出版社1995年版，第776页）

【材料3】 一方面，马克思认为社会主义的产生取决于某些"客观"的条件的成熟，特别是先进工业结构的形成，这些条件由资本主义通过盲目的、不以人的意志为转移的必然规律的作用产生出来。这样资本主义就是注定要产生出另一种更高级社会社会主义社会的社会发展中的一个阶段。

另一方面，马克思又认为他的理论不只是一种社会科学。它还是另一种暴力革命的学说。马克思主义不是只要了解社会；它不是革命的无产阶级将起来推翻资本主义，而是积极地动员人们去这样做。它插手去改变世界。问题是，如果资本主义的确是由注定它要被一种新的社会主义社会替代的规律所支配，那么为什么还要强调"问题是要改变它"呢？如果资本主义的灭亡是由科学保证了的，为什么还要费那么大的力气去为它安排葬礼呢？既然看来人们无论如何受必然规律的约束，为什么又必须动员和劝告人们遵照这些规律行事呢？

（[美]阿尔温·古尔德纳：《两种社会主义》。摘自陶德林、石云霞主编：《马克思主义基本原理概论》，武汉大学出版社、湖北人民出版社2006年版，第252页）

请回答：
(1)为什么说社会主义是人类社会发展的必然？
(2)试分析阿尔温·古尔德纳的观点。

参考答案

第六章 社会主义的发展及其规律

一、单项选择题

1. B 2. D 3. A 4. B 5. D 6. C 7. A 8. A 9. C 10. B

二、多项选择题

1. BC 2. BCD 3. BC 4. BCD 5. ABD 6. BCD 7. BC

三、辨析题

1. 社会主义民主与资本主义民主都是民主,但二者既有历史联系又有本质差别。因此本题前提正确,但结论错误。

第一,社会主义民主与资本主义民主之间存在着一定的历史联系。社会主义民主不是凭空产生的,社会主义民主与资本主义民主有批判继承的关系。具体表现在两个方面:首先是某些民主原则的历史联系,如主权在民的原则,服从多数意志的原则、公民在法律面前人人平等的原则。其次是某些民主形式的历史联系,如普选制、代议制等。

第二,但是社会主义民主与资本主义民主之间又存在着根本区别。主要表现在:经济基础不同、阶级本质不同、原则与实践的关系不同等。与资本主义民主相比,社会主义民主是建立在社会主义公有制的经济基础之上,并为发展社会主义的经济基础服务的,这就决定了社会主义民主是新型的民主,它的本质是人民当家做主。

2. 经济文化落后的国家的民族和人民有了崇高理想和坚定信念,一定会建设好社会主义,最终迈向共产主义,但是,不能因为必然性就忽视了建设过程的艰巨性和长期性,因此上述命题结论不正确。

我们必须充分认识经济文化相对落后的国家建设社会主义的艰巨性和长期性,这是由以下四个方面决定的:第一,生产发展状况的制约;第二,经济基础和上层建筑发展状况的制约;第三,国家环境的严峻挑战;第四,马克思主义执政党对社会主义发展道路的探索和对社会主义建设规律的认识,需要一个长期的艰苦的过程。

3. 同任何事物的发展不会一帆风顺一样,社会主义的发展也会发生曲折,是前进性和曲折性相统一的过程。这是由社会主义在曲折中前进的客观性决定的:第一,社会主义作为新生事物,其成长不会一帆风顺;第二,社会主义社会的基本矛盾推动社会发展,是作为一个过程而展开的,人们对它的认识也有一个逐渐发展的过程;第三,经济全球化对于社会主义的发展既有机遇又有挑战。

四、材料分析题

1.(1)社会主义的历史必然性问题,是马克思恩格斯社会主义思想中一个首要的基本问题。上述材料是从历史唯物主义来回答这一问题的。根据历史唯物主义的原理,社会存在决定社会意识,社会意识对社会存在具有反作用,因而,人类社会也像自然界一样,有着客观的发展规律,有一个从低级向高级的发展过程,其根本动力就是生产力和生产关系,经济基础和上层建筑。这两对基本矛盾就使得人类社会的发展呈现为原始社会、奴隶社会、封建社会、资本主义社会和共产主义社会(其初级阶段是社会主义社会)依次替代,也就是说,社会主义社会代替资本主义社会是以客观规律为依据的,因而具有必然性。当然,马克思又承认,社会主义出现的必然性并不意味着当下的实现,在人类社会发展的某一阶段中,资本主义有其存在的合理性和必然性,"无论哪一个社会形态,在它所能容纳的全部生产力发挥出来以前,是决不会灭亡的;而新的更高的生产关系,在它的物质存在条件在旧社会的胎胞里成熟以前,是决不会出现的"。即社会主义只能在资本主义充分发展之后才能出现。因此,资本主义当下的存在,并不意味着它是永存的,而只能说明它被社会主义所替代的条件还没有成熟,一旦资本主义发展到一定程度,社会主义就必然出现。

(2)阿尔温·古尔德纳试图用规律的必然性否定人在社会发展中的能动作用,否定人们可以按照客观规律去改变世界,没有意识到自然规律和社会规律的差异,割裂了社会发展的客观规律与人的主观能动性之间的辩证关系,没有真正掌握马克思主义的立场、观点和方法。马克思主义认为,社会规律与自然规律虽然都具有客观性,但与自然规律运行的盲目性不同,社会规律的实现需要人的主观能动性参与。因此,社会主义代替资本主义虽然是历史发展的必然规律,但社会主义却不会自发地实现,而要有赖于以马克思主义理论为指导的无产阶级的积极的革命行动。

第七章
Chapter 7

共产主义崇高理想及其最终实现

学习目标

学习和掌握马克思主义经典作家预见未来社会的科学立场和方法;把握马克思主义经典作家关于共产主义社会基本特征的主要观点;深刻认识共产主义社会实现的历史必然性和长期性;树立和坚定共产主义远大理想,积极投身于中国特色社会主义建设事业。

学习要点

共产主义社会的特征:
①物质财富极大丰富,消费资料"按需分配"。
②社会关系高度和谐,人们精神境界极大提高。
③每个人自由而全面地发展,人类从必然王国向自由王国的飞跃。

案例分析

第一节 马克思主义经典作家对共产主义社会的展望

【案例1】

美好的"大同"理想

《礼记·礼运》篇借孔子与其弟子子游的问答,向人们展示了一幅儒家向往、追求的理想社会——"大同"之世的蓝图。"大同社会理想",对中国社会主义思潮的发展,产生了积极的影响。千百年来成为无数仁人志士为之奋斗的崇高理想。

"大道之行也,与三代之英,丘未之逮也,而有志焉。大道之行也,天下为公,选贤与能,讲信修睦,故人不独亲其亲,不独子其子,使老有所终,壮有所用,幼有所长,矜寡孤独废疾者,皆有所养。男有分,女有归,货恶其弃于地也,不必藏于己;力恶其不出于身也,不必为己。是故谋闭而不兴,盗窃乱贼而不作,故外户而不闭,是谓大同。今大道既隐,天下为家,各亲其亲,各子其子,货力为己,大人世及以为礼,城郭沟池以为固,礼义以为纪,以正君臣,以笃父子,以睦兄弟,以和夫妇,以设制度,以立田里,以贤勇知,以功为己。故谋用是作而兵由此起。禹、汤、文、武、成王、周公由此其选也。此六君子者未有不谨于礼者也。以著其义,以考其信。著有过,刑仁讲让,示民有常。如有不由此者,在执者去,众以为殃,是谓小康。"

《礼记·礼运》篇里对"大同"之世的构想,有以下几方面的特点:

首先,这种大同社会是建立在财产公有制基础之上的。财产不必有一家一己之私藏,而归社会所共有。其次,这种大同社会的观念形态是建立在"天下为公"的思想基础之上的。在用人问题上,没有宗法血缘、等级观念,"选贤与能"以管理社会。人人为他人、社会尽力,而无一己之藏。再次,在社会关系上,人人和睦相处,相互帮助,具有高尚的道德情操,社会之爱取代了亲情之爱。社会太平安定,无礼义刑罚等社会政治道德法律规范。最后,每一位社会成员都有其合理的社会分工,"男有分,女有归","壮有所用"。并且享有充分的社会福利养护权益,"矜寡孤独废疾者皆有所养"。

毫无疑问,这种大同世界是一个没有私有制,从而也没有剥削压迫的,人人自由、平等、享有幸福生活的社会。

【资料来源】

http://www.docin.com/p-357561603·html

【相关知识】

人类对理想社会的追求。

【案例2】

空想社会主义

托马斯·莫尔的代表作《乌托邦》描绘了一个美好社会的图景：在那里，没有私有财产和剥削现象，人们有计划地从事生产，城乡之间没有对立，不需要商品、货币和市场，实行按需分配。主要公职人员由人民选举产生，公事由集体讨论决定。每天劳动6小时，然后进行科学、艺术和体育等活动。人们之间相亲相爱，过着幸福生活。

傅立叶提出以"和谐社会"代替资本主义，并在一个农场里进行组建"法郎吉"（和谐社会基本单位）的试验。法郎吉的意思是训练有素的步兵队伍，也就是说，法郎吉进行有计划的生产、组织和管理。每个法郎吉的基本组织单位有1 620人，每个人根据不同的性格从事不同的工作，每项工作都有人干，还配个副手，并且规定了每个人几点起床、几点吃饭、几点休息，都十分详尽和具体。他还希望有人出钱支持法郎吉的实验，并在报纸上刊发广告，谁愿出资，就和他商谈，每天上午12点之前在家等着别人和他洽谈，但是几年以后，也很少有人支持他，最终法郎吉的实验以失败告终。

【资料来源】

广东白云学院马克思主义基本原理概论精品课课程资源

【相关知识】

空想社会主义者都从抽象的理性出发，完全脱离客观现实和社会发展规律，在头脑中幻想出理想社会的图景，并且热衷于对这种图景进行详细的描绘。

【案例3】

共产主义究竟有多远？习近平"四一定"谈发展
——读《中国特色社会主义理论体系学习读本》体会

最近我重温了由中央党校和中央有关部门的专家集体撰写的，人民日报出版社出版的《中国特色社会主义理论体系学习读本》，感悟颇深，感受良多，不仅思路清晰，结构严谨，具有权威性，而且内容全面系统丰富，条理清晰，观点鲜明，论述精辟，表达准确深刻，文字简明流畅。该书从中国特色社会主义理论体系的主题、核心、立论基础等十几个方面，用精炼的语言，全面准确地阐述中国特色社会主义理论体系的历史地位、重大意义、时代背景、实践基础、主要内容和实践要求，是广大党员干部的权威辅导材料之一。

实现共产主义究竟多远？从莫尔提出"社会主义"的概念，到欧文、傅立叶的空想社会主义，再到马克思、恩格斯创立的科学社会主义，从列宁对苏联在20世纪五六十年代就应该进入

"共产主义"的预测,到毛泽东倡导的"大跃进""超英赶美",到邓小平同志更加贴近实际的"社会主义初级阶段"的理论,迄今近千年,我们还没有看到共产主义的曙光。可见从社会主义过渡到共产主义的时间距离是一个充满艰难曲折的非常长的历史时期。它需要无数个个人树立坚定理想信念,朝着一个目标奋斗,立足于当前,紧密联系本地区本部门本单位的实际,按照习近平同志"四个一定"要求,进一步深入学习、掌握、运用好建设中国特色社会主义理论体系,干好自己的工作,一步一步、扎扎实实地把社会主义、共产主义运动推向前进。

据6月21日《人民日报》报道:中共中央组织部、全国党建研究会20日在京召开纪念中国共产党成立90周年党建研讨会。习近平出席会议并讲话。他强调,推进马克思主义中国化,一定要以科学态度对待马克思主义,正确处理坚持和发展、一脉相承和与时俱进的辩证统一关系;一定要胸怀共产主义远大理想,坚持以我们正在做的事情为中心,充分尊重人民群众的伟大实践和创造;一定要以宽广的眼光密切观察世界局势的发展变化,积极借鉴吸收人类文明一切优秀成果;一定要坚持不懈地用党的理论创新成果武装党员干部头脑,不断提高全党的思想理论水平。

离开了发展着马克思主义中国化的伟大实践,共产主义便成为无源之水、无本之木,只能成为空中楼阁,变成毫无生机与活力的教条主义。在实现共产主义的过程中,要坚持体现、运用、创新和发展马克思主义基本原理,坚持同本国实际和时代特征相结合,坚持吸收世界各国的优秀思想和实践经验,做到取长补短,相得益彰。

我国在建立起社会主义制度后,面临着如何认识和把握社会主义社会发展规律的问题。毛泽东同志以马克思主义普遍原理为指导,结合中国社会主义革命和建设的实践,对这个问题进行了创造性探索,第一次提出了社会主义社会基本矛盾的理论。1957年,毛泽东在《关于正确处理人民内部矛盾的问题》中,科学地提出了"社会主义社会的基本矛盾"范畴,指出,"在社会主义社会中,基本的矛盾仍然是生产关系和生产力之间的矛盾,上层建筑和经济基础之间的矛盾",毛泽东对社会主义社会基本矛盾的分析,为正确认识和把握社会主义社会的主要矛盾提供了理论基础。

邓小平同志在十一届三中全会后,总结了国内外社会主义发展的经验和教训,尤其总结了毛泽东在社会主义社会矛盾问题上的得与失,在实践中坚持并进一步发展了毛泽东关于社会主义社会基本矛盾理论,而且邓小平同志正确分析了中国特色社会主义的实践,把社会主义社会的基本矛盾理论运用到社会主义现代化建设的实践中去。

世纪之交,国内国际形势和我们党的状况都发生了重大变化,我们党面临巨大的历史性新考验,以江泽民为核心的第三代中央领导集体继承和发展了毛泽东、邓小平关于社会基本矛盾理论的学说,科学判断并全面地把握了我国将长期处于社会主义初级阶段的基本国情,正确认识和妥善处理人民日益增长的物质文化需要同落后的社会生产之间的主要矛盾,经受住了国内国际大局变动对我们党的新考验。江泽民同志深化发展生产力的中心,按照对社会主义基本矛盾运动机制的深刻认识,在实践中具体运用社会主义社会基本矛盾运动机制来推动社会主义发展,在坚持社会基本制度的前提下,根据新世纪生产力发展的现实水平,继续通过进一步的改革,寻找到了这种基本制度的适当运行方式,不断地继续解放生产力、发展生产力,推动社会主义社会的发展。江泽民通过对社会主义基本矛盾运动机制的分析,认识到生产关系、上层建筑不是消极被动的,它具有重要的能动作用,所以我们必须根据生产力的发展水平,通过改革适时调整生产关系和上层建筑中一系列适应生产力发展的环节和方面,也就是在坚持社会主义基本制度的前提下,改革不适应生产力发展需要的僵化的经济政治体制,以此来进一步解放生产力、发展生产力。只有这样才能按照社会主义基本矛盾运动的内在机制促进社会主义的自我完善和发展。充分体现出社会基本矛盾理论向实践转化的成果,这是对社会主义社会基本矛盾理论的继承与发展。

党的十六大以来,以胡锦涛同志为首的党中央提出的科学发展观,是对社会主义现代化建设指导思想的重大发展,也是马克思主义中国化的最新成果,科学发展观从构建社会主义和谐社会的战略高度对社会主义基本矛盾理论的学说进行了创造性的发展。这是在新时期,在新的实践中,提出的具有全局性意义的重大问题,使我们党能更清醒地认识到现阶段的主要矛盾是人民日益增长的物质文化需要同落后的社会生产之间的矛盾,根本任务是发展生产力。"科学发展观,第一要义是发展,必须坚持把发展作为党执政兴国的第一要务。发展对于全面建设小康社会,加快推荐社会主义现代化,具有决定性意义"。科学发展观强调坚持"以经济建设为中心",把发展作为党执政兴国的"第一要义",把经济发展作为一切发展的前提等发展生产力的思想理念,都充分体现了其对社会主义社会基本矛盾理论的创造性发展。

马克思和恩格斯在创立唯物史观过程中,对于社会主义社会基本矛盾理论的问题,没有具体阐述;毛泽东同志从我国实际出发,创立了社会主义社会基本矛盾的理论,在理论探索及运用上有成功也有失误;邓小平同志总结历史经验和教训,在实践中坚持进一步丰富发展了社会主义社会基本矛盾理论;胡锦涛同志在新的历史条件下,从中国特色社会主义事业总体布局和全面建设小康社会全局出发,创造性地完善和发展了社会主义社会基本矛盾理论,并把它运用于指导我国实现全面建设小康社会和构建社会主义和谐社会的宏伟目标中。

共产主义是无比艰巨的长期性事业,需要经过长期的奋斗,需要具有百折不挠、英勇献身的精神。中国特色社会主义,是当代中国发展进步的旗帜,是全党全国各族人民团结奋斗的旗帜。广大党员努力学习马列主义、毛泽东思想、邓小平理论和"三个代表"重要思想,坚持和落实科学发展观,不断提高思想水平和理论素养,要胸怀共产主义的远大理想,充分认识社会主义的强大生命力和巨大优越性,对社会主义前途充满信心;坚定不移走中国特色社会主义道路,矢志不渝地为实现党在社会主义初级阶段的基本路线、基本纲领而奋斗,为共产主义奋斗!

【资料来源】

人民网——读书频道,2011年9月14日,作者:保虎,云南西双版纳勐腊县易武乡纳么田村村官,曾荣获"全国十佳大学生村官"称号

【相关知识】

共产主义社会的实现。

第二节 共产主义社会是历史发展的必然趋势

【案例4】

资本主义必然灭亡,社会主义必然胜利
——综论社会主义、资本主义发展的历史进程

150多年前,马克思、恩格斯在分析资本主义基本矛盾运动的基础上,宣告资本主义必然灭亡,社会主义必然胜利,这就是我们通常所说的"两个必然"。一个世纪以来,世界历史的发展虽有曲折,但基本上是朝着这个方向前进的,特别是二战以后,简直出现了万马回旋、众山欲东之势。20世纪60年代初,美国总统肯尼迪惊呼:"时间不是我们的朋友。"然而,到了20世纪八九十年代之交,世界历史发生了前所未有的严重曲折:凯歌行进的国际社会主义运动跌入低潮,危机重重的西方资本主义世界出现了新的变化。面对这一倒转,不但国际垄断资产阶级一改昔日的悲观,以为历史已经终结,而且在我们的一些干部和群众中也产生了这样那样的迷惘和彷徨。这就是我们所以要研究和回答"两个历史进程"的现实背景。

社会主义不是世界历史中横生的枝节,非要无端地来同资本主义争夺世界。其实,它是资本主义自己呼唤出来的代替者和继承者。换句话说,也就是资本主义基本矛盾无法在资本主义制度范围内得到根本解决的产物。"两个历史进程"的问题,归根到底是"两个必然"还是否成立的问题,即社会主义还有没有代替资本主义的必要性问题。怎样回答这个问题,仍然取决于资本主义基本矛盾的发展状况。假如现时的资本主义生产关系已经脱胎换骨,完全适应了社会生产力的发展,那么,我们就应当承认"两个必然"是可以避免的偶然;假如现时的资本主义生产关系已经完全不适应社会生产力的发展,那么,今天的地球则已是社会主义的世界,用不着我们在这里议论世界历史的发展变化。眼下资本主义基本矛盾发展的实际情形恰恰是,生产关系既没有完全适应也没有完全不适应社会生产力的发展,而是处于相互对抗但尚未崩溃的地步。相互对抗的一面,表现为新变化外表下隐藏着的深刻危机;尚未崩溃的一面,表现为通过自我调节尚能造出具体演进过程中的一些繁荣景象。这就是说,资本主义私人占有这件早年裁就的衣衫虽已相当破旧、紧绷,但是经过修补——例如放一放边缝、接一接边幅——还可以容纳生产力的肌体生长一段时间。然而,社会生产力的肌体还在生长,修补总要难以为继,更换新衣是迟早都要发生的事。

马克思、恩格斯不愧是历史辩证法的大师。他们一方面揭示了资本主义必然灭亡、社会主义必然胜利的历史趋势,另一方面又谆谆告诫全世界的无产者:"无论哪一个社会形态,在它所能容纳的全部生产力发挥出来以前,是决不会灭亡的;而新的更高的生产关系,在它的物质

存在条件在旧社会的胎胞里成熟以前,是决不会出现的。"(《马克思恩格斯选集》第2卷,第33页)"两个决不会"与"两个必然",恰好构成了辩证的统一体。这是现实与未来的统一、量变与质变的统一、科学性与革命性的统一。它教导我们,要做一个清醒、坚定的社会主义者,就必须叩其两端:在面对"两个决不会"时,千万不要忘记"两个必然";在坚信"两个必然"时,千万不要忽略"两个决不会"。如果我们面对"两个决不会"时动摇了"两个必然"的信念,就会丧失根本、迷失方向,像杨花柳絮一样随风飘摇不知所终;如果我们在坚信"两个必然"时忽略了"两个决不会",就会脱离客观实际、急躁冒进,像揠苗助长一样招致实践上的失败。

从这种统一出发,我们可以清楚地看出:"两个必然"实现的内在逻辑与社会主义、资本主义作为两种制度、两种运动进行现实较量所产生的历史现象,不是一种简单的直接对应关系。现实中资本主义生产关系的每一次自我调节,都使它所容纳的社会生产力得到进一步的发挥,而社会生产力的发挥则可能给资本主义的生产关系带来某种炫耀的资本;现实中社会主义实践的每一次失误,同样会阻碍社会生产力的发展,而社会生产力的暂时受阻无疑会使优越的社会主义制度蒙受尘垢。在社会主义、资本主义发展的历史进程中,上述两种现象都是不可避免的。因此,从历史的明处看去,"两个必然"的实现进程不是直线,而是螺旋式上升的曲线。但是,"两个必然"实现的内在逻辑却是另一种形式。什么是"两个必然"实现的内在逻辑呢?就是资本主义的生产力的发挥和社会主义的物质存在条件成熟之间的联系及其发展。从"世界历史性"的意义上说,这是一个同步的渐进过程。资本主义的生产力发挥一分,社会主义的物质存在条件就成熟一分;资本主义的生产力越是发挥,社会主义的物质存在条件就越是趋于成熟;资本主义所能容纳的全部生产力发挥殆尽之日,就是社会主义的物质存在条件完全成熟之时,当然也就是"两个必然"全面实现之时。

这就告诉我们,同世界历史上其他社会形态的演进一样,社会主义代替资本主义也是一个大尺度的历史时代。至少从1825年欧洲爆发大规模的经济危机那时起,一直到"两个必然"彻底实现之日止,都属于这个历史过程。在这个大时代里,无论历史演进的箭头发生怎样的偏斜,都不可能改变历史发展的总趋势,正像黄河怎么九曲十八弯也要东归大海一样。站在这样的历史制高点上看去,当前世界历史上发生的这点儿变化,就实在是小事一桩,根本不值得大惊小怪。国际社会主义运动出现的曲折,是社会主义螺旋式前进的一个插曲;资本主义世界出现的新变化,无非是把"两个必然"实现的进程推进了一步。从这个意义上说,时间永远不会成为资本主义的朋友。

【资料来源】

《求是》课题组.资本主义必然灭亡,社会主义必然胜利——综论社会主义、资本主义发展的历史进程[J].求是,2001

【相关知识】

共产主义社会是历史发展的必然趋势。

课后习题

一、单项选择题

1. 马克思主义经典作家对共产主义社会消费资料分配的揭示是(　　)。
   A. 按资分配　　　　　　　　　　B. 按劳分配
   C. 按需分配　　　　　　　　　　D. 平均分配
2. 下列描述不符合马克思主义经典作家对共产主义社会的揭示的是(　　)。
   A. 阶级将会消亡　　　　　　　　B. 战争不会消失
   C. 国家消亡　　　　　　　　　　D. "三大差别"消失
3. 无产阶级解放斗争的最终目标是(　　)。
   A. 夺得国家政权　　　　　　　　B. 进入社会主义社会
   C. 实现共产主义　　　　　　　　D. 确立共产主义理想
4. 下列关于共产主义的描述不正确的是(　　)。
   A. 实现共产主义是全人类解放的根本体现
   B. 实现共产主义是人类最伟大的事业
   C. 经过努力很快就会实现
   D. 实现共产主义是一个长期的实践过程

二、多项选择题

1. 下列关于马克思主义经典作家对于未来社会的科学立场和方法描述正确的是(　　)。
   A. 与空想社会主义者方法一样
   B. 揭示人类社会特殊规律的基础之上
   C. 立足于未来社会的一般特征
   D. 对未来社会特征做了详尽的描述
2. 马克思主义经典作家揭示共产主义社会的基本特征有(　　)。
   A. 物质财富极大丰富
   B. 消费资料按需分配
   C. 社会高度和谐，人们精神境界极大提高
   D. 每个人自由而全面地发展
3. 马克思主义经典作家对未来社会两个阶段的命名是(　　)。

A. 社会主义社会　　　　　　　　B. 共产主义第一阶段
C. 共产主义高级阶段　　　　　　D. 共产主义社会

三、辨析题

1. "两个必然"与"两个决不会"是自相矛盾的。
2. 共产主义社会是历史发展的必然趋势，因此不需要奋斗。

四、材料分析题

【材料1】 18世纪法国唯物主义哲学家霍尔巴赫认为，人的任何行为举止都是不自由的，自由是"一种纯粹的幻想"，人在他的一生中没有一刻是自由的，只能服从必然性的摆布。

【材料2】 萨特认为，自由是人的存在方式，人是绝对自由的，人就是自由。自由就是"选择的自主"，"这个选择永远是无条件的"，不附属于"任何必然性"，"不受因果关系制约"，无任何根据和是非标准。

【材料3】 自由不在于幻想中摆脱自然规律而独立，而在于认识这些规律，从而能够有计划地使自然规律为一定的目的服务。自由就是根据对自然界的必然性的认识来支配我们自己和外部自然。

请对上述材料中所反映的不同的自由观进行评析。

参考答案

一、单项选择题

1. C　2. B　3. C　4. C

二、多项选择题

1. BCD　2. ABCD　3. BD

三、辨析题

1. 此命题错误，二者既有区别又有联系。

马克思、恩格斯在《共产党宣言》中提出了资本主义必然灭亡和社会主义必然胜利的"两个必然"（也称"两个不可避免"）。后来，马克思在《〈政治经济学批判〉序言》中又提出了"两个决不会"，即："无论哪一个社会形态，在它所能容纳的全部生产力发挥出来以前，是决不会灭亡的;而新的更高的生产关系,在它的物质存在条件在旧社会的胎胞里成熟以前,是决不会出现的。""两个必然"和"两个决不会"有着内在的联系,应该结合起来加以理解。

"两个必然"和"两个决不会"是对资本主义灭亡和共产主义胜利必然性以及这种必然性实现的时间和条件的全面论述。前者讲的是资本主义灭亡和共产主义胜利的客观必然性,是根本的方面;而后者讲的是这种必然性实现的时间和条件,它告诫我们,"两个必然"的实现需要相应的客观条件,而在这个条件具备之前决不会成为现实。

全面准确地学习和把握"两个必然"和"两个决不会",既有利于人们坚定资本主义必然灭亡、共产主义必然胜利的信心,同时也有利于人们坚持科学态度,充分尊重客观规律,在当前艰苦的实践中坚定地为共产主义的实现而奋斗。

2. 此命题错误。

共产主义实现的历史的必然性中包含着人的努力奋斗。社会规律产生于人类的社会活动,它本身就是人们社会活动的规律。社会主义代替资本主义和最后实现共产主义的历史过程,离不开工人阶级及其政党的自觉能动性,离不开社会主义国家的建设事业,离不开国际共产主义运动的发展,离不开人类的奋斗。

实现共产主义是一个长期循序渐进的过程。马克思主义者并不期望在一个早晨突然进入理想境界,而是把实现最终理想看作一个有着不同历史阶段的过程。马克思把共产主义社会划分为第一阶段和高级阶段,列宁分别把这两个阶段称为社会主义社会和共产主义社会。虽然社会主义阶段离共产主义社会尚远,而且社会主义本身也是不完善的,但我们必须满腔热忱、脚踏实地为建设社会主义而奋斗,我们要树立共产主义远大理想,积极投身中国特色社会主义事业。

四、材料分析题

材料1 只承认必然性和事物发展的客观规律性,否认人可以通过认识和利用客观规律而获得自由,是一种形而上学的机械论的观点。材料2 把人的自由绝对化,否认客观规律对人的活动的制约,把自由与必然割裂开来,是一种唯心主义的自由观。材料3 把自由和必然统一起来,认为人的自由受到客观必然性的限制,人只有认识必然性并利用其来改造世界,才能获得自由,是一种辩证唯物主义的自由观。

参考文献

[1] 马克思.关于费尔巴哈的提纲[M]//马克思恩格斯选集:第1卷.北京:人民出版社,1995.

[2] 马克思.致路德维希、库格曼[M]//马克思恩格斯全集:第32卷.北京:人民出版社,1995.

[3] 马克思.《政治经济学批判》序言[M]//马克思恩格斯选集:第2卷.北京:人民出版社,1995.

[4] 马克思.马克思致安年柯夫[M]//马克思恩格斯全集:第27卷.北京:人民出版社,1995.

[5] 马克思.马克思致约瑟夫、魏德迈[M]//马克思恩格斯全集:第28卷.北京:人民出版社,1995.

[6] 马克思.政治经济学批判[M]//马克思恩格斯全集:第46卷(上).北京:人民出版社,1995.

[7] 马克思.1844年哲学手稿(节选)[M]//马克思恩格斯选集:第1卷.北京:人民出版社,1995.

[8] 马克思.异化劳动[M]//马克思恩格斯选集:第1卷.北京:人民出版社,1995.

[9] 马克思.资本论:第1卷[M]//马克思恩格斯全集:第44卷.北京:人民出版社,2001.

[10] 马克思.资本论:第2卷[M]//马克思恩格斯全集:第45卷.北京:人民出版社,2003.

[11] 马克思.资本论:第3卷[M]//马克思恩格斯全集:第46卷.北京:人民出版社,2003.

[12] 马克思.哥达纲领批判[M]//马克思恩格斯选集:第3卷.北京:人民出版社,1995.

[13] 马克思.法兰西内战[M]//马克思恩格斯选集:第3卷.北京:人民出版社,1995.

[14] 马克思,恩格斯.德意志意识形态[M]//马克思恩格斯选集:第1卷.北京:人民出版社,1995.

[15] 马克思,恩格斯.共产党宣言[M]//马克思恩格斯选集:第1卷.北京:人民出版社,1995.

[16] 恩格斯.共产主义原理[M]//马克思恩格斯选集:第1卷.北京:人民出版社,1995.

[17] 恩格斯.社会主义从空想到科学的发展[M]//马克思恩格斯选集:第4卷.北京:人民出版社,1995.

[18] 恩格斯.家庭、私有制和国家的起源[M]//马克思恩格斯选集:第4卷.北京:人民出版社,1995.

[19] 恩格斯.反杜林论(节选)[M]//马克思恩格斯选集:第3卷.北京:人民出版社,1995.

[20] 恩格斯.致康拉德、施米特[M]//马克思恩格斯全集:第37卷.北京:人民出版社,1995.

[21] 恩格斯.自然辩证法[M]//马克思恩格斯全集:第3卷.北京:人民出版社,1995.

[22] 恩格斯.致弗兰茨、梅林[M]//马克思恩格斯全集:第39卷.北京:人民出版社,1995.

[23] 恩格斯.致瓦、博尔吉乌斯[M]//马克思恩格斯全集:第39卷.北京:人民出版社,1995.

[24] 恩格斯.致约瑟夫、布洛赫[M]//马克思恩格斯全集:第37卷.北京:人民出版社,1995.

[25] 恩格斯.反杜林论[M]//马克思恩格斯全集:第20卷.北京:人民出版社,1995.

[26] 恩格斯.路德维希·费尔巴哈和德国古典哲学的终结:第4章[M]//马克思恩格斯选集:第4卷.北京:人民出版社,1995.

[27] 列宁.辩证法的要素[M]//列宁全集:第38卷.北京:人民出版社,1995.

[28] 列宁.谈谈辩证法[M]//列宁选集:第2卷.北京:人民出版社,1995.

[29] 列宁.唯物主义和经验批判主义[M]//列宁全集:第14卷.北京:人民出版社,1995.

[30] 列宁.国家与革命[M]//列宁选集:第3卷.北京:人民出版社,1995.

[31] 列宁.马克思主义的三个来源和三个组成部分[M]//列宁选集:第2卷.北京:人民出版社,1995.

[32] 列宁.帝国主义是资本主义的最高阶段[M]//列宁选集:第2卷.北京:人民出版社,1995.

[33] 列宁.论粮食税[M]//列宁选集:第4卷.北京:人民出版社,1995.

[34] 毛泽东.反对本本主义[M]//毛泽东选集(乙种本).北京:人民出版社,1991.

[35] 毛泽东.矛盾论[M]//毛泽东选集:第1卷.北京:人民出版社,1991.

[36] 毛泽东.实践论[M]//毛泽东选集:第1卷.北京:人民出版社,1991.

[37] 毛泽东.关于正确处理人民内部矛盾[M]//毛泽东选集:第5卷.北京:人民出版社,1991.

[38] 毛泽东.人是正确思想是从哪里来的?[M]//毛泽东文集:第8卷.北京:人民出版社,1999.

[39] 毛泽东.论十大关系[M]//毛泽东文集:第7卷.北京:人民出版社,1999.

[40] 毛泽东.关于正确处理人民内部矛盾的问题:第7卷.北京:人民出版社,1999.

[41] 毛泽东.读苏联(政治经济学教科书)的谈话(节选)[M]//毛泽东文集:第8卷.北京:人民出版社,1999.

[42] 邓小平.解放思想,实事求是,团结一致向前看[M]//邓小平文选:第2卷.北京:人民出版社,1993.

[43] 邓小平.建设有中国特色社会主义[M]//邓小平文选:第3卷.北京:人民出版

社,1993.

[44] 邓小平.一靠理想二靠纪律才能团结起来[M]//邓小平文选:第3卷.北京:人民出版社,1993.

[45] 邓小平.马列主义要与中国实际相结合邓小平文选:第1卷.北京:人民出版社,1993.

[46] 邓小平.在全国科学大会开幕式上的讲话[M]//邓小平文选:第2卷.北京:人民出版社,1993.

[47] 邓小平.实事求是、解放思想,团结一致向前看[M]//邓小平文选:第2卷.北京:人民出版社,1993.

[48] 邓小平.改革是中国发展生产力的必由之路[M]//邓小平文选:第3卷.北京:人民出版社,1993.

[49] 江泽民."三个代表"是我们党的立党之本、执政之基、力量之源[M]//论"三个代表".北京:中央文献出版社,2001.

[50] 江泽民.不断根据实践的要求进行创新[M]//论"三个代表".北京:中央文献出版社,2001.

[51] 江泽民.发展要有新思路[M]//论"三个代表".北京:中央文献出版社,2001.

[52] 江泽民.在庆祝中国共产党成立八十周年大会上的讲话[M]//论"三个代表".北京:中央文献出版社,2001.

[53] 胡锦涛.在省部级主要领导干部提高构建社会主义和谐社会能力专题研讨班上的讲话[N].人民日报,2005-06-27.

[54] 胡锦涛.在"三个代表"重要思想理论研讨会上的讲话[M].北京:人民出版社,2003.

读者反馈表

尊敬的读者：

您好！感谢您多年来对哈尔滨工业大学出版社的支持与厚爱！为了更好地满足您的需要，提供更好的服务，希望您对本书提出宝贵意见，将下表填好后，寄回我社或登录我社网站（http://hitpress.hit.edu.cn）进行填写。谢谢！您可享有的权益：

☆ 免费获得我社的最新图书书目　　　☆ 可参加不定期的促销活动
☆ 解答阅读中遇到的问题　　　　　　☆ 购买此系列图书可优惠

读者信息
姓名_____　□先生　□女士　年龄_____　学历_____
工作单位_____　职务_____
E-mail_____　邮编_____
通讯地址_____
购书名称_____　购书地点_____

1. 您对本书的评价

内容质量　　□很好　　□较好　　□一般　　□较差
封面设计　　□很好　　□一般　　□较差
编排　　　　□利于阅读　□一般　□较差
本书定价　　□偏高　　□合适　　□偏低

2. 在您获取专业知识和专业信息的主要渠道中，排在前三位的是：
① _____　② _____　③ _____
A. 网络　B. 期刊　C. 图书　D. 报纸　E. 电视　F. 会议　G. 内部交流　H. 其他：_____

3. 您认为编写最好的专业图书（国内外）

书名	著作者	出版社	出版日期	定价

4. 您是否愿意与我们合作，参与编写、编译、翻译图书？
_____

5. 您还需要阅读哪些图书？
_____

网址：http://hitpress.hit.edu.cn
技术支持与课件下载：网站课件下载区
服务邮箱　wenbinzh@hit.edu.cn　duyanwell@163.com
邮购电话　0451-86281013　0451-86418760
组稿编辑及联系方式　赵文斌（0451-86281226）　杜燕（0451-86281408）
回寄地址：黑龙江省哈尔滨市南岗区复华四道街10号　哈尔滨工业大学出版社
邮编：150006　传真 0451-86414049